科学出版社“十四五”普通高等教育本科规划教材

物流管理
决策、模型与应用

WULIU GUANLI

JUECE 、 MOXING YU YINGYONG

宋海清　编著

科学出版社

北京

内 容 简 介

物流管理属于管理科学范畴，其核心目标在于提升企业运营绩效，降低物流费用，从而增强企业的竞争优势。本书从“决策、模型与应用”的角度出发，展示了如何将经典的物流管理决策问题转化为相应的优化理论模型，并通过求解模型为企业的物流管理决策提供科学的参考依据。全书共分为九章，内容涵盖了物流管理经典决策问题及建模方法概述、物流设施选址问题及模型、物流网络设计问题及模型、生产与物流运输规划问题及模型、物流运输任务安排问题及模型、车辆路径问题及模型、库存管理问题及模型、仓储管理问题及模型，以及物流与供应链综合决策问题及模型。

本书致力于物流管理优化理论与企业物流决策实践的融合，适合具有一定运筹学基础的物流管理专业本科生或研究生学习，也适合从事企业物流管理决策的人员学习与参考。

图书在版编目 (CIP) 数据

物流管理: 决策、模型与应用/宋海清编著. -- 北京: 科学出版社, 2025.6

科学出版社“十四五”普通高等教育本科规划教材

ISBN 978-7-03-077300-5

I. ①物… II. ①宋… III. ①物流管理－高等学校－教材 IV.①F252

中国国家版本馆 CIP 数据核字 (2023) 第 251650 号

责任编辑：王京苏 / 责任校对：王晓茜

责任印制：张 伟 / 封面设计：楠竹文化

科学出版社 出版

北京东黄城根北街 16 号

邮政编码：100717

http://www.sciencep.com

北京九州迅驰传媒文化有限公司印刷

科学出版社发行 各地新华书店经销

*

2025 年 6 月第 一 版 开本：787×1092 1/16

2025 年 6 月第一次印刷 印张：13 1/4

字数：308 000

定价：58.00 元

（如有印装质量问题，我社负责调换）

前　言

在全球经济一体化加速推进、市场竞争日益激烈的今天，物流管理作为企业运营的核心环节，对于提升运营绩效、降低物流成本、增强市场竞争力具有至关重要的作用。特别是在党的二十大胜利召开后，国家对物流业的发展提出了更高要求，强调要加快建设现代物流体系，推动物流行业高质量发展。在此背景下，《物流管理——决策、模型与应用》应运而生，旨在为物流管理领域的学习者及实践者提供一本紧跟时代步伐、理论与实践并重的权威教材。本书紧密围绕"决策、模型与应用"这一核心主题，全面覆盖物流管理的多个关键决策领域，如物流设施选址、物流网络设计、生产与物流运输规划、物流运输任务安排、车辆路径、库存管理、仓储管理以及物流与供应链综合决策等。通过将经典的物流管理决策问题转化为科学的优化模型，并详细阐述求解方法，本书为企业物流管理决策提供了坚实的理论支撑和实践指导。

在内容编排上，本书注重理论与实践的深度融合。一方面，本书系统梳理物流管理决策问题的理论基础与建模方法，体现了科学性和前瞻性；另一方面，本书通过引入丰富的实际案例和数据分析，展示模型在解决具体问题中的应用效果，凸显实用性和可操作性。这种编排方式不仅有助于读者深入理解物流管理决策的本质与规律，更能提升其解决实际问题的能力。此外，本书在语言表达上力求简洁明了、逻辑严谨，便于读者快速把握核心要点。同时，书中还配备大量的图表、案例分析和习题，便于读者更好地巩固所学知识并检验学习效果。

总之，《物流管理——决策、模型与应用》不仅适合具有一定运筹学基础的物流管理专业本科生或研究生作为教材使用，也适合从事企业物流管理决策工作的专业人士作为参考书籍。我们相信，通过本书的学习，读者将能够全面提升物流管理决策能力，为推动物流业高质量发展、实现社会主义现代化建设目标贡献智慧和力量。

本书从酝酿到编写完成经历了近十年的时间，书中部分内容的撰写得到中山大学冯灏霖副教授及王宁硕士的帮助，在此表示感谢！在写作过程中，我们参阅了一些相关文献和资料，并尽可能地在参考文献中列出引文作者，在此，特别感谢引文中所有作者的智慧成果。若有疏忽和遗漏之处，在此表示歉意！此外，科学出版社的编辑和校对老师及王京苏老师对本书的出版付出了大量心血，在此一并表示感谢。

尽管作者对书稿内容进行了多轮修改，但限于水平，本书难免存在疏漏与不足，恳请各位专家、同仁及读者朋友批评指正。

编　者

2025 年 6 月于中山大学康乐园

目　　录

第 1 章　物流管理决策与建模

本章内容：

1. 物流管理的基本概念。
2. 物流管理中常见的决策问题及其分类。
3. 物流管理决策问题建模方法及步骤。
4. 线性规划模型的基本理论及求解工具。

1.1　引　　言

谈起物流，应该说我国自古就有，丝绸之路就是古代东西方物品流通的大动脉。但是，说到运用先进技术装备和科学管理方法的现代物流，则要从美国、日本这些物流发达的国家谈起。现代物流起源于美国，即起源于第二次世界大战期间美国军方的后勤管理，英文为“logistics”。第二次世界大战后，美国把运筹学优化的思想运用在企业的物流管理中，使得企业物流活动以更高效率、更低成本和更优效果地进行，这才真正形成了现代物流管理理论。近 20 年来，物流业在我国迅速发展，从国家到地方政府都很重视，各种物流园区、物流港口如雨后春笋般出现，尤其是电子商务的快速发展，催生了顺丰、京东等一大批本土物流企业。除了物流企业外，还有企业的物流部门也需要应用科学的理论优化其物流规划，在这方面，我国企业需要学习和改进的地方还很多。

与营销管理、人力资源管理等企业管理问题不同，物流管理属于管理科学的范畴，我们可以借助运筹学的优化理论为许多物流管理的决策提供科学的参考依据，并且，这些决策以数据和定量分析为基础，其效果是可验证的。本书作者长期从事物流决策优化研究，曾为多家物流企业和生产制造型企业做过物流优化项目的咨询工作，并为这些企业带来了非常不错的经济效益。本书旨在结合作者这些年的研究成果和项目咨询实践经验，首先从物流企业以及企业的物流部门面临的物流决策问题出发，探讨如何建立物流管理问题的决策模型，其次通过优化求解工具对模型进行求解，最后对求解方案进行分析和拓展。

本章知识是后续内容的铺垫和基础，主要介绍物流管理的主要决策内容和决策建模解决方法，以及线性规划模型的基本理论及求解方法。

1.2　物流管理的概念

物流一词源于英语的“logistics”，原意是军事后勤保障。第二次世界大战后，物流的概念被广泛应用于经济领域。物流管理的理论发展是循序渐进的，这也体现在人们对物流管理的定义上。1986 年前后，美国物流管理协会（后更名为美国供应链管理专业协会[①]）对物流的定

① 参见官网：The Council of Supply Chain Management Professionals，http://www.cscmpchina.org/，2023 年 8 月 5 日。

义为："物流是为满足消费者需求而进行的对原材料、中间品、最终产品及相关信息从起始地到消费地的有效流动与存储的计划、实施及控制的过程"。1998 年，美国供应链管理专业协会将物流管理的定义进行了更新：物流管理是供应链管理的一部分，是以满足客户要求为目的，对货物、服务及相关信息，在产出地和销售地之间，实现高效率和低成本的正向与反向的流动和储存所进行的计划、执行及控制的过程。改动之一是满足客户要求，而不是客户需求，供需是经济学理论的概念，满足客户要求则更具体了；改动之二是对货物、服务及相关信息，在产出地和销售地之间，实现高效率和低成本的正向与反向的流动、储存所进行的计划和流动的动作。原来没有包括反向的流动，现在把逆向物流也包括进来了。我国国家标准《物流术语》的定义中指出：物流是"根据实际需要，将运输、储存、装卸、搬运、包装、流通加工、配送、信息处理等基本功能实施有机结合，使物品从供应地向接收地进行实体流动的过程"①。

在当今的电子商务时代，全球物流产业有了新的发展趋势。现代物流服务的核心目标是在物流全过程中以最小的综合成本来满足顾客的需求。电子商务的不断发展使物流业重新崛起，目前物流业所提供的服务内容已远远超过了仓储、分拨和运输等服务。物流公司提供的仓储、分拨设施、流通加工、维修服务、电子跟踪和其他具有附加值的服务日益增加。物流服务商正在变为客户服务中心、加工和维修中心、信息处理中心和金融中心，根据顾客需要而增加新的服务是一个不断发展的观念。

因此，现代物流不仅考虑从生产者到消费者的货物配送问题，还考虑从供应商到生产者的原材料的采购，以及生产者本身在产品制造过程中的运输、保管和信息等各个方面，考虑全面地、综合性地提高经济效益和时间效率的问题。因此，现代物流是以满足消费者的需求为目标，把制造、运输、销售等市场情况统一起来考虑的一种战略措施。这与传统物流把它仅看作"后勤保障系统"和"在销售活动中起桥梁作用"的概念相比，在深度和广度上又有了进一步的延伸，也就是现在常说的供应链管理。本书讨论的是比较传统的物流管理决策问题与理论模型，也是现代物流管理中核心的部分。

1.3 物流管理决策问题

现代物流管理活动涉及的决策问题很多，根据决策的影响层级，可以分为战略层决策问题、运营层决策问题和操作层决策问题三大类，而根据决策所发生的物流环节，又可分为运输优化决策问题、库存优化决策问题和设施选址优化决策问题等。战略层决策问题指的是物流管理中层次比较高、影响时效比较长的决策问题，如物流系统追求的战略目标（成本优先还是速度优先）、物流资源的配置、物流网络的设计以及仓储设施的数量和地点选择等问题。这些决策的影响时效通常是一年以上，一旦选定之后不会频繁改变。后面第2章的物流设施选址问题和第3章的物流网络设计问题都属于战略层的物流决策问题。运营层决策（也称战术层决策）问题指的是时效为数个月到一年的决策，如月度计划、季度计划、年度计划等。这类决策包括库存补货策略、仓库配送范围策略等问题。第4章的生产与物流运输规划问题考虑的是月度生产和运输计划，属于运营层的物流决策问题。操作层决策（也称运作层决策）问题指的是在日常运营过程中面临的决策问题，如如何根据实际需求安排运输、安排入库作

①《物流术语》，http://c.gb688.cn/bzgk/gb/showGb?type=online&hcno=91434A17CE8256349F50E069590E7070，2023 年 8 月 5 日。

业、安排出库作业、安排库位、安排采购和生产等。第6章的车辆路径问题（vehicle routing problem，VRP）考虑的是如何根据当天的需求来安排每天的配送路线，属于日常操作层的物流决策问题。操作层决策问题最为具体、琐碎。一般来说，操作层决策受限于运营层决策的资源限制，而运营层决策又要与战略层决策的目标相匹配。因此，物流管理中的战略层决策的制定非常关键，会影响整个物流系统的效率指标。而物流战略决策的确定又是个比较复杂的工作，与企业战略、竞争定位、核心价值、产品类型都有关。在这些方面，不同企业有不同的取向。例如，丰田汽车公司选择精细化管理的物流系统，沃尔玛百货有限公司选择低成本物流系统，“7-11”便利店选择灵活的物流系统，Zara 时装选择反应快速的物流系统等，这些都是与企业整体战略目标相匹配的范例。当然，各个层面决策问题的区分界线有时也比较模糊，会存在一些争议，在这里我们不进一步讨论。本书内容安排主要根据决策所发生的物流环节来组织，从物流网络设计相关决策、生产与物流运输规划相关决策、库存管理相关决策等方面来阐述。

1.3.1　物流设施选址与物流网络设计问题

在物流系统中，物流设施位置的选择是物流系统设计与优化的一个具有战略意义的问题。物流设施是指整个物流网络系统的关键节点，是连接上游和下游的重要环节，起着承上启下的作用，并且这些大型物流设施的建设与运营需要耗费大量的资源。因此，这些物流设施的选址十分重要，科学、合理的物流设施选址可以有效地节约资源，降低物流成本，优化物流网络结构和空间布局，提高物流经济效益和社会效益，是物流管理优化决策中一类非常重要的决策问题。物流设施选址问题可分为单设施选址、多设施选址等多种类型。

（1）单设施选址中值问题（1-median problem）：新设一个配送中心（设施）为若干个收货单位提供配送服务，所设配送中心应该位于可使整体（加权）配送费用最小的位置，如图1.1所示。

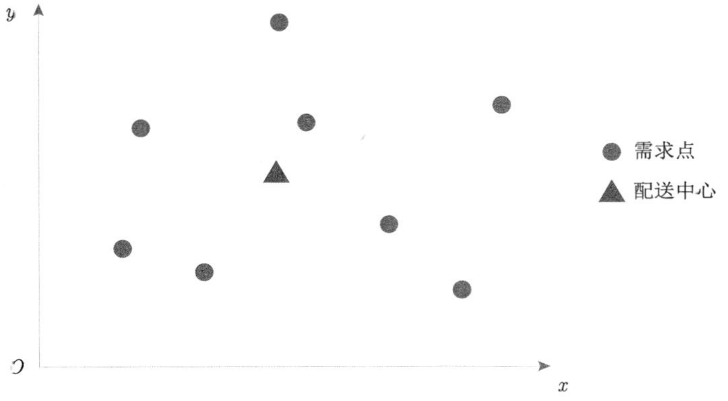

图 1.1　单一配送中心选址问题示例

（2）多设施选址中值问题（P-median problem）：新设 P 个配送中心（设施）为若干个收货单位提供配送服务，每个收货单位由其中一个配送中心服务，所设配送中心应该位于可使整体（加权）配送费用最小的位置，如图1.2所示。

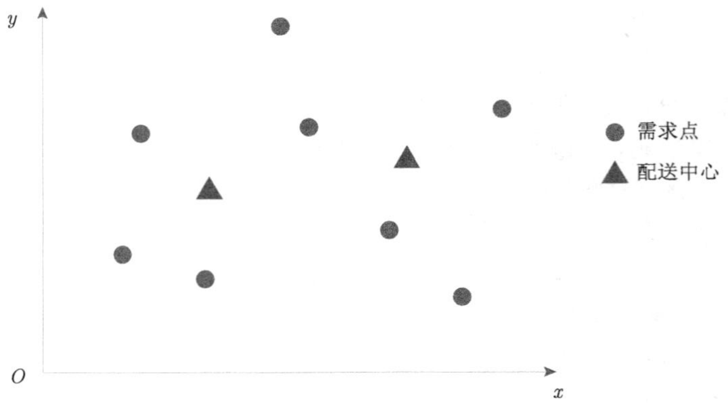

图 1.2 若干个配送中心选址问题示例

（3）单设施选址中心问题（1-center problem）：该问题与单设施选址中值问题有些类似，新设一个服务中心，但决策目标不同，其目标是使新设服务中心到其所有服务对象中最远的距离最小。这在现实中也是一个普遍存在的问题，如单个消防中心选址或单个医疗急救中心的选址等。

（4）多设施选址中心问题（P-center problem）：该问题与多设施选址中值问题有些类似，新设若干个服务中心，但决策目标不同，目标是使新设服务中心到其所有服务对象中最远的距离最小。这在现实中也是一个普遍存在的问题，如多个消防中心选址或多个医疗急救中心选址等。

（5）物流网络设计问题（logistics network design problem）：例如，从若干个备选地址中选择若干个配送中心，提供生产工厂与需求点之间的仓储与配送服务，所选配送中心应该满足一定的要求，并使整体费用最小，如图1.3所示。

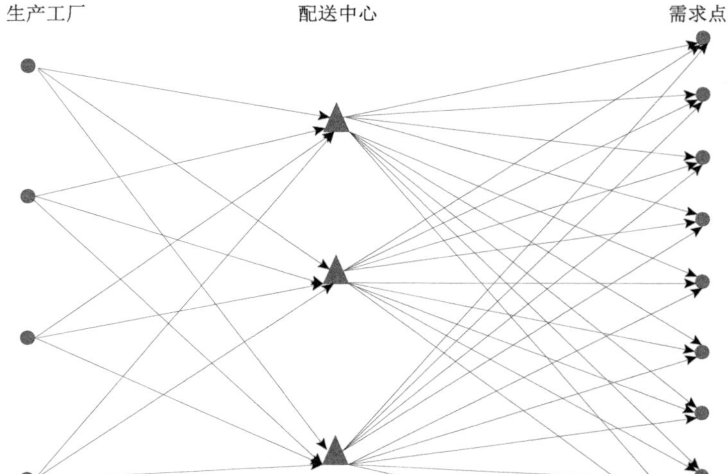

图 1.3 物流网络设计中若干个配送中心选址问题示例

（6）覆盖问题（covering problem）：覆盖问题是指对于需求已知的一些需求点，如何确定一组服务设施来满足这些需求点的需求。在这个模型中，需要确定服务设施的最小数量和合适的位置。该模型适用于商业物流系统，如零售店的选址问题、加油站的选址问题。覆盖问题根据资源的充足情况也可以分为集合覆盖问题和最大覆盖问题两种。其中，集合覆盖问题中资源充足，要求尽可能少地建立中心设施来满足所有需求点的需求，最大覆盖问题中资源不充足，要求利用现有资源尽可能多地满足需求点的需求。

1.3.2　生产与物流运输规划问题

生产与物流运输规划是物流管理决策中的一类关键决策问题。对很多企业来说，物流运输费用在整体物流费用中，比其他任何物流环节的费用所占的比例都高。在我国社会物流总成本中，运输费用的占比超过一半，达到 55%，如图1.4所示。物流运输规划决策包括运输资源的配置、运输方式的选择、运输量和运输路线的规划等问题，而每类问题又可以细分为很多小问题。其中，运输资源的配置问题可以细化为运输部门的运力配置问题、已有运力在不同路线上的分配问题以及运输任务的指派问题等。运输量和运输路线的规划则根据运输需求及网络的多样性又可以衍生出很多的子问题，如最小费用流问题、路线规划问题、车辆配送规划问题等。最小费用流问题要求找到从运输网络供应点到需求点的最优方案，使总费用最小；路线规划问题则要求按照工厂的供应与顾客的需求对运输路线进行规划，这些问题在实际中非常复杂但有着广泛的应用。我们会在后面第4章中详细介绍各种问题及其建模与求解。

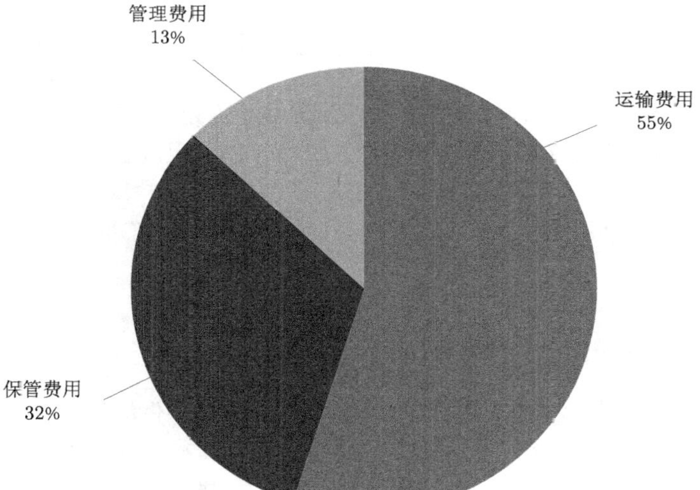

图 1.4　我国社会物流总成本的构成比例

1.3.3　物流运输任务安排与车辆路径问题

物流运输任务安排与车辆路径问题是运输企业经常面临的两类决策问题。物流运输任务安排是指在给定的运输任务的情形下，如何合理安排车辆，使需要用到的车辆数量最少或车辆的运行效率最优。物流运输任务安排问题考虑的通常是门到门的运输任务。车辆路径问题则是车辆从配送中心或仓库出发，需要给周边的客户进行送货或取货的车辆路径规划决策问题，决策的目标通常也是用到的车辆数量最少，或者车辆的行驶路线最优。

车辆路径问题最早由 Dantzig 和 Ramser[1] 于 1959 年提出，主要研究从一个配送中心向多个地点收发货的运输车辆和路线安排问题。例如，基于一些给定的客户需求，如何为车队的车辆安排合理的行车路线，以最小的成本将货品从配送中心送到客户手中，或从客户端运回货品，如图1.5所示。

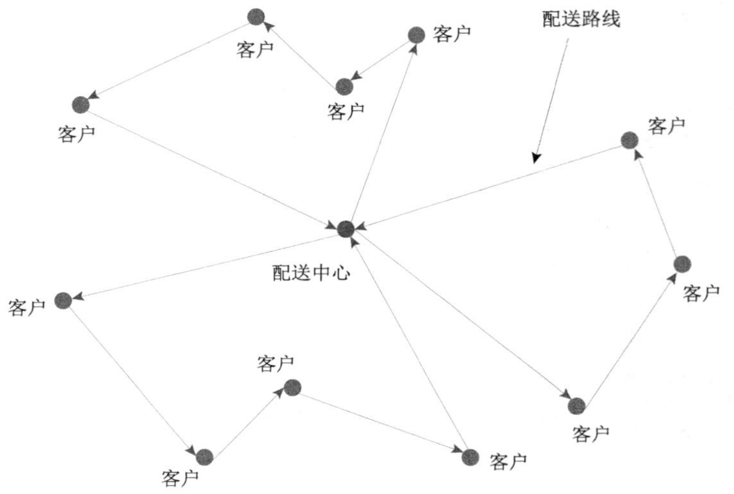

图 1.5 车辆路径问题示意图

这类问题应用非常广泛，例如，快递包裹的配送路线规划、便利店的配送路线规划、烟草专卖店的配送路线规划等。在不同应用场景中，又有不同的限制条件，例如，是否有多种车型、车辆的数量是否有限制、单趟运输路线的距离是否有限、客户服务是否有时间窗要求、是否同时有配送和提取两类需求等。对于不同的约束场景，模型也不尽相同，本书第6章会具体阐述。

1.3.4 库存管理与仓储管理决策问题

库存就是在企业生产和物流渠道中各节点存放的原材料、供给品、零部件、半成品和成品等。一方面，持有库存可使得产品或服务保持一定的可得率，库存不仅保证了销售活动的顺利进行，而且当产品储存位置接近客户时，可以快速地满足客户需求，从而提高服务水平和产品销量。另一方面，过高的库存不仅会增加企业的运营成本，而且还会增加产品滞压的风险。据统计，企业持有库存每年耗费的成本占其库存产品价值的 20%～40%。因此，库存必须保持在一个合理的水平，因而对库存水平进行合理的控制是物流管理中一类重要的决策问题。虽然丰田汽车公司曾提出“零库存”的理念，但实际上，我们无法设计出完全不需要持有库存就能对客户的产品或服务需求做出即时反应的运作系统。即使有这样的运作系统，也是不经济的。“零库存”的理念其实是要消除不必要的库存，通过对生产和物流系统进行合理的设计与规划，使不必要的库存降为零。库存管理决策就是为了将库存保持在合理的水平而对能够直接影响库存水平的物流活动所做的决策。比如，一个零售商需要决定对货品每年的订购次数、每次的订购量、什么时间订购等决策。随着供应链管理理论的发展，库存管理策略也越来越多样化。库存已经从一个单个经济实体的成本概念扩展为整条供应链的成本概念。在新形式供应链合作方式下，产生了如供应商管理库存等新的多级库存管理策略。我们会在后面第7章和第8章详细介绍库存管理与仓储管理决策的各种问题及其模型。

最后，我们会在本书的第9章介绍与库存决策相关的报童模型和供应链合约及综合决策问题。

1.4　物流管理决策建模方法与步骤

1.4.1　数学建模方法

“管理就是决策”，决策是一种选择行为，最简单的选择是回答“是”与“否”，较为复杂的决策是设计出最优的方案，或从多种方案中选择其一。实践证明，当管理问题较为复杂时，决策者在保持与自身判断及偏好一致的条件下处理大量信息的能力将减弱。而数学建模方法的应用可以让决策者在面临较为复杂且不确定的决策环境时，在保持自身判断及偏好一致的条件下，进行辅助决策。因此，越来越多的企业开始用建立数学模型的方法来辅助决策。

物流系统建立数学模型就是利用数学方程式、微分方程式、积分方程式、逻辑式等各种数学表达式表示物流系统的某些行为特征和结构本质。一般来说，建立数学模型的方法分为两类：一类是机理分析方法，它是根据对现实对象特征的认识，分析其因果关系，寻找出反映现象内部机理的规律（经济规律），其建立的数学模型有明确的经济意义和现实意义；另一类是测试分析方法，它将被研究对象看作一个“黑箱”系统，内部机理无法直接寻找，可以测量（或已知）系统的输入输出数据，并以此为基础，运用统计分析、神经网络理论等，按照预先确定的准则在某一类模型中寻找一个与数据拟合得最好的模型，这类方法称为系统识别。机器学习就是一种典型的系统识别方法。有时把两类方法结合起来也是常用的建模方法，即用系统识别确定模型的参数，用机理分析建立模型的结构。用哪一类方法建立数学模型，主要是由我们对研究对象的了解程度和建模目的决定。若掌握了机理（经济机理）方面的一些知识，数学模型能够具体反映内部特征的经济意义，那么应以机理分析方法为主。当然，若需要模型参数的具体数值，还可以用系统识别或其他统计方法得到。若对象的内部机理基本不清楚，模型也不用分析内部特征，比如，仅用来做输出预报，则以系统识别方法为主。本书主要讨论前一类数学建模方法，对于第二类建模方法，有兴趣的读者可参考大数据分析与机器学习方面的教材。

在数学建模的过程中，有一些因素，如单位产品的生产时间、每单位产品的成本等，是不受管理者和决策者控制的，我们称其为环境因素。这种能够影响决策的目标函数和约束条件的环境因素被称为模型的非可控输入，对应于数学模型的决策参数；而那些可以被管理者和决策者控制的因素称为可控输入，对应于数学模型的决策变量。一旦所有可控和非可控输入都已经确定，目标函数和约束条件就可在模型中考虑，模型的输出便也确定下来。图1.6表示的是数学模型如何将可控输入和非可控输入转化为结果输出。

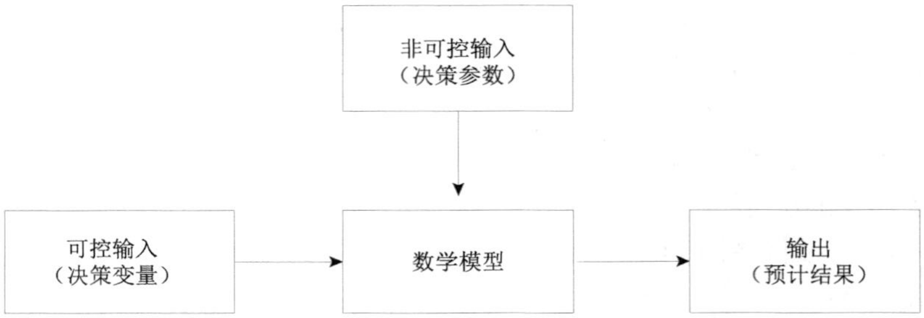

图 1.6 数学模型输入输出转换流程图

物流管理决策模型的建模过程，实际上是通过各种数学表达式把决策中物流系统的内部机理和规律表达出来，从而把物流管理的决策目标和约束转化为数学模型。数学模型是指用字母、数字和其他数学符号构成的等式或不等式的模型。例如，假设某产品的生产价格为 100 元/吨，生产量为 x 吨，则生产 x 吨产品的生产费用可以表示为数学式子：$100 \times x$。如果生产该产品消耗的某种资源（如工时）为 50 工时/吨，则生产 x 吨产品需要的工时可以表示为数学式子：$50 \times x$。如果决策受到可用工时数的限制，例如，最大可用工时数为 800 工时，则我们可以用数学不等式“$50 \times x \leqslant 800$”来表示决策变量 x 的可行范围。

数学模型是研究和掌握系统运动规律的有力工具，它是分析、设计、预报或预测、控制实际系统的基础。数学模型的种类很多，而且有多种不同的分类方法。本书主要用到下面这些数学模型，这些模型在企业物流管理实践中已经有大量成功的运用案例。

（1）线性规划：若数学模型的目标函数表达式是线性的，约束条件也是线性的，要求目标函数实现最大化或最小化，这时就可以用线性规划方法对其求解。这里，线性函数的定义如下。

定义 1.1 *若 $f(x)$ 满足以下两个条件，则称 $f(x)$ 是一个线性函数。*

$$f(x_1 + x_2) = f(x_1) + f(x_2)$$
$$f(\alpha \cdot x) = \alpha \cdot f(x)$$

其中，x_1 和 x_2 为函数 $f(x)$ 定义域上的任意两个点（或向量）；α 为任意实数。

（2）整数规划：整数规划是线性规划的一种扩展，即要求线性规划模型的部分或全部决策变量只能取整数值；若全部决策变量都要求是整数，则称为纯整数规划，若其中一部分决策变量要求为整数，则称为混合整数规划。

（3）非线性规划：若数学模型的目标函数或约束条件是非线性的，即为非线性规划。

（4）网络优化：网络优化主要是用图形来描述问题，图形是由一些节点以及节点之间的连线来表示的。这类模型可以帮助决策者直观地对运输设计、路线规划、网络选址等方面的问题进行建模。

（5）动态规划：动态规划可以让我们将一个大的问题分解成多阶段的小问题，再用递归方式对小问题进行求解，从而得到原问题的最优解。

在制定管理决策时，我们往往会将决策问题转化为这些模型然后求解最后制定决策。除此之外，针对某些特定问题，我们也有特定的模型，比如，库存管理（inventory management）中的库存模型、服务系统设计的排队模型等。

1.4.2 数学建模步骤

在数学建模过程中，分析者首先从问题中提取量化的资料和数据，对其进行分析，其次运用数学表达式的形式把决策问题的目标、约束条件和其他关系表达出来，最后通过一种或多种定量的方法提出建议，这个过程就是数学建模。一般地，应用数学建模方法解决管理决策问题的规范过程分为五个步骤，如图1.7所示。

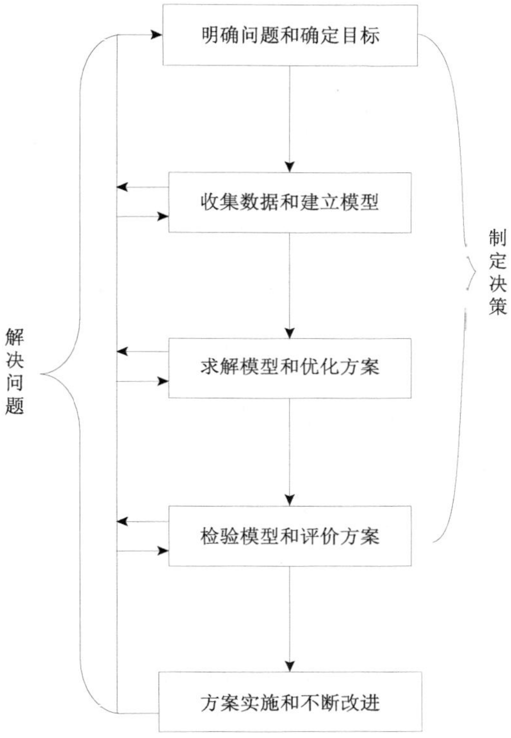

图 1.7　数学建模解决问题与制定决策的过程

步骤一：明确问题和确定目标，包括把整个问题分解成若干子问题，确定问题的尺度、有效性度量、可控性变量和不可控性变量等，明确决策的目标，如利润最大或成本最小。

步骤二：收集数据和建立模型，包括定量关系、经验关系和规范关系，并用数学表达式把决策问题的目标、约束条件和其他关系表达出来，形成决策模型。

步骤三：求解模型和优化方案，包括确定求解模型的数学方法、编写求解模型的程序代码、调试运行程序、输出最优方案等。

步骤四：检验模型和评价方案，包括检验模型在主要参数变动时的结果是否合理，分析输入发生微小变化时输出变化的相对大小是否合适以及模型是否容易求解等，并对最优方案的合理性和可行性进行评价。

步骤五：方案实施和不断改进，包括应用所得的方案解决实际问题，在方案实践过程中发现新的问题并不断改进。

上述五个步骤在实际过程中往往交叉进行，不断反复。

1.5 线性规划模型及其求解

1.5.1 线性规划模型

线性规划模型是管理科学的基础，也是本书主要涉及的数学模型。本书假定读者在运筹学课程中对线性规划模型有一定的学习基础，这里用一个简单的例子来解释其相关内容，更多的理论可以参考相关的运筹学教材。

例题 1.1 M 公司生产运动饮料，公司有 4 个工厂，分别位于广州、长沙、南昌、成都。产品主要销往广东、福建、湖南、四川以及江西这 5 个省份。公司在每个省份设有一个仓库，负责该省份的配送。工厂到这些省份仓库的单位运输费用（单位：元/吨）和工厂的最大产能（单位：吨）、需求量（单位：吨）如表1.1所示。M 公司应该怎样安排运输计划，使总运输费用最少？

表 1.1 M 公司工厂产能、仓库需求及工厂至仓库运输价格表

项目	广东仓库	福建仓库	湖南仓库	四川仓库	江西仓库	最大产能/吨
广州工厂/（元/吨）	100	144	160	190	160	3000
长沙工厂/（元/吨）	164	160	120	168	140	4000
南昌工厂/（元/吨）	176	130	148	160	120	3000
成都工厂/（元/吨）	200	300	172	110	180	4000
需求量/吨	3500	2000	2600	3300	2200	

此物流管理问题是运输规划问题，决策目标是最小化运输费用。在建立该决策问题的数学模型的过程中，我们需要考虑以下几个问题。

我们要做出哪些决策？

要做的决策是从各个工厂运输到各个仓库的运输量，这就是数学模型中待确定的量，我们称之为决策变量。为了数学表达方便，我们用编号 1、2、3、4 分别表示广州、长沙、南昌、成都 4 个工厂；用编号 1、2、3、4、5 分别表示广东、福建、湖南、四川以及江西这 5 个省份的仓库。这样，我们就可以用数学符号 x_{ij} 表示从工厂 i 到仓库 j 的运输量（单位：吨），这里 i 的取值为 $1,2,\cdots,4$，j 的取值为 $1,2,\cdots,5$，共有 20 个决策变量。这些就是我们将要建立的线性规划模型的决策变量。

我们做决策时哪些是输入参数？会受到哪些条件的限制？

我们在确定最优的运输方案时，有哪些给定的决策参数呢？在这个例子中，各个工厂的最大产能、各个仓库的需求量、工厂与仓库之间的单位运输费用等是给定的决策参数。对于这些决策参数，我们可以在建模时代入具体数值，也可以用数学符号来表示，下文将给出决策参数的定义。此外，我们还要考虑做决策时会受到哪些条件的限制。这个例子中，我们的运输方案要考虑工厂产能和仓库需求两个限制条件：①从每个工厂运出的产量总和不能超过该工厂的最大产能；②运输到每个仓库的总货量应该等于该仓库的需求量。当然，除了这两个限制外，有些企业会要求每个仓库只能由单个工厂供应，如果有这个要求的话，我们还需要对应的约束。为简化起见，我们假定 M 公司没有这样的要求，也就是说，M 公司允许一个仓库的需求量由多个仓库满足。所有在做管理决策时受到的限制条件，将构成我们所建立的数学模型的约束条件。

决策的目标以及评价不同决策方案优劣的标准是什么？

通常来说，满足限制条件①和②的可行方案会有很多，因此，我们需要确定评价不同决策方案优劣的标准是什么。例如，在这个例子中，我们评价不同运输方案优劣的标准是其对应的总运输费用。决策的目标是找到总运输费用最小的运输方案。这就是我们将建立的模型的目标函数。数学模型的目标函数通常用最小化（min）或最大化（max）某个表达式来表示。在建模过程中，决策目标是选择最小化还是最大化只需便于对决策目标的直观理解即可，实际上，最小化某个表达式与最大化该表达式的负值在本质上是等价的。

综上，为了描述该运输规划问题的数学模型我们可以定义以下决策参数和决策变量。

c_{ij} 为工厂 i 到仓库 j 的单位运输费用（单位：元/吨），$i=1,2,\cdots,4$，$j=1,2,\cdots,5$。

S_i 为工厂 i 的最大产能（单位：吨），$i=1,2,\cdots,4$。

D_j 为仓库 j 的需求量（单位：吨），$j=1,2,\cdots,5$。

x_{ij} 为（决策变量）从工厂 i 到仓库 j 的运输量（单位：吨），$i=1,2,\cdots,4$，$j=1,2,\cdots,5$。

根据上述决策参数和决策变量，我们可以写出该运输规划问题的数学模型：

$$\min \sum_{i=1}^{4}\sum_{j=1}^{5} c_{ij}\cdot x_{ij} \tag{1.1}$$

s.t.

$$\sum_{j=1}^{5} x_{ij} \leqslant S_i,\ i=1,2,\cdots,4 \tag{1.2}$$

$$\sum_{i=1}^{4} x_{ij} = D_j,\ j=1,2,\cdots,5 \tag{1.3}$$

$$x_{ij} \geqslant 0,\ i=1,2,\cdots,4,\ j=1,2,\cdots,5 \tag{1.4}$$

其中，式（1.1）称为目标函数，目标是总运输费用最小，符号“$\sum$”是求和符号，表示对各个角标对应的变量值进行相加。“s.t.”表示决策受到的约束条件。式（1.2）是工厂产能的限制，不等式左边是从工厂 i 运出的总量，右边是工厂 i 的产能。式（1.3）是仓库需求量的限制，等式左边是从各个工厂运输到仓库 j 的总量，右边是仓库 j 的需求量，要求两者相等。式（1.2）称为非负约束，要求各个决策变量（运输量）不能取负值。

式（1.1）～式（1.4）中的决策变量为可控的连续变量，目标函数和约束条件都是线性的，称为线性规划模型。利用线性规划解决的管理决策有一些共同点。比如，它们都要求最大化或者最小化某一个值，并且存在某些限制或约束条件，这些约束条件在某种程度上限制了对目标的追求。

1.5.2　线性规划模型的求解

线性规划模型有多种求解算法，最主要的是单纯形法，这部分是运筹学的核心内容，这里通过一个例子来用图解法介绍线性规划求解的基本情形，对其理论不进行深入探讨，有兴趣的读者可参考运筹学相关教材[2]。

例题 1.2 某公司现有三条生产线，由于原有产品出现销售量下降的情况，管理部门决定调整公司的生产线，停产不盈利的产品以释放产能来生产两种新产品。其中，生产甲产品需要生产线一与生产线三的部分产能，生产乙产品需要生产线二与生产线三的部分产能。管理部门需要考虑下列两个问题。

（1）公司是否应该生产这两种产品？

（2）若生产，两种产品各应生产多少数量？

生产部做出了涉及生产能力的估计：生产线一每周最多能为新产品生产提供 4 小时的可用时间；生产线二每周最多能为新产品生产提供 12 小时的可用时间；生产线三每周最多能为新产品提供 18 小时的可用时间。而单位产品实际使用每条生产线的数量取决于产品生产率。据估计，生产每单位的甲产品需要使用生产线一 1 小时和生产线三 3 小时；生产每单位的乙产品需要使用生产线二和生产线三各 2 小时。假设甲产品和乙产品的单位利润分别是 3 万元与 5 万元。

根据这些数据，公司应该生产甲、乙这两种新产品各多少数量呢？

分析：此管理决策问题是在生产线可利用时间受到限制的情形下来寻求每周利润最大化的产品生产量组合问题。在建立产品组合模型的过程中，我们需要考虑以下几个问题。

我们要做出哪些决策？

要做的决策是两种新产品的生产数量，这就是模型中待确定的量。我们记 x_1 为每周生产甲产品的数量；x_2 为每周生产乙产品的数量。这些就是我们将要建立的模型的决策变量。

我们的决策会受到哪些条件的限制？

两种产品在相应的生产线上进行生产时，使用到的每条生产线的时间不能超过其每周的最大可用生产时间。这将构成我们建立的模型的约束条件。

这些决策的评价标准是什么？

对这些决策的评价标准是这两种新产品生产的总利润，目标是总利润最大，这也就是我们将建立的模型的目标函数。

通过以上分析，我们可以把上述的产品组合问题描述为如下数学规划模型。

$$\max z = 3x_1 + 5x_2 \tag{1.5}$$

$$\text{s.t.}$$

$$x_1 \leqslant 4 \tag{1.6}$$

$$2x_2 \leqslant 12 \tag{1.7}$$

$$3x_1 + 2x_2 \leqslant 18 \tag{1.8}$$

$$x_1 \geqslant 0，x_2 \geqslant 0 \tag{1.9}$$

模型中，式（1.5）是目标函数，z 表示总利润；式（1.6）～式（1.8）分别表示生产线一、生产线二、生产线三的最大可用工时约束；式（1.9）是决策变量的非负约束。

下面我们以例题1.2的线性规划模型（1.5）～模型（1.9）为例来演示线性规划图解法，并借此解释线性规划模型的一些相关名词。需要注意的是当线性规划中不超过两个变量时才可以使用图解法，在这个模型中只有 x_1 和 x_2 两个变量，我们以 x_1 和 x_2 为坐标轴建立直角坐标系，然后表示出满足限制条件的可行域，如图1.8所示。

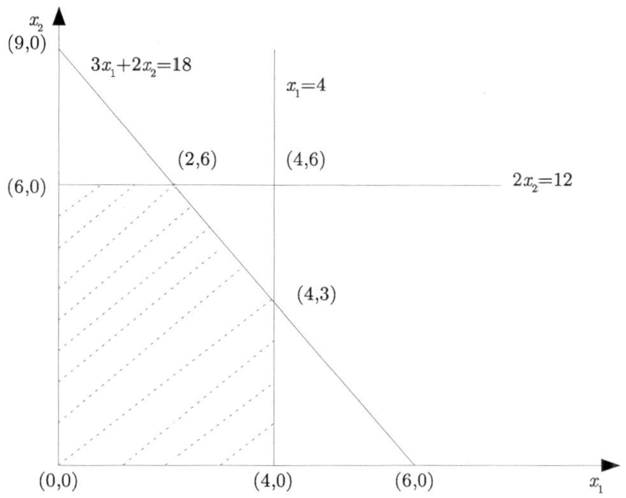

图 1.8　线性规划图解法一

我们可以看到这个可行域是一个凸多边形，即多边形内的任意两点的连线仍在此多边形内。目标函数是 z，斜率为 $-\dfrac{3}{5}$ 的一组平行直线，离 $(0,0)$ 点越远的直线其对应的 z 值就越大，如图1.9所示。

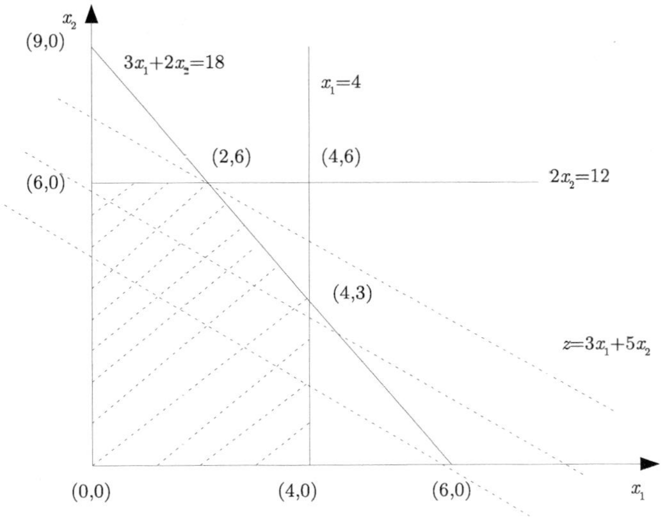

图 1.9　线性规划图解法二

最优解必须满足约束条件并且达到最优值。所以我们要找到代表目标函数的一组直线在可行域内的最大值，显然应该在目标函数和可行域的切点处获得最优解，如图1.10所示。所以

最优解为 $(2,6)$，即生产甲产品 2 件，生产乙产品 6 件。将最优解代入目标函数得到最大利润为 3600 元。

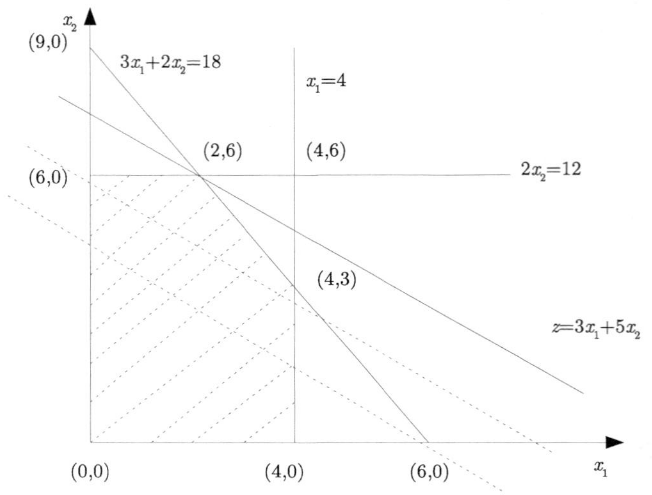

图 1.10　线性规划图解法三

并不是所有的线性规划都可以有一个最优解，下面我们会讨论在求解线性规划问题时可能遇到的三种特殊情况。

（1）多重最优解。从对图解法的讨论我们可以知道，最优解可以在可行域的“角点”中找到。现在让我们来考虑一种特殊的情况，目标函数线和可行域边界所在的约束线重合，我们看到这将会导致多重最优解，函数的最优解多于一个，如图1.11所示。

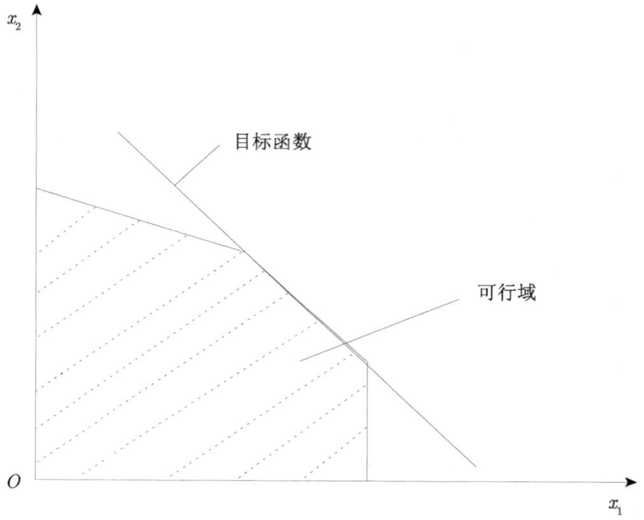

图 1.11　多重最优解

具有多重最优解的线性规划问题对决策者来说一般是好事。这意味着可以有很多决策变量组合供选择。

（2）无可行解。无可行解是指线性规划问题不存在满足全部约束条件的解。在图形中，无可行解是指可行域不存在，如图1.12所示。

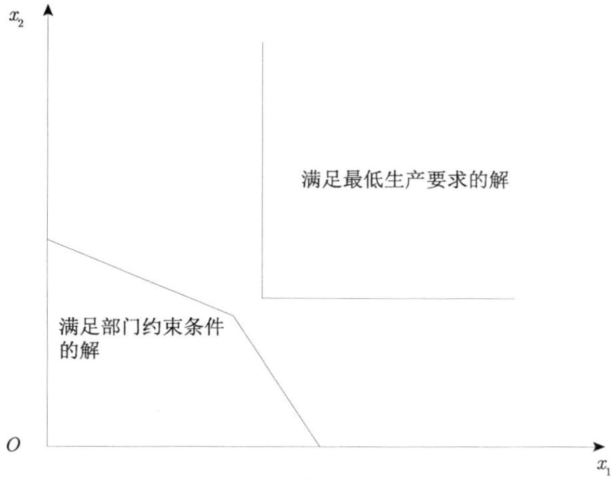

图 1.12　无可行解

造成无可行解的原因是模型对决策变量的限制太多，而不同约束条件之间又相互矛盾，解决的办法是去掉相互矛盾的约束条件中的一个。在现实问题中，出现无可行解的情况时，我们往往会比较线性规划中约束条件的必要程度，然后去掉相互矛盾的约束中最不重要的约束条件来放松线性规划，得到最优解。

（3）无界解。如果一个最大化线性规划问题的解可以无限变大，却不违反任何约束条件，我们称这个解是无界解。同样，如果一个最小化问题决策变量可以无限小，那么它的解也是无界的。这种条件被称为“管理乌托邦”，因为在这种情况下管理者可以不断追求更好的结果而不会遇到限制，如图1.13所示。

但是，如果一个实际问题出现了这种情况，就说明问题所对应的方程出现了问题。因为对于一个现实问题，不可能出现收益无限制地增加或者成本无限制地减少的情况。

1.5.3　用 Excel 求解线性规划模型

Excel 规划求解的选项可以用来解决线性规划与非线性规划优化问题，可以设置决策变量为整数约束。Excel 自带的规划求解插件可以用来解决最多有 200 个变量、100 个外在约束和 400 个简单约束（决策变量整数约束的上下边界）的问题。如果安装 OpenSolver 插件，则没有求解规模的限制。关于 OpenSolver 的安装，可参考文献 [3]。

要调用规划求解，从主菜单中选择工具/求解。规划求解参数对话框用来描述 Excel 的优化问题。“设置目标”单元格应该包含所求问题的目标函数的单元格地址。选择最大或最小可以用来确定设定目标单元格的最大值或最小值。如果选择了值，规划求解将努力去寻找使

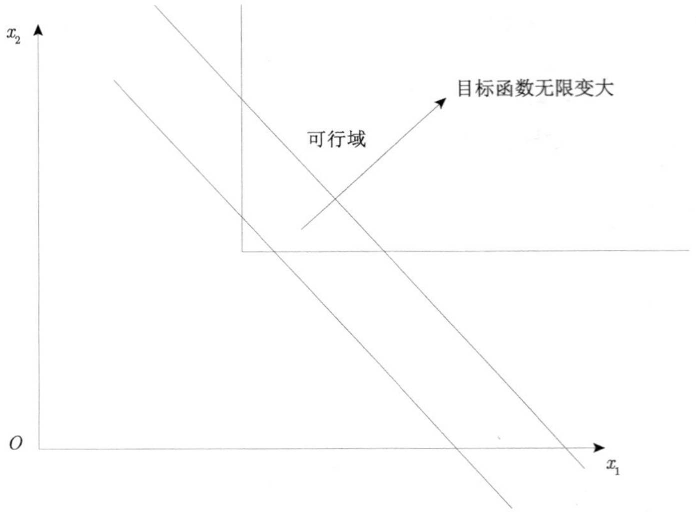

图 1.13 无界解

目标单元格的值等于选项右侧框中的值。“通过更改可变单元格”框应该包含问题中决策变量的地址。最后，约束必须通过点击“添加”按钮在约束框中详细说明。“更改”按钮允许对已经加入的约束进行修改，“删除”按钮允许删除前面加入的约束。“全部重置”按钮可以清除当前问题，并且将参数重新设置为默认值。“选项”按钮可以调用规划求解对话框选项。不同版本的规划求解对话框会有一些差异，以 Excel 2016 版为例，规划求解参数对话框如图1.14所示。

图 1.14 Excel 求解线性规划对话框（Excel 2016 版）

当点击“添加”按钮时，可以添加模型的约束条件。添加约束对话框如图1.15所示。

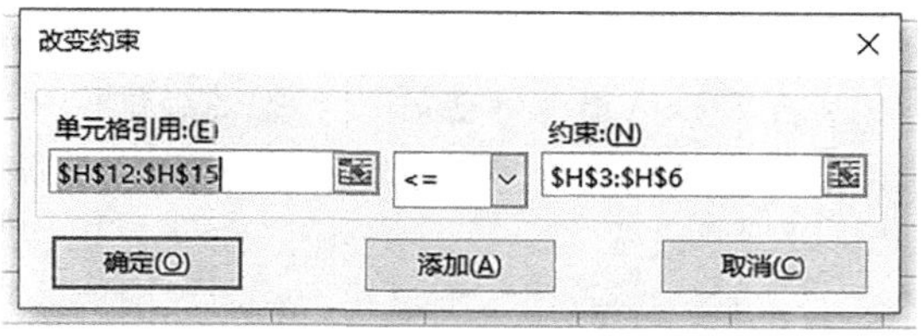

图 1.15 Excel 求解线性规划“改变约束”对话框（Excel 2016 版）

点击“单元格引用”框选择所添加约束条件的左端项所在的单元格地址（通常是有公式的单元格）。中间的选项框可以选择约束形式，总共有“≤”“≥”“=”“int”“bin”“dif”六种约束形式可以选择，其中“int”是指约束条件的左端项取值只能为整数，“bin”指约束条件的左端项取值只能为 0 或者 1，“dif”指所选约束条件的左端项取值都不一样。“约束”框选择所添加约束条件的右端项所在的单元格。“确定”按钮表示将当前的约束加入到模型中，并返回规划求解对话框。“添加”按钮表示向现存模型增加当前描述的约束，并返回添加下一组约束的对话框。注意：规划求解并不假定决策变量是非负的，如果要求决策变量的取值为非负值，则需要勾选规划求解对话框中的“使无约束变量为非负数”的选项（图1.14)。

规划求解对话框中还需要选择求解方法及选项。求解方法包括“非线性 GRG（generalized reduced gradient，广义简约梯度法)”“单纯线性规划”“演化”三种求解方法。点击“选项”按钮，可对三种算法所涉及的参数进行设置。“单纯线性规划”的参数设置如图1.16所示。“最大时间（秒)”允许在规划求解停止之前设定秒数。类似于最长时间，“迭代次数”允许设定

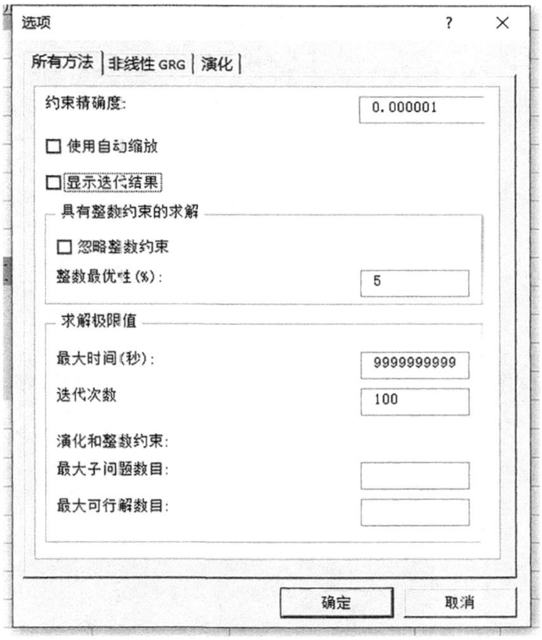

图 1.16 Excel 求解线性规划“选项”对话框（Excel 2016 版）

迭代的最大数量（规划求解算法的步骤）。“约束精确度”是规划求解算法的准确程度（例如，在等于约束右端项之前，约束左边项的值如何接近）。“整体最优性（%）”被用于整数规划。这指定了在多大百分比内的解是最优的。如果寻求最优解，“整体最优性（%）”必须被设置为 0。如果运行时间太长，可以将此设置为一个更大的值（如果可以在最优性的百分比内接受该解）。

如果模型是线性规划或者线性整数规划，应该选择单纯线性规划。这样规划求解就用单纯形算法而不是更耗时间的非线性算法进行求解（一般简约梯度法）。如果希望所有的可变单元格都 $\geqslant 0$，应该选择非负性。如果希望查看逐次迭代的信息（这将使速度降低），选中“显示迭代结果”。如果模型比例比较差，使用自动缩放（如果输入的数量级显著不同）。最后，对话框的底部是关于非线性算法的选项，即如何估计非线性、如何估计变化速率和应用的搜索技术。

一般来说，大多数参数的默认值运行得很有效。重要的是，如果是线性规划或者整数规划，要记住选择线性模型假设。如果希望可变单元格仅仅取非负值，可以选择非负性。同时，如果求解整数规划问题，并求最优解，要确定允许误差为 0。

我们以本节中的例题1.1说明 Excel 求解线性规划的过程，详细 Excel 求解文件可联系作者索取。

该问题的 Excel 模型公式工作表如图1.17所示。决策变量从工厂 i 到仓库 j 的运输量 x_{ij} 对应的单元格为“C12:G15”，这些单元格为将来进行规划求解时的可变单元格。总利润对应的单元格为“C18”，输入的公式为“= SUMPRODUCT(C3:G6,C12:G15)”，即各项运输费用的总和。各个工厂产量对应的单元格为“H12:H15”，为对应运出量的和。例如，广州工厂的产量对应的单元格为“H12”，其值的表达式为“=SUM(C12:G12)”。类似地，运输到各个仓库的对应供应量为单元格“C16:G16”，为对应运到该仓库量的总和。例如，广东仓库的运入量对应的单元格为“C16”，其值的表达式为“=SUM(C12:C15)”。

在 Excel 中设置好如图1.17所示的表达式之后，就可以运用下面的步骤建立线性规划模型。

	A	B	C	D	E	F	G	H
1								
2		单位运费（元/吨）	广东仓库	福建仓库	湖南仓库	四川仓库	江西仓库	产能（吨）
3		广州工厂	100	144	160	190	160	3000
4		长沙工厂	164	160	120	168	140	4000
5		南昌工厂	176	130	148	160	120	3400
6		成都工厂	200	300	172	110	180	4000
7		需求量（吨）	3500	2000	2600	3300	2200	
8								
9								
10								
11		决策变量（Xij）	广东仓库	福建仓库	湖南仓库	四川仓库	江西仓库	产量（吨）
12		广州工厂	0	0	0	0	0	=SUM(C12:G12)
13		长沙工厂	0	0	0	0	0	=SUM(C13:G13)
14		南昌工厂	0	0	0	0	0	=SUM(C14:G14)
15		成都工厂	0	0	0	0	0	=SUM(C15:G15)
16		供应量（吨）	=SUM(C12:C15)	=SUM(D12:D15)	=SUM(E12:E15)	=SUM(F12:F15)	=SUM(G12:G15)	
17								
18		决策目标（运输费用）	=SUMPRODUCT(C3:G6, C12:G15)					
19								

图 1.17　Excel 模型公式工作表

（1）选择“数据”，然后选择“规划求解”。

（2）点击“设置目标”单元格，键入“C18”。

（3）选择“最小值”。

（4）在“通过更改可变单元格”中，输入“C12:G15”；或者点击输入框右端的单元格图标，在工作表中，点击并从 C12 到 G15（或者键入 C12:G15）拖拽鼠标。

（5）在“遵守约束”对话框中，点击“添加”按钮调用“添加约束”对话框。

（6）键入产能限制约束，在单元格引用框中点击并键入“H12:H15”，选择“⩽”类，然后点击约束框并且键入“H3:H6”，如图1.15所示，点击“添加”按钮。

（7）再添加仓库需求量约束，在单元格引用框中点击并键入“C16:G16”，选择“=”类，然后点击约束框并且键入“C7:G7”，点击“确定”按钮。

（8）最后勾选“使无约束变量为非负数”项，并在“选择求解方法”中选择“单纯线性规划”，点击“求解”按钮，就可以求解模型。

设置好的规划求解对话框如图1.14所示，要求解该模型，点击“求解”按钮。当问题解决以后，“规划求解结果”框将会出现，如图1.18所示。

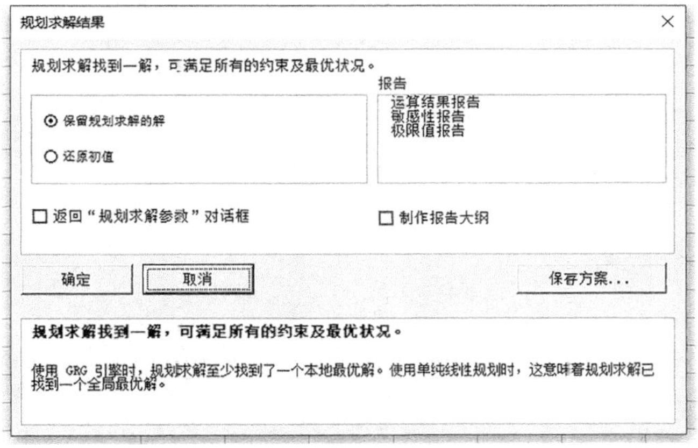

图 1.18　Excel 求解结果对话框（Excel 2016 版）

你可以选择工作表中由“规划求解”确定的解或者重新保存元数据。同时，如“报告”框中所示，可以自动产生三种报告。在框中点击可以选择其中的任何报告。规划求解产生了线性规划的三种报告，“运算结果报告”“敏感性报告”“极限值报告”。我们先看计算结果的值，再介绍这三种报告。

模型求解之后，我们就会看到可变单元格“C12:G15”的值变为规划的最优运输方案，如图1.19所示。最优方案显示，应该从广州工厂运输 3000 吨到广东仓库；从长沙工厂运输 500 吨到广东仓库，运输 2600 吨到湖南仓库，运输 800 吨到江西仓库；从南昌工厂运输 2000 吨到福建仓库，运输 1400 吨到江西仓库；从成都工厂运输 3300 吨到四川仓库。这个方案是最优（总运输费用最低）方案，对应的运输费用为目标单元格“C18”的值，即 1 597 000 元。

（1）运算结果报告。运算结果报告给出了目标单元格和所有可变单元格的初值与终值，以及约束和约束状态的列表。例题1.1的线性规划示例的运算结果报告如图1.20所示。

从运算结果报告，我们可以得到 Excel 规划求解工具所运用的引擎、求解时间、迭代次数、规划求解选项设置中参数的取值，包括最大时间、约束精确度、最大整数解数目、整

单位运费（元/吨）	广东仓库	福建仓库	湖南仓库	四川仓库	江西仓库	产能（吨）
广州工厂	100	144	160	190	160	3000
长沙工厂	164	160	120	168	140	4000
南昌工厂	176	130	148	160	120	3400
成都工厂	200	300	172	110	180	4000
需求量（吨）	**3500**	**2000**	**2600**	**3300**	**2200**	

决策变量（Xij）	广东仓库	福建仓库	湖南仓库	四川仓库	江西仓库	产量（吨）
广州工厂	3000	0	0	0	0	3000
长沙工厂	500	0	2600	0	800	3900
南昌工厂	0	2000	0	0	1400	3400
成都工厂	0	0	0	3300	0	3300
供应量（吨）	**3500**	**2000**	**2600**	**3300**	**2200**	

决策目标（运输费用）	1597000

图 1.19 M 公司运输问题最优运输规划方案

Microsoft Excel 16.0 运算结果报告
工作表：[M公司例子-2019.xlsx]运输
报告的建立：2020/05/19 16:49:29
结果：规划求解找到一解，可满足所有的约束及最优状况。
规划求解引擎
　引擎：单纯线性规划
　求解时间：0.016 秒。
　迭代次数：16 子问题：0
规划求解选项
　最大时间 9999999999 秒，　迭代 100，Precision 0.000001
　最大子问题数目 无限制，最大整数解数目 无限制，整数允许误差 5%，假设为非负数

目标单元格（最小值）

单元格	名称	初值	终值
$C$18	决策目标（运输费用）广东仓库	0	1597000

可变单元格

单元格	名称	初值	终值	整数
$C$12	广州工厂 广东仓库	0	3000	约束
$D$12	广州工厂 福建仓库	0	0	约束
$E$12	广州工厂 湖南仓库	0	0	约束
$F$12	广州工厂 四川仓库	0	0	约束
$G$12	广州工厂 江西仓库	0	0	约束
$C$13	长沙工厂 广东仓库	0	500	约束
$D$13	长沙工厂 福建仓库	0	0	约束
$E$13	长沙工厂 湖南仓库	0	2600	约束
$F$13	长沙工厂 四川仓库	0	0	约束
$G$13	长沙工厂 江西仓库	0	800	约束
$C$14	南昌工厂 广东仓库	0	0	约束
$D$14	南昌工厂 福建仓库	0	2000	约束
$E$14	南昌工厂 湖南仓库	0	0	约束
$F$14	南昌工厂 四川仓库	0	0	约束
$G$14	南昌工厂 江西仓库	0	1400	约束
$C$15	成都工厂 广东仓库	0	0	约束
$D$15	成都工厂 福建仓库	0	0	约束
$E$15	成都工厂 湖南仓库	0	0	约束
$F$15	成都工厂 四川仓库	0	3300	约束
$G$15	成都工厂 江西仓库	0	0	约束

约束

单元格	名称	单元格值	公式	状态	型数值
$C$16	供应量（吨）广东仓库	3500	$C$16=$C$7	到达限制值	0
$D$16	供应量（吨）福建仓库	2000	$D$16=$D$7	到达限制值	0
$E$16	供应量（吨）湖南仓库	2600	$E$16=$E$7	到达限制值	0
$F$16	供应量（吨）四川仓库	3300	$F$16=$F$7	到达限制值	0
$G$16	供应量（吨）江西仓库	2200	$G$16=$G$7	到达限制值	0
$H$12	广州工厂 产量（吨）	3000	$H$12<=$H$3	到达限制值	0
$H$13	长沙工厂 产量（吨）	3900	$H$13<=$H$4	未到限制值	100
$H$14	南昌工厂 产量（吨）	3400	$H$14<=$H$5	到达限制值	0
$H$15	成都工厂 产量（吨）	3300	$H$15<=$H$6	未到限制值	700

图 1.20 Excel 规划求解运算结果报告（Excel 2016 版）

数允许误差等。此外，从运算结果报告，我们还可以得到模型求解前后，目标单元格的初值和终值、可变单元格（决策变量）的初值和终值、约束单元格的终值和是否到达限制值等信息。

（2）敏感性报告。敏感性报告包含可变单元格的敏感性信息与约束的敏感性信息两部分。在可变单元格的敏感性信息中，敏感性报告给出了每个可变单元格的“终值”“递减成本”“目标式系数”“允许的增量”“允许的减量”。例题 1.1 的线性规划示例的敏感性报告如图1.21所示。“终值”是对应可变单元格（决策变量）的最优解，“递减成本”是在单纯线性规划法的最优解中，对应可变单元格（决策变量）的判别数，“目标式系数”是目标函数中可变单元格（决策变量）的系数，“允许的增量”和“允许的减量”分别表示最优解保持不变时，目标函数中可变单元格（决策变量）的系数允许增大或减小的最大值。

Microsoft Excel 16.0 敏感性报告
工作表：[M公司例子-2019.xlsx]运输
报告的建立：2020/05/19 16:49:29

可变单元格

单元格	名称	终值	递减成本	目标式系数	允许的增量	允许的减量
$C$12	广州工厂 广东仓库	3000	0	100	58	1E+30
$D$12	广州工厂 福建仓库	0	58	144	1E+30	58
$E$12	广州工厂 湖南仓库	0	104	160	1E+30	104
$F$12	广州工厂 四川仓库	0	144	190	1E+30	144
$G$12	广州工厂 江西仓库	0	84	160	1E+30	84
$C$13	长沙工厂 广东仓库	500	0	164	32	58
$D$13	长沙工厂 福建仓库	0	10	160	1E+30	10
$E$13	长沙工厂 湖南仓库	2600	0	120	48	1E+30
$F$13	长沙工厂 四川仓库	0	58	168	1E+30	58
$G$13	长沙工厂 江西仓库	800	0	140	10	20
$C$14	南昌工厂 广东仓库	0	32	176	1E+30	32
$D$14	南昌工厂 福建仓库	2000	0	130	10	1E+30
$E$14	南昌工厂 湖南仓库	0	48	148	1E+30	48
$F$14	南昌工厂 四川仓库	0	70	160	1E+30	70
$G$14	南昌工厂 江西仓库	1400	0	120	20	10
$C$15	成都工厂 广东仓库	0	36	200	1E+30	36
$D$15	成都工厂 福建仓库	0	150	300	1E+30	150
$E$15	成都工厂 湖南仓库	0	52	172	1E+30	52
$F$15	成都工厂 四川仓库	3300	0	110	58	1E+30
$G$15	成都工厂 江西仓库	0	40	180	1E+30	40

约束

单元格	名称	终值	阴影价格	约束限制值	允许的增量	允许的减量
$C$16	供应量（吨） 广东仓库	3500	164	3500	100	500
$D$16	供应量（吨） 福建仓库	2000	150	2000	100	800
$E$16	供应量（吨） 湖南仓库	2600	120	2600	100	2600
$F$16	供应量（吨） 四川仓库	3300	110	3300	700	3300
$G$16	供应量（吨） 江西仓库	2200	140	2200	100	800
$H$12	广州工厂 产量（吨）	3000	-64	3000	500	100
$H$13	长沙工厂 产量（吨）	3900	0	4000	1E+30	100
$H$14	南昌工厂 产量（吨）	3400	-20	3400	800	100
$H$15	成都工厂 产量（吨）	3300	0	4000	1E+30	700

图 1.21　Excel 规划求解敏感性报告（Excel 2016 版）

在约束的敏感性信息中，“终值”对应约束的最终值，“阴影价格”对应约束资源的影子价格，即假设约束资源增加一个单位，对应的最优目标值的变化值。“约束限制值”是目前约束资源的限制值，“允许的增量”和“允许的减量”分别表示最优解保持不变时，约束资源允许增大或减小的最大值。

(3) 极限值报告。极限值报告给出了当其他可变单元格保持当前值时，每个可变单元格满足约束的最低和最大变动限度。例题1.1的线性规划示例的极限值报告如图1.22所示。

Microsoft Excel 16.0 极限值报告
工作表：[M公司例子-2019.xlsx]运输
报告的建立：2020/05/19 16:49:30

单元格	目标式名称	值
$C$18	决策目标（运输费用）	1597000

单元格	变量名称	值	下限极限	目标式结果	上限极限	目标式结果
$C$12	广州工厂 广东仓库	3000	3000	1597000	3000	1597000
$D$12	广州工厂 福建仓库	0	0	1597000	0	1597000
$E$12	广州工厂 湖南仓库	0	0	1597000	0	1597000
$F$12	广州工厂 四川仓库	0	0	1597000	0	1597000
$G$12	广州工厂 江西仓库	0	0	1597000	0	1597000
$C$13	长沙工厂 广东仓库	500	500	1597000	500	1597000
$D$13	长沙工厂 福建仓库	0	0	1597000	0	1597000
$E$13	长沙工厂 湖南仓库	2600	2600	1597000	2600	1597000
$F$13	长沙工厂 四川仓库	0	0	1597000	0	1597000
$G$13	长沙工厂 江西仓库	800	800	1597000	800	1597000
$C$14	南昌工厂 广东仓库	0	0	1597000	0	1597000
$D$14	南昌工厂 福建仓库	2000	2000	1597000	2000	1597000
$E$14	南昌工厂 湖南仓库	0	0	1597000	0	1597000
$F$14	南昌工厂 四川仓库	0	0	1597000	0	1597000
$G$14	南昌工厂 江西仓库	1400	1400	1597000	1400	1597000
$C$15	成都工厂 广东仓库	0	0	1597000	0	1597000
$D$15	成都工厂 福建仓库	0	0	1597000	0	1597000
$E$15	成都工厂 湖南仓库	0	0	1597000	0	1597000
$F$15	成都工厂 四川仓库	3300	3300	1597000	3300	1597000
$G$15	成都工厂 江西仓库	0	0	1597000	0	1597000

图 1.22　Excel 规划求解极限值报告（Excel 2016 版）

值得指出的是，敏感性报告和极限值报告只对变量为连续值的线性规划有效，对于整数规划，则没有这两份报告，因为在整数规划中，决策变量取值的变化不是连续的。

1.6　本章习题

1. 什么是物流管理？
2. 物流管理决策包括哪些决策？
3. 数学建模一般包括哪些步骤？
4. 考虑如下所示的线性规划模型：

$$\max z = x_1 + 2x_2 \tag{1.10}$$

s.t.

$$2x_1 + 2x_2 = 12 \tag{1.11}$$

$$0 \leqslant x_1 \leqslant 5 \tag{1.12}$$

$$0 \leqslant x_2 \leqslant 4 \tag{1.13}$$

（a）画出可行域。

（b）可行域的“顶点”有哪些？

（c）用图解法求最优解。

5. 考虑例题1.1，假设 M 公司四个工厂广州、长沙、南昌、成都的单位生产成本分别为 1200 元/吨、1100 元/吨、1050 元/吨、1000 元/吨，其他数据不变。M 公司应该怎样安排生产和运输计划，使总费用（生产费用与运输费用之和）最少？

6. 某公司生产背包，决定进入中等和高等价位的背包市场。背包的生产过程包括四道工序：切割与印染、缝合、成型、检查与包装。生产主管详细分析了生产过程的每一步，得出以下结论：生产一个中等价位背包需要 0.5 小时切割与印染，0.3 小时缝合，1.0 小时成型，0.2 小时检查与包装。生产一个高等价位背包需要 0.8 小时切割与印染，0.5 小时缝合，0.9 小时成型，0.4 小时检查与包装。生产信息如表1.2所示。

表 1.2　生产每个背包所需要的时间（单位：小时）

部门	中等价位背包	高等价位背包
切割与印染	0.5	0.8
缝合	0.3	0.5
成型	1.0	0.9
检查与包装	0.2	0.4

公司的生产还受各个部门生产时间的限制，生产主管估计未来三个月内各个部门可用的最大生产时间是：切割与印染 600 小时，缝合 550 小时，成型 700 小时，检查与包装 150 小时。会计部门通过对生产数据、各种生产成本的分析得出以下结论：生产一个中等价位背包的利润是 100 元，生产一个高等价位背包的利润是 90 元。我们的问题是怎样建立一个数学模型，来决定中等价位背包和高等价位背包各生产多少，以最大化公司的利润。

（a）上述问题的模型能否使用图解法解出？如果能，应该怎么解？

（b）上述问题能否使用 Excel 解出？如果能，应该怎么解？

第 2 章　物流设施选址问题

本章内容：

1. 物流设施选址的基本概念。
2. P-中值问题（连续位置 1-中值问题、连续位置 P-中值问题、离散位置 P-中值问题）。
3. P-中心问题（连续位置 1-中心问题、连续位置 P-中心问题、离散位置 P-中心问题）。
4. 集合覆盖问题和最大覆盖问题。
5. 物流设施选址问题的应用案例及求解结果。

2.1　引例：D 公司物流设施选址问题

D 公司生产某品牌饮料，产品销往全国各地。产品在工厂生产之后，先运到某个中央仓库（central distribution center，CDC），再由中央仓库运输到区域仓库（regional distribution center，RDC），然后由区域仓库负责配送到当地的销售点（包括经销商、批发商、大卖场等）。近年来，公司在各个地区的销售量发生了很大变化，为降低物流成本，D 公司现欲重新审视其区域仓库的位置是否合理。以山东省为例，公司目前在山东省济南市历城区普洛斯物流园区设有一个区域仓库，负责整个山东省销售点的产品配送。公司在山东省有 151 个销售点，这些销售点的具体位置和年需求量见 2.6 节。公司每年在山东省的销售量约为 14 920 吨，销量相对稳定，当前配送的吨公里为 3 676 888 吨公里，配送费用约为 9 192 220 元（平均每吨公里配送费为 2.5 元），平均配送距离（总吨公里除以总吨数）为 246.44 公里，最远的配送距离为 527.69 公里。基于目前的年销售量，公司管理者希望用基于数据的分析方法，回答下面几个问题。

（1）从配送费用考虑，公司目前把山东省的区域仓库设在山东省济南市历城区普洛斯物流园区是否是最佳的？如果不是，应该设在哪里？配送费用可以下降多少？平均配送距离为多少？最远配送距离为多少？

（2）如果保持当前普洛斯物流园区这个区域仓库位置不变，另外新增一个区域仓库，该区域仓库的位置应该选在哪里？此时配送费用可以下降多少？平均配送距离为多少？最远配送距离为多少？

（3）如果当前区域仓库可以搬迁，重新选择两个地址设置新的区域仓库，这两个仓库应该设在哪里？此时配送费用可以下降多少？平均配送距离为多少？最远配送距离为多少？

2.2　物流设施选址基本概念

2.1节引例中的决策问题就是典型的设施（配送仓库）选址问题。物流设施选址问题是运筹学中经典的问题之一，在物流管理中有着广泛的应用。所研究的设施是指与生产、商业流通及人类生活有关的具体网点、场所，如工厂、仓库、配送中心、消防站、加油（气）站等。

1909 年，韦伯[4] 研究了在平面上确定一个仓库的位置使得仓库与多个顾客之间的总距离最小的问题（称为韦伯问题），正式开始了选址理论的研究。设施选址的典型问题包括中值问题、中心问题、覆盖问题等。

P-中值问题：P-中值问题是研究如何在坐标平面或离散网络中选择 P 个服务点使得需求点和服务点之间的距离与需求量的乘积之和最小。

P-中心问题：P-中心问题也叫 minmax 问题，是探讨如何在坐标平面或离散网络中选择 P 个服务点，使得任意一需求点到距离该需求点最近的服务点的最大距离最小。

覆盖问题：覆盖问题分为最大覆盖问题和集合覆盖问题两类。最大覆盖问题（也称 P-覆盖问题）是研究在服务点的数目和服务半径已知的条件下，如何设立 P 个服务点使得可接受服务的需求量最大的问题。集合覆盖问题研究满足覆盖所有需求点顾客的前提下，服务点总的建站个数或建设费用最小的问题。集合覆盖问题最早是由 Roth[5] 和 Toregas[6] 提出的，用于解决消防中心和救护车等的应急服务设施的选址问题，他们分别建立了服务点建设成本不同和相同情况下集合覆盖问题的整数规划模型。

2.3　P-中值问题

P-中值问题是研究如何在坐标平面或离散网络中选择 P 个服务点使得需求点和服务点之间的距离与需求量的乘积之和最小。在引例中，配送仓库可以看作服务点，客户是需求点，我们的目标是选址一个或两个配送仓库，以使配送的总吨公里数最少。如果假定配送仓库的位置坐标可以在坐标平面上任意选取，则该问题属于连续位置 P-中值问题。根据服务点的多少，我们分为连续位置 1-中值问题和连续位置 P-中值问题。如果服务点只能在若干个备选地址中选择，则称为离散位置 P-中值问题。

2.3.1　连续位置 1-中值问题

连续位置 1-中值问题比较简单，如图2.1所示，定义如下。

图 2.1　连续 1-中值模型的服务点位置

连续位置 1-中值问题：给定 n 个需求点，其位置坐标分别为 (a_i, b_i)，需求量为 w_i，$i = 1, 2, \cdots, n$，需要寻找一个服务点的位置，假设其位置为 (x, y)，使得服务点到这些需求点的总加权配送距离（运输量与运输距离乘积）总和最小。

连续位置 1-中值问题用模型表示如下：

$$\min F(x,y) = \sum_{i=1}^{n} w_i \cdot \sqrt{(x-a_i)^2 + (y-b_i)^2} \tag{2.1}$$

决策目标是确定服务点的位置坐标以使得式（2.1）的目标函数最小。为了求出最佳位置 (x^*, y^*)，我们可以利用 Excel 求解非线性规划模型。

另外，通过对目标函数分别求关于 x 与 y 的一阶偏导数并令它们等于零，并假定服务点位置不与任何一个需求点坐标重合，可以得到目标函数最小化时的服务点坐标为

$$x^* = \frac{\sum_{1}^{n} w_i \times a_i \div d_i^*}{\sum_{1}^{n} w_i \div d_i^*}, \quad y^* = \frac{\sum_{1}^{n} w_i \times b_i \div d_i^*}{\sum_{1}^{n} w_i \div d_i^*} \tag{2.2}$$

其中，$d_i^* = \sqrt{(x^* - a_i)^2 + (y^* - b_i)^2}$ 为服务点到需求点 i 的距离。

式（2.2）中，等式右边项还含有距离 d_i^*，而 d_i^* 是服务点到需求点 i 的距离，又与等式左边的坐标 (x^*, y^*) 相关，因此，这是一个隐性表达式，这个表达式只是给出了服务点的最佳位置应该满足的条件。而根据这个等式，我们并不能直接计算出服务点的最佳位置 (x^*, y^*)。

这里介绍一种求解方法：迭代法。这个算法的思想是先给出一个初始的服务点位置，再根据这个位置算出服务点到各个需求点 i 的距离 d_i，然后根据式（2.2）更新服务点的位置，再根据服务点的新位置更新距离，如此循环迭代，直到服务点位置不断逼近最佳位置，距离不再更新，即找到一个位置 (x^*, y^*)，使得式（2.2）成立。用 (x^k, y^k) 表示第 k 次迭代的服务点的位置坐标，迭代法求解过程如下。

第一步，用如下公式计算服务点初始位置坐标，并设置 $k := 1$。

$$x^1 = \frac{\sum_{1}^{n} w_i \times a_i}{\sum_{1}^{n} w_i}, \quad y^1 = \frac{\sum_{1}^{n} w_i \times b_i}{\sum_{1}^{n} w_i}$$

第二步，计算服务点到各个需求点的距离。

$$d_i^k = \sqrt{(a_i - x^k)^2 + (b_i - y^k)^2}$$

第三步，利用第二步计算的距离更新服务点的坐标。

$$x^{k+1} = \frac{\sum_{1}^{n} w_i \times a_i \div d_i^k}{\sum_{1}^{n} w_i \div d_i^k}$$

$$y^{k+1}=\frac{\sum\limits_{1}^{n} w_i \times b_i \div d_i^k}{\sum\limits_{1}^{n} w_i \div d_i^k}$$

第四步，设置 $k := k + 1$，重复第二步、第三步直到服务点坐标点的变动小于某一特定范围。

下面，我们用一个小例子演示在 Excel 中用迭代法计算的过程。

例题 2.1 假设有四个需求点，位置坐标和需求量如表2.1所示，现需要设置一个服务点服务这四个需求点，求最佳的服务点位置，使总加权配送距离最小。

表 2.1　连续位置 1-中值问题例题

需求点	横坐标	纵坐标	需求量
1	1.0	1.0	4
2	3.1	1.0	1
3	0.9	3.0	3
4	3.0	3.0	2

在 Excel 中用迭代法求解该问题的步骤结果如图2.2所示。初始位置 $(x^1, y^1) = (1.580, 2.000)$，经过 27 次迭代后，求得服务点最佳位置为 (1.317,1.734)，对应的总加权配送距离为 13.3370。

迭代步骤	总加权距离	服务点位置		需求点1				需求点2				需求点3				需求点4			
		x	y	a1	b1	w1	d1	a2	b2	w2	d2	a3	b3	w3	d3	a4	b4	w4	d4
				1.00	1.00	4.00		3.10	1.00	1.00		0.90	3.00	3.00		3.00	3.00	2.00	
1	13.5450	1.580	2.000	1.00	1.00	4.00	1.16	3.10	1.00	1.00	1.82	0.90	3.00	3.00	1.21	3.00	3.00	2.00	1.74
2	13.3943	1.420	1.951	1.00	1.00	4.00	1.04	3.10	1.00	1.00	1.93	0.90	3.00	3.00	1.17	3.00	3.00	2.00	1.90
3	13.3654	1.368	1.906	1.00	1.00	4.00	0.98	3.10	1.00	1.00	1.95	0.90	3.00	3.00	1.19	3.00	3.00	2.00	1.96
4	13.3539	1.351	1.869	1.00	1.00	4.00	0.94	3.10	1.00	1.00	1.95	0.90	3.00	3.00	1.22	3.00	3.00	2.00	2.00
5	13.3474	1.343	1.841	1.00	1.00	4.00	0.91	3.10	1.00	1.00	1.95	0.90	3.00	3.00	1.24	3.00	3.00	2.00	2.02
6	13.3435	1.338	1.818	1.00	1.00	4.00	0.89	3.10	1.00	1.00	1.94	0.90	3.00	3.00	1.26	3.00	3.00	2.00	2.04
7	13.3411	1.334	1.801	1.00	1.00	4.00	0.87	3.10	1.00	1.00	1.94	0.90	3.00	3.00	1.28	3.00	3.00	2.00	2.05
8	13.3396	1.331	1.787	1.00	1.00	4.00	0.85	3.10	1.00	1.00	1.94	0.90	3.00	3.00	1.29	3.00	3.00	2.00	2.06
9	13.3387	1.328	1.776	1.00	1.00	4.00	0.84	3.10	1.00	1.00	1.93	0.90	3.00	3.00	1.30	3.00	3.00	2.00	2.07
10	13.3381	1.326	1.768	1.00	1.00	4.00	0.83	3.10	1.00	1.00	1.93	0.90	3.00	3.00	1.30	3.00	3.00	2.00	2.08
11	13.3377	1.324	1.761	1.00	1.00	4.00	0.83	3.10	1.00	1.00	1.93	0.90	3.00	3.00	1.31	3.00	3.00	2.00	2.08
12	13.3375	1.323	1.756	1.00	1.00	4.00	0.82	3.10	1.00	1.00	1.93	0.90	3.00	3.00	1.31	3.00	3.00	2.00	2.09
13	13.3373	1.322	1.751	1.00	1.00	4.00	0.82	3.10	1.00	1.00	1.93	0.90	3.00	3.00	1.32	3.00	3.00	2.00	2.09
14	13.3372	1.321	1.748	1.00	1.00	4.00	0.81	3.10	1.00	1.00	1.93	0.90	3.00	3.00	1.32	3.00	3.00	2.00	2.09
15	13.3371	1.320	1.745	1.00	1.00	4.00	0.81	3.10	1.00	1.00	1.93	0.90	3.00	3.00	1.32	3.00	3.00	2.00	2.10
16	13.3371	1.319	1.743	1.00	1.00	4.00	0.81	3.10	1.00	1.00	1.93	0.90	3.00	3.00	1.33	3.00	3.00	2.00	2.10
17	13.3371	1.319	1.741	1.00	1.00	4.00	0.81	3.10	1.00	1.00	1.93	0.90	3.00	3.00	1.33	3.00	3.00	2.00	2.10
18	13.3370	1.318	1.739	1.00	1.00	4.00	0.81	3.10	1.00	1.00	1.93	0.90	3.00	3.00	1.33	3.00	3.00	2.00	2.10
19	13.3370	1.318	1.738	1.00	1.00	4.00	0.80	3.10	1.00	1.00	1.93	0.90	3.00	3.00	1.33	3.00	3.00	2.00	2.10
20	13.3370	1.318	1.737	1.00	1.00	4.00	0.80	3.10	1.00	1.00	1.93	0.90	3.00	3.00	1.33	3.00	3.00	2.00	2.10
21	13.3370	1.318	1.736	1.00	1.00	4.00	0.80	3.10	1.00	1.00	1.93	0.90	3.00	3.00	1.33	3.00	3.00	2.00	2.10
22	13.3370	1.317	1.736	1.00	1.00	4.00	0.80	3.10	1.00	1.00	1.93	0.90	3.00	3.00	1.33	3.00	3.00	2.00	2.10
23	13.3370	1.317	1.735	1.00	1.00	4.00	0.80	3.10	1.00	1.00	1.93	0.90	3.00	3.00	1.33	3.00	3.00	2.00	2.11
24	13.3370	1.317	1.735	1.00	1.00	4.00	0.80	3.10	1.00	1.00	1.93	0.90	3.00	3.00	1.33	3.00	3.00	2.00	2.11
25	13.3370	1.317	1.735	1.00	1.00	4.00	0.80	3.10	1.00	1.00	1.93	0.90	3.00	3.00	1.33	3.00	3.00	2.00	2.11
26	13.3370	1.317	1.734	1.00	1.00	4.00	0.80	3.10	1.00	1.00	1.93	0.90	3.00	3.00	1.33	3.00	3.00	2.00	2.11
27	13.3370	1.317	1.734	1.00	1.00	4.00	0.80	3.10	1.00	1.00	1.93	0.90	3.00	3.00	1.33	3.00	3.00	2.00	2.11

图 2.2　例题2.1的迭代法求解结果

在迭代法的第三步的迭代计算中涉及以 d_i^k 为分母的运算，但如果 $d_i^k = 0$ 则所涉及的诸项无法定义。事实上，式（2.2）也有类似问题，而当服务点最优选址坐标 (x^*, y^*) 与某需求点位置 (a_i, b_i) 重合时，$d_i = 0$，以致式（2.2）无法定义。问题是：能否从理论上推导出最优的服务点选址坐标 (x^*, y^*) 与任一需求点 (a_i, b_i) 均不重合？答案是否定的，我们可以看这样一个例子。

例题 2.2 在例题 2.1 中，其最优的服务点位置坐标为（1.317, 1.734）。现在在该问题的基础上增加一个需求点，其坐标为 (a_5, b_5) =（1.317, 1.734），即新增需求点与问题 1 的最优服务点位置重合，并把新的问题记为问题 2。试问问题 2 中最优的服务点位置坐标为多少？

事实上，无论例题2.2中新增需求点的需求量是多少，其最优服务点选址都将与例题2.1中的最优选择重合，也就是说例题2.2中最优服务点坐标就是需求点 5 的坐标 (a_5, b_5)。（为什么？请读者思考）

例题 2.2 表明，我们无法排除最优服务点选址坐标 (x^*, y^*) 与某一需求点坐标 (a_i, b_i) 重合的可能性，也就是说，服务点到某个需求点的距离 d_i 可能为 0。那么，式（2.2）可能无法定义，之前以其为基础的迭代法就会失效，因此，我们必须对原办法做出修正。第一种修正的方法是对目标函数进行修改，给目标函数中的距离加一个微小的扰动，将原模型（2.1）修改为

$$\min \hat{F}(x,y) = \sum_{i=1}^{n} w_i \cdot \sqrt{(x-a_i)^2 + (y-b_i)^2 + \epsilon} \tag{2.3}$$

其中，ϵ 为一个非常小的正数，使得修正后的目标值 $\hat{F}(x,y)$ 和原模型的目标值 $F(x,y)$ 相差很小，对最优解的影响也很小。这样，对于修正的模型应用迭代法，就不会出现因距离为零而导致式（2.2）无定义的情形出现。因此，迭代法不会失效。

第二种修正的方法是定义修正梯度函数，具体如下：

$$R(x,y) = \begin{cases} \left(\frac{\partial f(x,y)}{\partial x}, \frac{\partial f(x,y)}{\partial y}\right), & \text{对于所有的 } k \text{ 均有 } (x,y) \neq (a_k, b_k) \\ (0,0), & \text{对于某个 } k, (x,y) = (a_k, b_k) \text{ 且 } u_k \leqslant \omega_k \\ \left(\frac{u_k - \omega_k}{u_k} s_k, \frac{u_k - \omega_k}{u_k} t_k\right), & \text{对于某个 } k, (x,y) = (a_k, b_k) \text{ 且 } u_k > \omega_k \end{cases} \tag{2.4}$$

其中，s_k、t_k 和 u_k 的定义为

$$s_k = \sum_{i \neq k} \frac{\omega_i \times (a_k - a_i)}{\sqrt{(a_k - a_i)^2 + (b_k - b_i)^2}}$$

$$t_k = \sum_{i \neq k} \frac{\omega_i \times (b_k - b_i)}{\sqrt{(a_k - a_i)^2 + (b_k - b_i)^2}}$$

$$u_k = (s_k^2 + t_k^2)^{1/2}$$

可以证明，位置 (x,y) 最优解的充分必要条件是 $R(x,y) = (0,0)$。同时，在开始迭代法之前，我们可以先算出修正梯度函数在每个需求点坐标 (a_i, b_i) 的取值 $R(a_i, b_i)$，若某个需求点 k 满足 $R(a_k, b_k) = (0,0)$，则该点就是服务点选址问题的最优解；反之，如果每个需求点都有 $R(a_i, b_i) \neq (0,0)$，则理论上可以证明，可用前述的迭代法求解该问题。（有兴趣的读者可以参阅 Kuhn 于 1973 年发表在 *Mathematical Programming* 上面的文章“A note on fermat's problem”[7]。）

2.3.2 连续位置 *P*-中值问题

连续位置 P-中值问题：给定 n 个需求点，其位置坐标分别为 (a_i, b_i)，需求量为 w_i，$i = 1, 2, \cdots, n$，需要确定 P 个服务点的位置 (x_j, y_j)，$j = 1, 2, \cdots, P$，以及每个服务点到每个需

求点的运输量 u_{ij}，$i=1,2,\cdots,n$，$j=1,2,\cdots,P$，使得服务点到这些需求点的总加权配送距离（运输量与运输距离乘积）总和最小。

其决策模型如下：

$$\min\ F(x,y)=\sum_{j=1}^{P}\sum_{i=1}^{n}u_{ij}\cdot\sqrt{(x_j-a_i)^2+(y_j-b_i)^2} \tag{2.5}$$

s.t.

$$\sum_{j=1}^{P}u_{ij}=w_i,\ i=1,2,\cdots,n \tag{2.6}$$

$$u_{ij}\geqslant 0,\ i=1,2,\cdots,n,\ j=1,2,\cdots,P \tag{2.7}$$

如果 $P=1$，该模型就是 1-中值模型。虽然如此，但当 $P>1$ 时，P-中值问题的求解远比 1-中值问题复杂。实际上可以证明，P-中值问题的目标函数 $F(x,y)$ 既不是凸函数，也不是凹函数。下面介绍一种启发式算法来求解该问题。

P-中值问题迭代算法求解步骤如下。

步骤 1：用某种方法，将 n 个需求点分为 P 组，作为初始分组。设置初始 $k=1$。对于每一组需求点，求解 1-中值问题的（如利用迭代算法）服务点最佳位置坐标。用 (x_j^k,y_j^k) 表示第 k 次迭代所得的第 j 组服务点的最佳位置坐标。

步骤 2：对于每一个需求点 i，计算其到每一服务点的距离$d_{ij}^k=\sqrt{(x_j^k-a_i)^2+(y_j^k-b_i)^2}$。然后计算其到最近服务点的距离与当前所在组服务点的距离之差,$\delta_i^k=\min\{d_{ij}^k:j=1,2,\cdots,P\}-d_{i,j(i)}^k$，其中 $d_{i,j(i)}^k$ 是需求点 i 与其当前所在组服务点之间的距离。如果 $\delta_i^k<0$，则表示需求点 i 离另一组的服务点更近，因此，把需求点 i 换到距离更近的服务点的另一组，将带来目标函数值的下降。

步骤 3：在所有需求点中，选择 $\delta_i^k<0$ 且 $\delta_i^k\cdot w_i$ 最小的那个需求点，将该需求点换到离它最近的服务点。利用 1-中值问题的求解算法，重新求解需求点有变动的两组服务点的位置坐标。

步骤 4：设置 $k:=k+1$，重复步骤 2、步骤 3，直到找不到 $\delta_i^k<0$ 的需求点，或者目标函数值下降量小于某个预先设定的阈值。

在上述算法中，步骤 1 初始分组的方法很多，例如，可以根据服务点的横坐标从小到大排序，然后分成需求点个数相当的 P 组，当然，也可以根据纵坐标从小到大排序，分成 P 组，还可以采用数据分析中的聚类算法，分成 P 组。

步骤 3 的目的是调整分组。由于只要有一个服务点发生变化，步骤 2 中的 δ_i^k 就可能随之发生改变。因此，每次迭代中，只会选出一个服务点进行调整。由于每次调整后，总的配送距离一定是下降的，因此，该迭代算法最后一定会收敛。

上述求解 P-中值问题的迭代算法虽然一定会收敛，但是，不一定会收敛到最优解。前面提到过，由于 P-中值问题的目标函数不是凸函数，因此，可能会有多个局部极小点，迭代算法可能会收敛到其中一个局部极小点，而不一定是全局最优解。因此，该算法只是一个启发式算法，不能保证一定能得到最优解。下面我们用一个例子来说明，算法可能最终得到的是一个局部最优解。假设有四个需求点，位置坐标和需求量如表2.1所示，需要确定两个服务点。我们应用迭代法，假设初始分组是根据横坐标从小到大进行分组，将需求点 1 和需求点 3 分为第一组，需求点 2 和需求点 4 为第二组。因此，第一组的最佳服务点位置是 (1.00,1.00)，第二组的最佳服务点位置是 (3.00,3.00)，最小配送量为 8.01，并且，应用迭代法，这个分组是最优的，不会再作调整。但是，如果初始分组按纵坐标大小排序来分，将需求点 1 和需求点 2 分为第一组，需求点 3 和需求点 4 分为第二组，则第一组的最佳服务点位置是 (1.00,1.00)，第二组的最佳服务点位置是 (0.90,3.00)，最小配送量为 6.3，并且，应用迭代法，这个分组是最优的，不会再作调整。可见，不同的迭代起点，算法得到的结果是不一样的。

2.3.3 离散位置 *P*-中值问题

与连续位置 P-中值问题的区别是，离散位置 P-中值问题考虑的是在若干个已知位置的候选地点中选择 P 个服务点。问题定义如下。

离散位置 P-中值问题：给定 n 个需求点，其位置坐标分别为 (a_i,b_i)，需求量为 w_i，$i=1,2,\cdots,n$，以及 m 个备选服务点（$m>P$），其位置分别为 $(\tilde{a}_j,\tilde{b}_j)$，需从 m 个备选服务点中选择 P 个服务点，使得这 P 个服务点满足这些需求点的总加权配送距离（运输量与运输距离乘积之和）最小。

由于 m 个备选服务点的位置已知，因此，我们可以计算出每个服务点与需求点之间的距离，用 d_{ij} 表示需求点 i 与服务点 j 之间的距离，即 $d_{ij}=\sqrt{(a_i-\tilde{a}_j)^2+(b_i-\tilde{b}_j)^2}$。

这个问题可以通过建立线性整数规划模型来求解。定义决策变量如下。

x_{ij} 为第 i 个需求点由第 j 个服务点满足的需求量，$i=1,2,\cdots,n$，$j=1,2,\cdots,m$。

z_j 为 0-1 变量，$z_j=1$ 表示备选服务点 j 被选中，$j=1,2,\cdots,m$。

该问题的线性（混合）整数规划模型如下：

$$\min \sum_{i=1}^{n}\sum_{j=1}^{m} d_{ij}\cdot x_{ij} \tag{2.8}$$

s.t.

$$\sum_{j=1}^{m} x_{ij}=w_i,\quad i=1,2,\cdots,n \tag{2.9}$$

$$\sum_{i=1}^{n} x_{ij}\leqslant M\cdot z_j,\quad j=1,2,\cdots,m \tag{2.10}$$

$$\sum_{j=1}^{m} z_j=P,\ j=1,2,\cdots,m \tag{2.11}$$

$$x_{ij}\geqslant 0,\ z_j\in\{0,1\},\ i=1,2,\cdots,n,\ j=1,2,\cdots,m \tag{2.12}$$

模型（2.8）中，目标函数是总加权配送距离最小，约束条件（2.9）限定每个需求点的需求量要被满足，约束条件（2.10）限定服务点只有被选中（$z_j = 1$）时，才能服务需求点，其中，M 是一个足够大的数，若服务点有最大服务需求点个数的限制，则 M 可以取该最大服务个数。约束条件（2.11）限定被选中的服务点个数为 P。

这是一个线性规划模型，因此，可以用线性规划的求解工具求解。

例题 2.3　假设有 10 个需求点，用 A1, A2, $\cdots$, A10 表示，需要为这 10 个需求点选择三个服务点。假设共有五个备选的服务点，用 B1, B2, $\cdots$, B5 表示，每个备选服务点与需求点之间的距离，以及各需求点的需求量如表 2.2 所示。试问应该选择哪三个服务点，可使总加权配送距离最小？总加权配送距离为多少？

表 2.2　需求点与服务点之间的距离以及需求点的需求量

节点	B1	B2	B3	B4	B5	需求量
A1	24	85	27	75	73	21
A2	64	25	67	62	13	15
A3	101	55	104	10	56	25
A4	25	66	27	83	54	15
A5	27	91	26	110	78	13
A6	56	39	58	75	28	12
A7	57	33	60	51	21	14
A8	37	59	41	57	47	20
A9	71	64	75	26	59	17
A10	101	45	105	19	49	25

对于例题 2.3，我们可以建立线性规划模型，模型如下：

$$\min \quad \sum_{i=1}^{10}\sum_{j=1}^{5} d_{ij} \cdot x_{ij}$$

s.t.

$$\sum_{j=1}^{5} x_{ij} = w_i, \quad i = 1, 2, \cdots, 10$$

$$\sum_{i=1}^{10} x_{ij} \leqslant M \cdot z_j, \quad j = 1, 2, \cdots, 5$$

$$\sum_{j=1}^{5} z_j = 3, \quad j = 1, 2, \cdots, 5$$

$$x_{ij} \geqslant 0, \ z_j \in \{0, 1\}, \ i = 1, 2, \cdots, 10, \ j = 1, 2, \cdots, 5$$

利用 Excel 规划求解工具对该模型进行求解，如图2.3所示，最优方案为选择 B1、B4、B5 这三个服务点，对应的总加权配送距离为 3962。

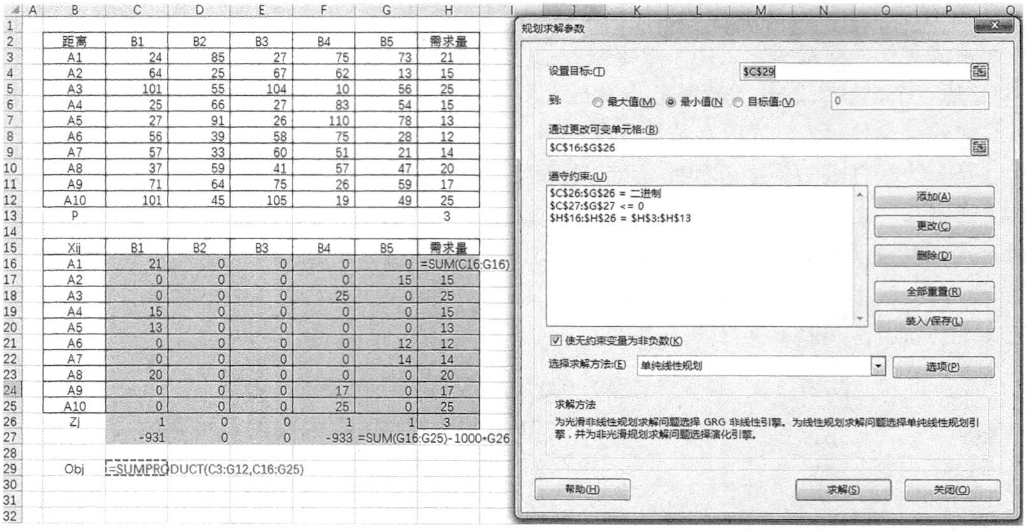

图 2.3　例题2.3的规划模型及 Excel 求解结果

考虑引例中 D 公司的选址问题，假设为了缩小范围，D 公司物流部门对山东省的物流市场进行了调研，除济南外，D 公司另外选择了七个候选的物流园区作为配送仓库。由于不同城市物流资源的差异，物流配送费用略有差别。假定新的配送仓库只考虑在所给的八个候选地址中选择，基于这些信息，重新回答引例中的决策问题。要解决这个问题，就需要用到上面的离散位置 P-中值问题模型，具体我们在2.7节案例求解部分讨论。

2.4　P-中心问题

在选址问题中，目标函数为使最远距离达到最小的一类问题，被称为中心选址问题。这类问题在实际中有非常广泛的应用，其考虑的主要是满足响应时间的要求。比如，在工厂或者物流园区中需要建立消防应急设施，要求对所考虑区域内的各子区域发生火警时最长反应时间最小，那么这个在工厂或物流园区内的消防设施的选址就可以用中心选址模型来解决。又如，一些大型设备的供应商需要为存放零备件的仓库选址，旨在当一个区域内的某个客户设备故障而需要更换零备件时能在短时间内对其需求做出响应，因此供应商希望当该区域内的客户需要备件时最长的响应时间得到最小化。又如，在引例中，如果 D 公司选择配送仓库的决策目标是使得最远的客户距离最小（响应速度最快），则该问题就是 P-中心问题。

P-中心问题根据待选址服务点数量的不同，又分为 1-中心问题和 P-中心问题。其中 1-中心问题问题探讨一个服务点的选址，而 P-中心问题探讨的是有多个服务点的中心选址问题。

与前面的单设施选址问题类似，如果需要确定的服务点位置可以取平面坐标上任意值，则称为连续位置中心问题，如果服务点位置只能在预先给定的候选地址中选择，则称为离散位置中心问题。2.4.1～2.4.3 节我们分别进行讨论。

2.4.1　连续位置 1-中心问题

连续位置的 1-中心问题定义如下。

连续位置 1-中心问题：给定 n 个需求点位置 (a_i, b_i)，$i = 1, 2, \cdots, n$，确定一个服务点的位置坐标 (x, y)，使得服务点到这些需求点的最远的距离最小。

写成决策模型如下：

$$\min G(x, y) = \max\{\sqrt{(x-a_i)^2 + (y-b_i)^2} : i = 1, 2, \cdots, n\} \tag{2.13}$$

例题 2.4　某物流园区内需要建立一个消防应急设施，对区内若干火警易发点进行响应，该物流园区内的火警易发点如图2.4所示。那么这个消防应急设施应该建立在哪里才能使得最长反应时间最小，从而使服务水平最高呢？

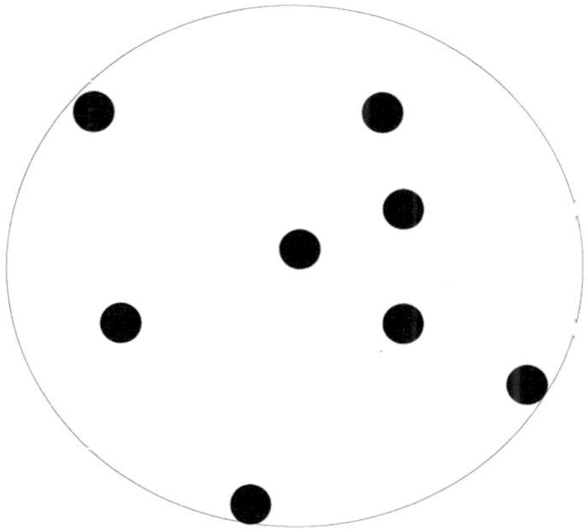

图 2.4　某物流园区内火警易发点分布图

如果把这个区域分布图放在直角坐标系中，容易看出，该问题本质上是求覆盖所有潜在火警易发点的最小圆的圆心。实际上，如果只有两个需求点，那服务中心的最佳位置一定是这两个需求点的中点。如果一共有三个需求点，则服务中心的位置有两种情况：①若其中一个需求点在另外两个需求点的圆里面，则服务中心的最佳位置为该圆的圆心；②若任何一个需求点都不在另外两个需求点的圆里面，则服务中心的最佳位置为三个需求点连成的三角形的外接圆圆心。

因此，若有三个需求点，首先，选择其中两个需求点，记为 A、B。一般我们会选择相距比较远的两点，这样会减少求解时间。取分布图中的两点之间的距离为一个圆的直径，作圆，如图2.5所示。再作图2.5中 A、B 两点在圆上的切线，就将整个区域处于圆外的部分分成四块。观察第三个需求点 C 相对于圆的位置。如果它不在两条切线相夹的区域，那么我们连接 A、C 或 B、C，并以之为直径做新圆来代替目前的圆，如图2.6所示。可以证明，此时，点 A 一定在以 BC 为直径的圆内部（或点 B 一定在以 AC 为直径的圆内部）。

如果它位于两条切线相夹的区域，那么我们作 A、B、C 三点的外接圆代替目前的圆，可以证明，A、B、C 三点的外接圆是覆盖 A、B、C 三个点的半径最小的圆。若还有其他需求点，则连接如图2.7所示的线，将 A、B、C 三点的外接圆的圆外分成六个区域。

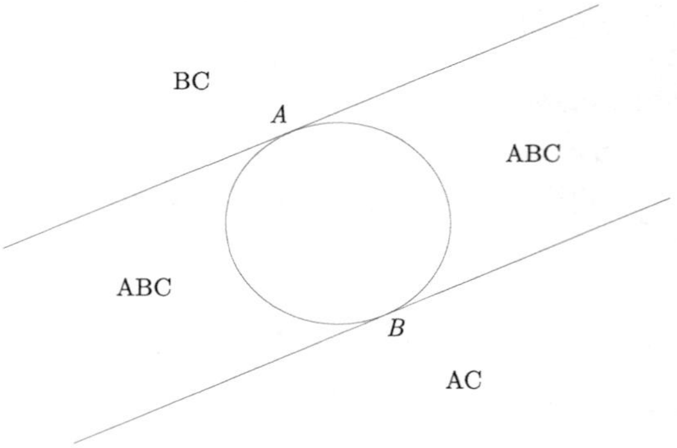

图 2.5　直线距离中心问题求解（1）

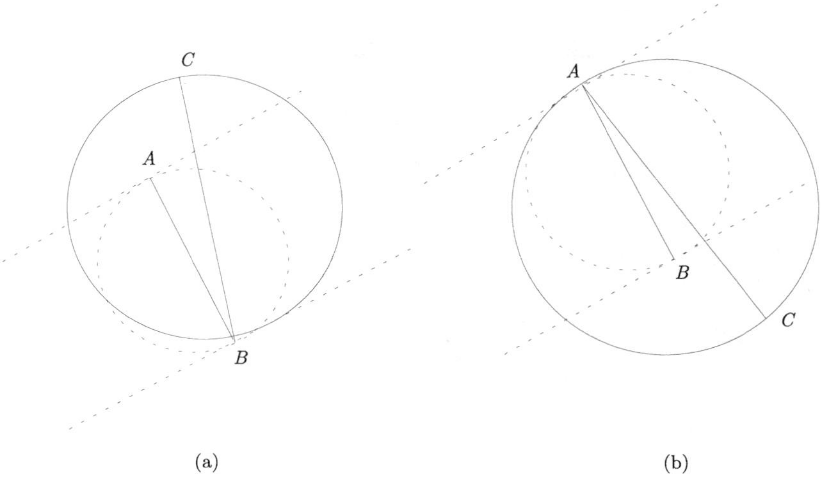

图 2.6　直线距离中心问题求解（2）

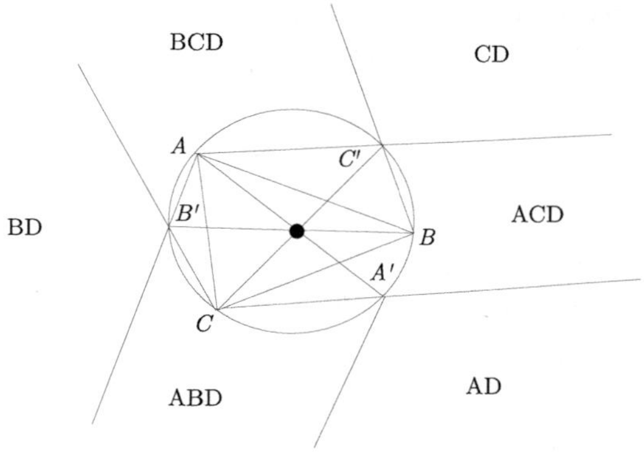

图 2.7　直线距离中心问题求解（3）

再考虑第四个需求点（若有）的情况，记第四个点为 D，点 D 相对于外接圆的位置情况如图2.7所示，我们按图2.7中圆外六个区域的标示做一个新的三角形的外接圆或者以两点连线为直径的圆，就可以得到新的圆。这个圆上有三点（某三角形外接圆）或两点（这两点连线为直径的圆）。比如，如果区域中的是 CD，就表示若 D 点（新选择的点）在这个区域，我们作以 CD 为直径的圆来包含更多的点。可以证明，这个以 CD 为直径的圆必然包含 A、B、C、D 四个点，且是包含这四个点的半径最小的圆。如果标示是 BCD，就表示若 D 点在这个区域，我们作三角形 BCD 的外接圆来包含更多的点。可以证明，此时三角形 BCD 的外接圆是包含 A、B、C、D 四个点且半径最小的圆。

我们可以通过和前面相同的处理方式来不断引入新的圆，扩大圆内区域。通过不断地变更，形成的圆越来越大，也就把更多的点包含到圆内。当所有的点都已经包含在圆内时，停止求解过程，这时形成的圆的圆心就是中心选址的解，圆的半径就是服务点到需求点的最远距离。

以上这个过程称为 1-中心问题的几何解算法，我们归纳如下。

步骤 1：构造初始圆。取所需要覆盖点中的两点为直径，作圆。一般我们会选择相距比较远的两点，这样会减少求解时间。

步骤 2：判断所得圆是否已覆盖所有需覆盖的点，若是则求解结束，该圆圆心就是中心选址问题的最优解；否则转入下一步。

步骤 3：选择合适的方法获得新的圆。若现有圆是通过以两点的直径构造所得，则使用步骤 3.1；若现有圆是通过做三点的外接圆所得，则使用步骤 3.2。

步骤 3.1：记之前构造现有圆的直径两个端点分别为 A 和 B，作图中 A、B 两点在圆上的切线，就将整个区域处于圆外的部分分成四块，如图2.5所示。然后在圆外选择一个需要覆盖的点 C，观察该点在圆外的位置。若 C 落在图2.5中的 AC 区域（或者 BC 区域），则以 A、C（或者 B、C）为直径作新圆代替目前的圆，如图2.6所示，然后返回步骤 2；若 C 落在图2.5中的 ABC 区域，则以 A、B 和 C 三点构造新圆，使其外接于这三点，然后返回步骤 2。

步骤 3.2：记之前构造现有圆的三点分别为 A、B 和 C。过 A 与圆心做直线，记其与圆相交的另一点为 A'；同样方法得到 B' 和 C'。连接如图2.7所示的线，将圆外分成六个区域。在圆外选择一个需要覆盖的点 D，依据 D 落在图2.7的六个区域中的哪一个位置决定新圆的构造。比如，如果 D 落入区域 CD，则我们选择 CD 为直径获得新的圆来包含更多的点；如果 D 落入区域 BCD，则我们通过作三角形 BCD 的外接圆获得新圆以包含更多的点。获得新圆后转到步骤 2。

容易看出，上述解法中每次构造新圆都比原来的圆要大。由此可知该算法会在有限步停止，原因是过所需覆盖的所有点中的两个或者三个所作的圆是有限的，而每次构造新圆都比之前的圆要大，故不会重复，所以经过有限步之后会结束。同时由于每次获得的新圆，该圆都是覆盖其构造过程中的直径两端的或者三角形三顶点的最小圆，因此当算法求解结束时，保证所得的圆是所有覆盖全部需求点的圆中最小的。所以该算法能在有限步后得到最优解。

上面是 1-中心问题的几何解算法，下面介绍另一种求解算法，1-中心问题的代数解算法。考虑其决策模型（2.13），这个模型等价于：

$$\min \hat{G}(x,y)=\max\{(x-a_i)^2+(y-b_i)^2 : i=1,2,\cdots,n\} \tag{2.14}$$

模型（2.14）是将模型（2.13）的目标函数换为距离的平方，两个模型的最优解（服务点位置坐标）必然相同。而模型（2.14）又等价于：

$$\min u \tag{2.15}$$

s.t.

$$(x-a_i)^2+(y-b_i)^2 \leqslant u,\quad i=1,2,\cdots,n \tag{2.16}$$

又因为

$$(x-a_i)^2+(y-b_i)^2 = x^2-2\cdot a_i\cdot x+a_i^2+y^2-2\cdot b_i\cdot y+b_i^2 \tag{2.17}$$

$$= x^2+y^2-2\cdot a_i\cdot x-2\cdot b_i\cdot y+a_i^2+b_i^2 \tag{2.18}$$

令 $v=x^2+y^2-u$，则模型（2.15）和模型（2.16）等价于：

$$\min\quad x^2+y^2-v \tag{2.19}$$

s.t.

$$2\cdot a_i\cdot x+2\cdot b_i\cdot y-v \geqslant a_i^2+b_i^2,\quad i=1,2,\cdots,n \tag{2.20}$$

这是一个二次规划模型，目标函数只有变量的二次项，约束条件为线性函数，因此，可以用二次规划模型的求解工具（如 Excel 规划求解）求解。

例题 2.5 某物流园区内需要建立一个无线信号基站，连接园区内各区域的无线设备，该物流园区内有五个重要无线设备，位置坐标如表2.3所示。那么这个无线信号基站应该建立在哪个位置，才能使这些无线设备离无线信号基站的最远距离最小？

表 2.3 园区无线设备位置坐标

无线设备	横坐标	纵坐标
设备 1	9	5
设备 2	1	1
设备 3	2	8
设备 4	7	6
设备 5	5	2

对于例题 2.5，我们可以应用几何算法求解，首先根据无线设备的位置坐标画出其平面图，如图2.8所示。通过几何作图，我们可以发现，无线信号基站的最佳位置为设备 1、设备 2 和设备 3 组成的三角形的外接圆圆心（外心）。给定一个三角形三个顶点的位置坐标 (a_1,b_1)、(a_2,b_2)、(a_3,b_3)，我们可以利用如下公式①计算其外接圆圆心的坐标 (x,y)：

$$x=\frac{(b_3-b_2)\cdot D_1-(b_2-b_1)\cdot D_2}{D_3} \tag{2.21}$$

$$y=\frac{(a_2-a_1)\cdot D_2-(a_3-a_2)\cdot D_1}{D_3} \tag{2.22}$$

① 推导思路：利用外心到顶点距离相等，可列出两个等式，联立消元即可。

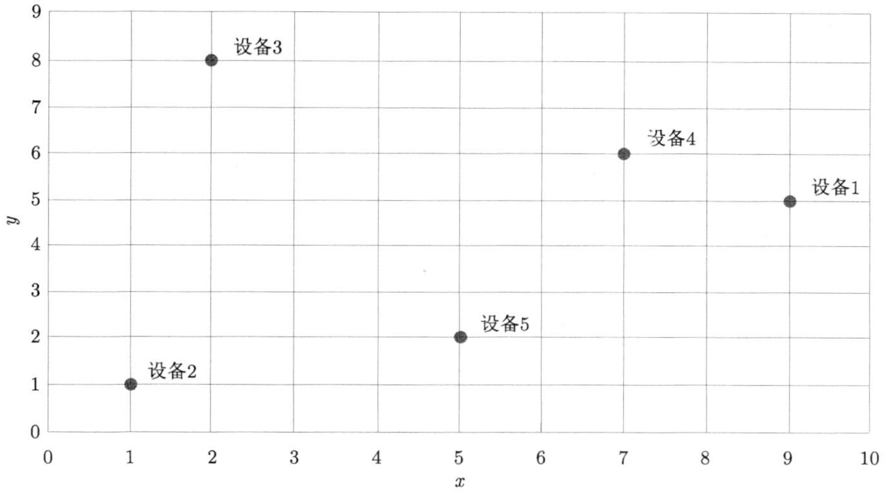

图 2.8　园区无线设备位置图

其中，

$$D_1 = (a_2^2 + b_2^2) - (a_1^2 + b_1^2) \tag{2.23}$$

$$D_2 = (a_3^2 + b_3^2) - (a_2^2 + b_2^2) \tag{2.24}$$

$$D_3 = 2 \cdot ((b_3 - b_2) \cdot (a_2 - a_1) - (b_2 - b_1) \cdot (a_3 - a_2)) \tag{2.25}$$

利用式（2.21）～式（2.25），代入数据，可算得无线信号基站的最佳位置坐标为 (4.46, 4.08)，对应的最大距离为 4.63。

此外，我们还可以利用二次规划模型（2.19）和模型（2.20）对该问题进行求解，Excel 模型及求解过程如图2.9所示，求解结果与几何求解的结果一致。

图 2.9　例题2.5的 Excel 规划模型求解过程

2.4.2 连续位置 P-中心问题

连续位置的 P-中心问题定义如下。

连续位置 P-中心问题：给定 n 个需求点位置 (a_i, b_i)，$i = 1, 2, \cdots, n$，需确定 P 个服务点的位置坐标 (x_j, y_j)，$j = 1, 2, \cdots, P$，以及服务点与需求点的指派方案 u_{ij}，$u_{ij} = 1$ 表示服务点 j 服务需求点 i，否则 $u_{ij} = 0$，$i = 1, 2, \cdots, n$，$j = 1, 2, \cdots, P$，决策目标是所有需求点到对应服务点的距离中，最大的那个距离最小。

该问题写成决策模型如下：

$$\min G(x, y) = \max\{u_{ij} \cdot \sqrt{(x_j - a_i)^2 + (y_j - b_i)^2} : i = 1, 2, \cdots, n, j = 1, 2, \cdots, P\} \tag{2.26}$$

s.t.

$$\sum_{j=1}^{P} u_{ij} = 1，\ i = 1, 2, \cdots, n \tag{2.27}$$

$$u_{ij} \in \{0, 1\}，\ i = 1, 2, \cdots, n，\ j = 1, 2, \cdots, P \tag{2.28}$$

由于平方项是递增的函数，可以证明，距离最大的那项，其距离的平方也最大，因此，虽然最优目标值不同，但上述模型（2.26）的最优解 (x^*, y^*) 与模型（2.29）等价。

$$\min \hat{G}(x, y) = \max\{u_{ij} \cdot ((x_j - a_i)^2 + (y_j - b_i)^2) : i = 1, 2, \cdots, n, j = 1, 2, \cdots, P\} \tag{2.29}$$

s.t.

$$\sum_{j=1}^{P} u_{ij} = 1，\ i = 1, 2, \cdots, n \tag{2.30}$$

$$u_{ij} \in \{0, 1\}，\ i = 1, 2, \cdots, n，\ j = 1, 2, \cdots, P \tag{2.31}$$

由于目标函数(2.29)的可拆分性，很明显，对于给定的分配方案 u_{ij}，$i = 1, 2, \cdots, n$，$j = 1, 2, \cdots, P$，模型（2.29）～模型（2.31）可以转化为求解 P 个 1-中心问题。因此，我们可以设计一个如下的启发式算法。

步骤 1：用某种方法（如聚类算法），将 n 个需求点分为 P 组，作为初始分组，记 $k = 1$。对于每一组需求点，求解 1-中心问题，得到服务点的最佳位置坐标。用 (x_j^k, y_j^k) 表示第 j 组的最佳服务点位置坐标。

步骤 2：对于每一个需求点 i，计算其到每一服务点的距离 $d_{ij}^k = \sqrt{(x_j^k - a_i)^2 + (y_j^k - b_i)^2}$。将每个需求点都指派到离它最近的服务点。

步骤 3：对于新的分组，重新计算每一个组的最佳服务点所在的位置坐标。

步骤 4：设置 $k := k + 1$，重复步骤 2、步骤 3，直到分组不再更新，或者目标值最大距离的下降小于某个预先设定的阈值。

问题思考如下。

（1）这个迭代算法收敛吗？如果收敛，一定会收敛到最优解吗？

（2）如果每个需求点有一个已知的需求量，每个服务中心有服务量的限制，那么这个迭代算法该如何调整？

例题 2.6　重新考虑例题2.5，假定要在园区建设两个无线信号基站，应分别建在哪个位置？此时，无线设备到无线信号基站的最大距离比一个无线信号基站的情形会下降多少？

2.4.3　离散位置 P-中心问题

离散位置 P-中心问题的定义如下。

离散位置 P-中心问题：给定 n 个需求点位置 (a_i, b_i)，$i = 1, 2, \cdots, n$，以及 m 个备选服务点（$m > P$），其位置为 $(\tilde{a}_j, \tilde{b}_j)$，需从这 m 个备选服务点中选择 P 个，使得这 P 个服务点满足这些需求点的最大的服务距离最小。

由于 m 个备选服务点的位置已知，因此，我们可以计算出每个服务点与需求点之间的距离，用 d_{ij} 表示需求点 i 与服务点 j 之间的距离，即 $d_{ij} = \sqrt{(a_i - \tilde{a}_j)^2 + (b_i - \tilde{b}_j)^2}$。这个问题可以通过建立线性整数规划模型来求解。定义决策变量如下。

x_{ij} 为第 i 个需求点由第 j 个服务点满足的需求量，$i = 1, 2, \cdots, n$，$j = 1, 2, \cdots, m$。

y 为最大的服务距离。

z_j 为 0-1 变量，$z_j = 1$ 表示备选服务点 j 被选中，$j = 1, 2, \cdots, m$。

该问题的线性（混合）整数规划模型如下：

$$\min \ y \tag{2.32}$$

s.t.

$$\sum_{j=1}^{m} x_{ij} \cdot d_{ij} \leqslant y, \ i = 1, 2, \cdots, n \tag{2.33}$$

$$\sum_{j=1}^{m} x_{ij} = 1, \ i = 1, 2, \cdots, n \tag{2.34}$$

$$\sum_{i=1}^{n} x_{ij} \leqslant M \cdot z_j, \ j = 1, 2, \cdots, m \tag{2.35}$$

$$\sum_{j=1}^{m} z_j = P \tag{2.36}$$

$$x_{ij} \geqslant 0, \ z_j \in \{0, 1\}, \ i = 1, 2, \cdots, n, \ j = 1, 2, \cdots, m \tag{2.37}$$

模型中，约束条件（2.33）保证了最优的目标函数值是最大的服务距离。注意，我们并没有必要要求 x_{ij} 为 0-1 变量，因为整数约束会增加求解难度。但是，模型的最优解中，一定存在使得 x_{ij} 为 0 或者 1 的最优解。约束条件（2.34）限定每个需求点的需求量要被满足，约束条件（2.35）限定服务点只有被选中（$z_j = 1$）时，才能服务需求点，其中，M 是一个足够大的数。约束条件（2.36）限定被选中的服务点个数为 P。

这是一个线性规划模型，因此，可以用线性规划的求解工具求解。

问题思考：如果每个需求点有一个已知的需求量，每个服务点有服务量的限制，这个模型该如何调整？

考虑引例中 D 公司的选址问题，如果 D 公司的目标是在给定八个候选配送仓库中选两个，使得最远需求点的距离最小，则可建立上面的决策模型求解，具体我们后面再讨论。

2.5 覆盖问题

覆盖问题是指对于需求已知的一些需求点，如何确定一组服务设施来满足这些需求点的需求。在这个模型中，需要确定服务设施的最小数量和合适的位置。该模型适用于商业物流系统，如零售店的选址问题、加油站的选址问题等，如图2.10所示。

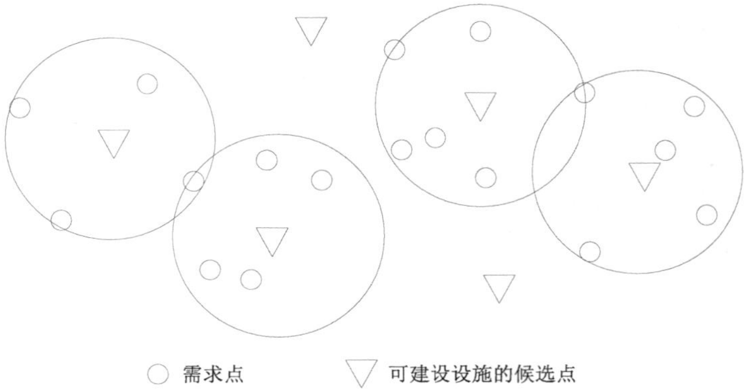

图 2.10　集合覆盖模型

根据资源的充足程度的不同，可分为两种不同的模型。

集合覆盖问题：给定需求点的位置和服务点的覆盖半径，确定服务点的位置，以最少数量的服务点去覆盖所有的需求点。

最大覆盖问题：给定需求点的位置和需求量，以及服务点的覆盖半径和数量，确定服务点的位置，覆盖尽可能多的需求量。

2.5.1 集合覆盖问题

集合覆盖问题与中心问题本质上非常类似，可以理解为，前者是给定覆盖半径求最少的服务点数量，后者是给定服务点数量求最小的覆盖半径。因此，我们这里不再重复连续位置的情形。对于离散位置的集合覆盖模型，可以建立整数规划模型，定义如下。

离散位置集合覆盖问题：给定 n 个需求点位置 (a_i, b_i)，$i = 1, 2, \cdots, n$，以及 m 个备选服务点，其位置为 $(\tilde{a}_j, \tilde{b}_j)$，每个服务点的最大覆盖范围为 r，需从这 m 个备选服务点中选择最少的数量，使得选出的服务点可以覆盖全部的需求点。

m 个备选服务点的位置已知，因此，我们可以计算出每个服务点与需求点之间的距离，用

d_{ij} 表示需求点 i 与服务点 j 之间的距离，即 $d_{ij}=\sqrt{(a_i-\tilde{a}_j)^2+(b_i-\tilde{b}_j)^2}$。这个问题可以通过建立线性整数规划模型来求解。定义决策变量如下。

x_{ij} 为第 i 个需求点由第 j 个服务点满足的需求量，$i=1,2,\cdots,n$，$j=1,2,\cdots,m$。

z_j 为 0-1 变量，$z_j=1$ 表示备选服务点 j 被选中，$j=1,2,\cdots,m$。

该问题的线性（混合）整数规划模型如下：

$$\min\sum_{j=1}^{m} z_j \tag{2.38}$$

s.t.

$$\sum_{j=1}^{m} x_{ij}\cdot d_{ij}\leqslant r,\ i=1,2,\cdots,n \tag{2.39}$$

$$\sum_{j=1}^{m} x_{ij}=1,\ i=1,2,\cdots,n \tag{2.40}$$

$$\sum_{i=1}^{n} x_{ij}\leqslant M\cdot z_j,\ j=1,2,\cdots,m \tag{2.41}$$

$$x_{ij}\geqslant 0,\ z_j\in\{0,1\},\ i=1,2,\cdots,n,\ j=1,2,\cdots,m \tag{2.42}$$

模型中，约束条件（2.39）保证了每个需求点的服务距离不超过 r。同样，我们这里没有必要要求 x_{ij} 为 0-1 变量。约束条件（2.40）限定每个需求点被覆盖，约束条件（2.41）限定服务点只有被选中（$z_j=1$）时，才能服务需求点，其中，M 是一个足够大的数。

2.5.2　最大覆盖问题

最大覆盖问题讨论的是已知若干需求点的位置和需求量，需从一组候选的地点中选择 P 个位置作为服务点，使得尽可能多地满足需求点的服务。最大覆盖模型的目标是对有限的服务点进行选址，为尽可能多的对象提供服务。如图2.11所示。

我们这里只考虑离散位置 P-最大覆盖问题，定义如下。

离散位置 P-最大覆盖问题：给定 n 个需求点位置 (a_i,b_i) 和需求量 q_i，$i=1,2,\cdots,n$，以及 m 个备选服务点，其位置为 $(\tilde{a}_j,\tilde{b}_j)$，每个服务点的最大覆盖范围为 r，需从这 m 个备选服务点中选择 P 个，使得选出的服务点覆盖的需求量最大。

由于 m 个备选服务点的位置已知，因此，我们可以计算出每个服务点与需求点之间的距离，用 d_{ij} 表示需求点 i 与服务点 j 之间的距离，即 $d_{ij}=\sqrt{(a_i-\tilde{a}_j)^2+(b_i-\tilde{b}_j)^2}$。这个问题可以通过建立线性整数规划模型来求解。定义决策变量如下。

x_{ij} 为 0-1 变量，$x_{ij}=1$ 表示第 i 个需求点由第 j 个服务点覆盖，否则为 0；$i=1,2,\cdots,n$，$j=1,2,\cdots,m$。

z_j 为 0-1 变量，$z_j=1$ 表示备选服务点 j 被选中，$j=1,2,\cdots,m$。

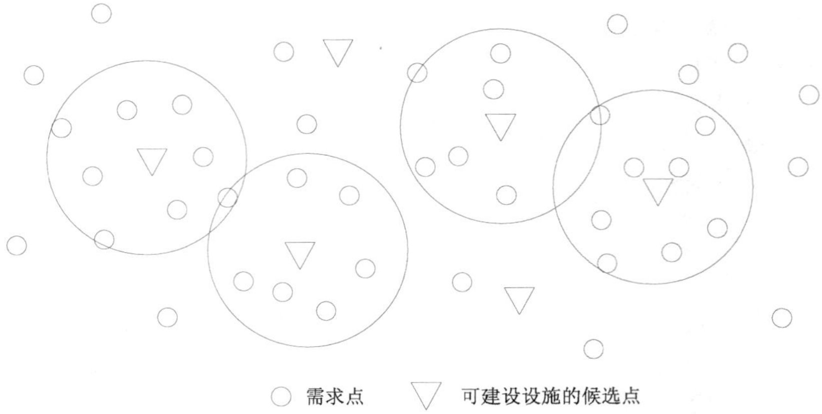

图 2.11 最大覆盖模型

该问题的线性（混合）整数规划模型如下：

$$\max \sum_{j=1}^{m} \sum_{i=1}^{n} x_{ij} \cdot q_i \tag{2.43}$$

s.t.

$$\sum_{j=1}^{m} x_{ij} \cdot d_{ij} \leqslant r，\ i = 1, 2, \cdots, n \tag{2.44}$$

$$\sum_{j=1}^{m} x_{ij} \leqslant 1，\ i = 1, 2, \cdots, n \tag{2.45}$$

$$\sum_{i=1}^{n} x_{ij} \leqslant M \cdot z_j，\ j = 1, 2, \cdots, m \tag{2.46}$$

$$\sum_{j=1}^{m} z_j = P \tag{2.47}$$

$$x_{ij} \in \{0, 1\}，\ z_j \in \{0, 1\}，\ i = 1, 2, \cdots, n，\ j = 1, 2, \cdots, m \tag{2.48}$$

模型中，约束条件（2.44）保证了每个需求点的服务距离不超过 r。注意，这里我们一定要限定 x_{ij} 为 0-1 变量（请读者自己思考为什么）。约束条件（2.45）限定每个需求点最多被覆盖一次，约束条件（2.46）限定服务点只有被选中（$z_j = 1$）时，才能服务需求点，其中，M 是一个足够大的数。

例题 2.7 考虑例题2.3中的 10 个需求点和 5 个备选的服务点，试问：①如果每个服务点的服务半径为 50，选择哪几个服务点，可以覆盖全部需求点，并且服务点的个数最少？②假定每个服务点的服务半径为 30，应该选择哪 3 个服务点，可使覆盖的需求点的个数最多？

通过建立混合整数规划模型并用 Excel 规划求解，可以得到：①选择 B1、B4、B5 这三个服务点，可以在半径 50 的范围内覆盖所有需求点；②选择 B3、B4、B5 这三个服务点，可以在半径 30 的范围内最多覆盖 9 个需求点。当然，这个问题的最优方案不唯一。

2.6　D 公司物流设施选址案例数据

D 公司的物流设施选址案例数据如表2.4所示。

表 2.4　D 公司仓库选址问题山东候选仓库及销售点的位置

编号	仓库/销售点名称	经度	纬度	需求量/吨	当前配送距离/公里	X 坐标（调整后）	Y 坐标（调整后）
B01	山东省济南市区域仓库	117.192 578	36.794 371	–	–	180.85	244.90
C001	山东省滨州市销售点 1	118.019 326	37.430 724	224.00	142.58	249.53	320.79
C002	山东省滨州市销售点 2	118.131 815	37.150 226	46.00	130.32	261.87	290.35
C003	山东省滨州市销售点 3	117.509 921	37.489 877	34.67	110.84	203.90	324.11
C004	山东省滨州市销售点 4	117.625 696	37.770 260	28.00	166.61	211.95	356.01
C005	山东省滨州市销售点 5	117.578 262	37.641 106	30.67	130.99	208.77	341.35
C006	山东省滨州市销售点 6	118.098 902	37.699 260	3.33	163.24	254.31	351.19
C007	山东省滨州市销售点 7	117.743 109	36.862 989	33.00	60.92	229.54	255.87
C008	山东省德州市销售点 1	116.299 471	37.450 805	221.00	137.31	96.95	313.02
C009	山东省德州市销售点 2	117.231 935	37.729 907	70.00	126.90	177.50	349.12
C010	山东省德州市销售点 3	116.866 800	37.189 798	16.67	68.82	149.02	287.00
C011	山东省德州市销售点 4	116.576 092	37.335 794	15.67	100.46	122.21	301.66
C012	山东省德州市销售点 5	116.800 306	37.652 190	46.00	151.61	139.93	338.03
C013	山东省德州市销售点 6	116.434 056	37.165 314	54.67	110.01	110.70	281.98
C014	山东省德州市销售点 7	116.762 810	36.783 415	31.33	51.95	142.51	241.27
C015	山东省德州市销售点 8	117.385 257	37.775 350	62.00	148.61	190.69	355.09
C016	山东省德州市销售点 9	116.069 302	37.213 311	14.33	151.42	77.98	285.51
C017	山东省德州市销售点 10	116.001 726	36.948 371	3.33	123.16	73.53	255.76
C018	山东省德州市销售点 11	116.638 327	36.933 812	9.00	64.82	130.39	257.32
C019	山东省东营市销售点 1	118.582 184	37.448 963	167.33	205.34	299.28	326.71
C020	山东省东营市销售点 2	118.674 767	37.434 751	42.00	208.38	307.63	325.80
C021	山东省东营市销售点 3	118.407 107	37.053 555	3.33	133.87	287.22	281.49
C022	山东省东营市销售点 4	118.525 543	37.886 162	58.33	212.34	290.33	374.94
C023	山东省东营市销售点 5	118.674 767	37.434 751	59.00	208.38	307.63	325.80
C024	山东省东营市销售点 6	118.255 273	37.490 260	0.33	175.23	269.94	329.01
C025	山东省菏泽市销售点 1	115.542 328	34.825 508	22.67	310.73	43.55	17.92
C026	山东省菏泽市销售点 2	115.889 765	34.952 459	9.33	278.23	74.68	33.52
C027	山东省菏泽市销售点 3	116.107 428	34.778 808	88.67	293.06	95.57	15.23
C028	山东省菏泽市销售点 4	115.569 619	35.072 701	28.33	287.20	44.79	45.49
C029	山东省菏泽市销售点 5	115.089 905	35.289 368	19.33	306.85	0.00	67.64
C030	山东省菏泽市销售点 6	116.065 396	35.387 374	151.33	222.88	38.27	82.64
C031	山东省菏泽市销售点 7	115.510 193	35.563 408	43.00	257.03	36.88	99.74
C032	山东省菏泽市销售点 8	115.417 827	35.252 512	246.33	278.89	30.04	64.83
C033	山东省菏泽市销售点 9	115.943 613	35.599 758	71.33	208.18	76.01	105.67
C034	山东省济南市销售点 1	116.901 224	36.651 441	135.67	44.80	155.79	227.36
C035	山东省济南市销售点 2	117.173 525	36.978 537	59.00	23.99	177.82	265.26
C036	山东省济南市销售点 3	117.065 237	36.680 017	212.00	26.95	170.28	231.46
C037	山东省济南市销售点 4	117.076 455	36.666 412	112.00	27.97	171.38	230.01
C038	山东省济南市销售点 5	116.456 187	36.289 265	23.33	107.65	118.23	184.75
C039	山东省济南市销售点 6	117.157 207	37.309 050	3.33	74.83	173.97	301.90

续表

编号	仓库/销售点名称	经度	纬度	需求量/吨	当前配送距离/公里	X 坐标（调整后）	Y 坐标（调整后）
C040	山东省济南市销售点 7	116.997 777	36.651 474	192.33	30.87	164.44	227.90
C041	山东省济南市销售点 8	116.987 492	36.678 016	109.33	29.65	163.33	230.79
C042	山东省济南市销售点 9	117.119 999	36.651 216	122.33	27.37	175.39	228.57
C043	山东省济南市销售点 10	116.751 937	36.553 571	12.33	65.64	143.08	215.67
C044	山东省济南市销售点 11	117.811 355	36.058 572	36.33	126.71	241.99	166.85
C045	山东省济南市销售点 12	117.659 884	36.203 180	194.33	102.29	227.20	181.98
C046	山东省济南市销售点 13	117.676 723	36.213 813	40.67	101.05	228.64	183.27
C047	山东省济宁市销售点 1	116.587 098	35.414 921	3.33	214.66	135.57	88.26
C048	山东省济宁市销售点 2	116.342 442	35.407 829	36.67	212.22	113.36	86.24
C049	山东省济宁市销售点 3	116.311 532	35.066 620	41.33	247.96	112.58	48.18
C050	山东省济宁市销售点 4	116.096 044	35.802 306	40.67	198.53	88.67	128.88
C051	山东省济宁市销售点 5	116.986 503	35.580 996	34.00	175.27	170.78	108.86
C052	山东省济宁市销售点 6	116.595 050	35.406 596	119.33	216.22	136.35	87.38
C053	山东省济宁市销售点 7	116.595 050	35.406 596	52.33	216.22	136.35	87.38
C054	山东省济宁市销售点 8	117.251 195	35.664 323	38.00	190.10	194.23	119.62
C055	山东省济宁市销售点 9	117.128 828	34.806 554	19.33	278.43	189.03	23.57
C056	山东省济宁市销售点 10	116.489 043	35.732 799	45.00	175.79	124.67	123.08
C057	山东省济宁市销售点 11	116.783 834	35.553 144	79.00	196.03	152.56	104.66
C058	山东省济宁市销售点 12	117.003 743	35.405 185	106.67	198.11	173.54	89.41
C059	山东省聊城市销售点 1	116.255 270	36.580 689	31.33	103.21	98.38	216.13
C060	山东省聊城市销售点 2	116.247 580	36.334 917	26.33	127.50	99.19	188.78
C061	山东省聊城市销售点 3	115.988 491	36.434 645	402.67	131.90	75.32	198.63
C062	山东省聊城市销售点 4	116.230 158	36.846 755	52.67	103.38	94.52	245.57
C063	山东省聊城市销售点 5	115.442 740	36.484 009	41.33	179.65	26.08	201.71
C064	山东省聊城市销售点 6	115.704 881	36.838 277	34.67	150.01	47.66	242.18
C065	山东省聊城市销售点 7	115.671 191	36.233 598	41.33	178.31	47.92	174.86
C066	山东省聊城市销售点 8	115.791 820	36.114 392	21.00	186.40	59.43	162.15
C067	山东省临沂市销售点 1	118.070 650	34.857 149	38.67	293.74	275.02	34.90
C068	山东省临沂市销售点 2	117.977 325	35.265 961	129.00	267.80	263.26	79.77
C069	山东省临沂市销售点 3	118.402 893	35.089 917	45.67	264.47	303.55	63.01
C070	山东省临沂市销售点 4	118.835 163	35.174 846	3.33	314.26	342.34	75.50
C071	山东省临沂市销售点 5	118.070 650	34.857 149	0.00	293.74	275.02	34.90
C072	山东省临沂市销售点 6	118.347 731	35.051 734	520.33	264.39	298.83	58.39
C073	山东省临沂市销售点 7	118.650 782	34.919 852	12.67	328.83	327.68	45.81
C074	山东省临沂市销售点 8	118.356 448	35.104 672	3.33	259.84	299.19	64.33
C075	山东省临沂市销售点 9	118.284 786	34.996 741	103.33	269.68	293.52	51.84
C076	山东省临沂市销售点 10	117.945 085	35.710 032	3.33	172.75	256.83	128.95
C077	山东省临沂市销售点 11	117.640 352	35.505 943	54.67	238.76	230.73	104.33
C078	山东省临沂市销售点 12	118.367 263	34.613 557	91.00	317.29	304.21	9.77
C079	山东省临沂市销售点 13	118.465 213	35.549 976	19.67	245.32	305.38	114.62
C080	山东省临沂市销售点 14	118.627 918	35.790 450	157.00	231.21	318.08	142.52
C081	山东省青岛市销售点 1	120.396 310	36.307 064	219.67	313.50	472.90	214.13
C082	山东省青岛市销售点 2	120.046 190	35.872 664	660.00	340.58	445.87	162.71
C083	山东省青岛市销售点 3	120.447 128	36.389 639	646.00	314.62	476.58	223.78
C084	山东省青岛市销售点 4	120.033 382	36.264 680	328.00	289.69	440.62	206.26
C085	山东省青岛市销售点 5	120.517 690	36.889 084	193.67	317.05	477.37	280.05
C086	山东省青岛市销售点 6	120.468 956	36.107 538	81.67	365.77	481.64	192.54
C087	山东省青岛市销售点 7	120.432 697	36.145 463	162.67	360.72	477.95	196.44
C088	山东省青岛市销售点 8	119.988 454	36.776 875	142.00	267.20	431.20	262.92
C089	山东省青岛市销售点 9	120.374 731	36.087 609	408.33	364.28	473.34	189.49
C090	山东省青岛市销售点 10	120.385 649	36.080 305	89.33	365.99	474.41	188.77
C091	山东省青岛市销售点 11	120.374 731	36.087 609	38.00	364.28	473.34	189.49
C092	山东省日照市销售点 1	119.462 249	35.425 470	439.33	332.11	397.26	108.14

续表

编号	仓库/销售点名称	经度	纬度	需求量/吨	当前配送距离/公里	X 坐标（调整后）	Y 坐标（调整后）
C093	山东省日照市销售点 2	118.837 064	35.579 868	50.33	260.34	338.92	120.59
C094	山东省日照市销售点 3	119.318 929	35.121 884	87.67	366.43	387.06	73.22
C095	山东省日照市销售点 4	119.526 888	35.416 377	3.33	334.24	403.24	107.64
C096	山东省日照市销售点 5	119.206 763	35.751 927	3.33	293.06	370.93	142.50
C097	山东省泰安市销售点 1	117.041 582	36.187 990	27.00	103.49	171.60	176.63
C098	山东省泰安市销售点 2	116.470 304	35.937 102	5.33	145.01	121.70	145.69
C099	山东省泰安市销售点 3	116.768 358	36.182 572	76.67	128.73	147.02	174.53
C100	山东省泰安市销售点 4	116.805 797	35.758 787	68.33	172.96	153.20	127.63
C101	山东省泰安市销售点 5	117.087 614	36.200 252	0.67	109.19	175.66	178.26
C102	山东省泰安市销售点 6	117.135 354	36.192 084	343.67	112.22	180.02	177.62
C103	山东省泰安市销售点 7	117.767 953	35.909 032	288.33	146.85	239.23	149.95
C104	山东省威海市销售点 1	122.054 884	37.517 059	120.67	493.18	606.73	365.08
C105	山东省威海市销售点 2	122.123 444	37.501 991	307.00	497.89	613.02	364.13
C106	山东省威海市销售点 3	122.486 658	37.165 160	103.33	527.69	649.93	330.48
C107	山东省威海市销售点 4	121.539 765	36.919 816	91.67	432.41	568.48	293.19
C108	山东省威海市销售点 5	122.057 941	37.193 886	88.33	490.85	611.28	329.08
C109	山东省潍坊市销售点 1	119.218 843	36.478 494	118.33	215.42	365.14	223.47
C110	山东省潍坊市销售点 2	118.829 996	36.706 938	34.67	165.94	328.11	245.96
C111	山东省潍坊市销售点 3	119.398 525	36.858 820	95.67	217.01	377.56	267.21
C112	山东省潍坊市销售点 4	119.166 485	36.654 448	30.00	208.99	358.76	242.65
C113	山东省潍坊市销售点 5	119.755 597	36.382 595	445.67	263.50	414.37	217.07
C114	山东省潍坊市销售点 6	119.215 850	36.712 180	25.33	213.09	362.63	249.46
C115	山东省潍坊市销售点 7	119.219 734	36.775 491	18.67	198.95	362.37	256.53
C116	山东省潍坊市销售点 8	119.101 324	36.760 852	3.33	189.26	351.91	253.99
C117	山东省潍坊市销售点 9	119.132 486	36.707 676	245.67	190.98	355.21	248.31
C118	山东省潍坊市销售点 10	118.542 982	36.512 506	95.00	172.25	304.11	222.25
C119	山东省潍坊市销售点 11	118.479 636	36.684 600	158.33	137.95	296.92	240.95
C120	山东省潍坊市销售点 12	118.790 652	36.855 480	230.67	156.70	323.23	262.20
C121	山东省潍坊市销售点 13	119.024 836	36.728 100	21.67	180.60	345.37	249.77
C122	山东省潍坊市销售点 14	119.410 103	35.995 654	164.67	271.28	387.03	171.21
C123	山东省烟台市销售点 1	121.267 741	37.498 246	122.00	420.42	537.07	354.97
C124	山东省烟台市销售点 2	121.158 434	36.776 378	59.00	392.39	536.07	273.46
C125	山东省烟台市销售点 3	121.256 810	37.565 473	27.67	418.21	535.27	362.36
C126	山东省烟台市销售点 4	121.445 151	37.511 361	33.67	433.32	552.66	358.19
C127	山东省烟台市销售点 5	120.711 673	36.978 941	135.33	332.94	493.70	291.83
C128	山东省烟台市销售点 6	119.942 327	37.177 017	182.00	285.86	422.85	307.09
C129	山东省烟台市销售点 7	120.477 813	37.646 108	177.67	362.81	435.27	364.01
C130	山东省烟台市销售点 8	121.600 512	37.386 901	153.00	453.92	538.03	345.87
C131	山东省烟台市销售点 9	120.758 848	37.810 661	17.67	395.87	438.23	384.92
C132	山东省烟台市销售点 10	120.849 675	37.335 123	47.33	373.54	501.87	332.79
C133	山东省烟台市销售点 11	120.736 580	37.921 368	38.33	412.75	484.97	397.04
C134	山东省烟台市销售点 12	120.434 072	37.355 469	343.67	341.64	464.67	331.25
C135	山东省烟台市销售点 13	121.400 031	37.540 687	224.33	428.09	548.29	361.01
C136	山东省枣庄市销售点 1	117.556 123	34.864 114	67.67	277.36	227.80	32.45
C137	山东省枣庄市销售点 2	117.733 832	34.562 528	74.33	325.91	246.34	0.00
C138	山东省枣庄市销售点 3	117.165 824	35.114 156	96.67	229.27	190.31	57.97
C139	山东省枣庄市销售点 4	117.263 164	34.795 063	26.67	267.09	201.43	23.05
C140	山东省枣庄市销售点 5	117.590 816	34.773 263	47.33	305.86	231.64	22.56
C141	山东省枣庄市销售点 6	117.323 725	34.810 487	3.33	265.65	206.88	25.12
C142	山东省淄博市销售点 1	117.861 677	36.494 721	28.67	123.50	243.08	215.68
C143	山东省淄博市销售点 2	117.826 916	37.171 063	75.33	101.56	234.56	290.66
C144	山东省淄博市销售点 3	118.067 792	36.881 208	3.33	92.37	258.40	260.00
C145	山东省淄博市销售点 4	118.097 923	36.959 804	112.33	98.66	260.44	268.95

续表

编号	仓库/销售点名称	经度	纬度	需求量/吨	当前配送距离/公里	X 坐标（调整后）	Y 坐标（调整后）
C146	山东省淄博市销售点 5	118.309 118	36.826 981	74.33	111.80	280.43	255.61
C147	山东省淄博市销售点 6	118.170 856	36.185 038	76.67	144.73	273.41	183.26
C148	山东省淄博市销售点 7	118.017 913	36.806 674	148.67	92.36	254.56	251.39
C149	山东省淄博市销售点 8	117.869 886	36.803 072	46.00	76.77	241.35	250.02
C150	山东省淄博市销售点 9	118.054 927	36.813 487	3.33	94.26	257.81	252.39
C151	山东省淄博市销售点 10	117.966 723	36.643 452	55.67	105.86	251.30	232.90

2.7　D 公司物流设施选址案例求解

在本节，我们讨论如何应用连续位置 1-中值问题模型及算法求解引例中 D 公司的选址决策问题。我们先看第（1）个问题：从配送费用考虑，公司目前把山东省的区域仓库设在山东省济南市历城区普洛斯物流园区是否是最佳的？如果不是，应该设在哪里？配送费用可以降低多少？平均配送距离为多少？最远配送距离为多少？

要回答这个问题，我们可以用连续位置 1-中值问题模型来求解。为了计算距离，我们首先将需求点的经纬度坐标转化为高斯平面坐标。高斯平面直角坐标系是以赤道和中央子午线的交点作为坐标原点 O，中央子午线方向为 X 轴，北方向为正值。赤道投影线为 Y 轴，东方向为正值。具体转化公式及原理读者可参考文献 [8]。根据案例给的资料，我们取 6° 带投影，代号为 19，计算出各个销售点高斯坐标，单位是米。然后，我们把所有销售点中最小的横坐标和纵坐标设为原点，即把（372 152.897 1，3 846 804.428）设为原点，通过平移并且除以 1000（把坐标单位由米转换为公里）后，各个销售点的横坐标和纵坐标见表2.4后面两列。然后，我们建立 1-中值模型，利用 Excel 规划求解可得到目标仓库的位置是（334.9337，212.8443），再转换还原为高斯坐标为（707 086.62，4 059 648.77），其对应经纬度为（118.875 409，36.406 330）。通过经纬度反查到地址为“山东省潍坊市昌乐县鄌郚镇 022 县道”附近。当然，这个方法是一个理想化的方法，算的是直线距离，实际道路距离与直线距离可能有一定的偏差。我们可以利用高德地图 API（application programming interface，应用程序接口），计算目标仓库到各个销售点的实际距离，如表2.4所示，从而算出实际的配送吨公里为 3 213 613 吨公里，比当前配送吨公里节省 463 275 吨公里，约节省 12.60%，合计节省配送费用 1 158 187.5 元。平均配送距离为 215.39 公里，最远配送距离为 472.08 公里，相比当前方案都有较大下降。当然，这个模型的结果未必精确，因为所算出的精确位置未必适合设置仓库，但是，模型的结果可以给我们一个指引，如果设置一个区域仓库，那么设在潍坊比设在济南更优。

再看第（2）个决策问题：如果保持当前普洛斯物流园区这个区域仓库位置不变，另外新增一个区域仓库，该区域仓库的位置应该选在哪里？此时配送费用可以下降多少？平均配送距离为多少？最远配送距离为多少？

要回答这个问题，我们可以应用 2.3.2 节的迭代算法来求解两个服务点的问题，其中一个服务点设置为当前济南仓库，并且保持其位置不改变，另一个服务点的位置由算法去计算。初始化的时候，我们把经度小于当前济南仓库经度的销售点分配给济南仓库，把经度大于济南仓库的销售点分配给新仓库，也就是说，算法开始时，把济南仓库东边的销售点都分配给新仓库。经过 44 次迭代后，算法找到新仓库的最佳位置为（448.90，215.27）。对应的经纬度为（120.133 711，36.337 842），总的直线距离吨公里为 1 638 091 吨公里。根据高德地图 API 计算出实际道路距离后，算出实际道路配送吨公里为 2 062 785 吨公里，配送费用为 5 156 963 元，比当前方案下降 1 614 103 吨公里，约下降 43.90%。平均配送距离为 138.26 公里，最远配送距离为 325.91 公里。

再看第（3）个决策问题：如果当前区域仓库可以搬迁，重新选址两个地址设置新的区域仓库，这两个仓库应该设在哪里？此时配送费用可以下降多少？平均配送距离为多少？最远配送距离为多少？

要回答这个问题，我们同样应用 2.3.2 节的迭代算法来求解两个服务点的问题，此时两个服务点的位置都由算法确定。初始化的时候，我们计算出横坐标（经度）的中间值，把小于等于中间值的分给一个仓库，大于中间值的分给另一个仓库。经过四次迭代后，算法找到新仓库的最佳位置分别为（185.20，181.27）、（459.02，224.11），对应的经纬度为（117.195 172，36.221 799）、（120.254 383，36.407 856），总的直线距离吨公里为 1 546 171 吨公里。根据高德地图 API 计算出实际道路距离后，算出实际道路配送吨公里为 1 993 098 吨公里，配送费用为 4 982 745 元，比当前方案下降 1 683 790 吨公里，约下降 45.79%。平均配送距离为 133.59 公里，最远配送距离为 284.62 公里。

我们再来回答有候选仓库情况下的决策问题。假定有八个候选仓库，位置及吨公里配送费用如表2.5所示。此时，我们可以应用2.3.3节的离散位置 P-中值模型。通过用 Excel OpenSolver 求解，如图2.12所示。如果只设一个区域仓库，最佳选择为 B02，即山东省潍坊市物流园区，与（1）问的结果相似。此时，总配送吨公里为 3 186 111 吨公里，配送费用为 7 965 278 元。比当前方案节省 490 777 吨公里，约节省 13.35%。如果设置两个区域仓库，则最佳选择为 B04“山东省莱阳市物流园区”和 B06“山东省泰安市物流园区”，此时，总配送吨公里为 2 067 174 吨公里，配送费用为 5 374 652 元，比当前方案节省 1 609 714 吨公里，约 43.78%。

表 2.5　候选仓库位置及吨公里配送费用表

候选仓库	地址	经度	纬度	吨公里配送费/元
B01	山东省济南市普洛斯物流园	117.19	36.79	2.50
B02	山东省潍坊市物流园区	119.13	36.61	2.50
B03	山东省平度市物流园区	119.95	36.76	2.90
B04	山东省莱阳市物流园区	120.70	36.95	2.60
B05	山东省淄博市物流园区	118.12	36.88	2.60
B06	山东省泰安市物流园区	117.18	36.17	2.60
B07	山东省济宁市物流园区	116.96	35.38	2.50
B08	山东省新泰市物流园区	117.75	35.92	2.70

考虑2.4.3节中离散位置 P-中心问题，如果 D 公司的目标是在给定八个候选仓库中选址一个，使得最远需求点的距离最小，则最佳方案是选择仓库 B05“山东省淄博市物流园区”，此时，最远服务距离为 480.80 公里，是仓库 B05 到客户 C106 的距离。如果 D 公司的目标是在给定八个候选仓库中选址两个，使得最远需求点的距离最小，则最佳方案是选择仓库 B03“山东省平度市物流园区”和 B06“山东省泰安市物流园区”，此时，最远服务距离为 277.29 公里，是仓库 B03 到客户 C106 的距离。

B	C	D	E	F	G	H	I	J	K	L	M
候选仓库	B01	B02	B03	B04	B05	B06	B07	B08			
吨公里配	2.5	2.5	2.9	2.6	2.6	2.6	2.5	2.7		总配送费用:	7,965,278
最大配送	1000000	1000000	1000000	1000000	1000000	1000000	1000000	1000000			
是否选择	✗ 0	✓ 1	✗ 0	✗ 0	✗ 0	✗ 0	✗ 0	✗ 0	1	允许仓库个数:	1
容量约束	0	-985080	0	0	0	0	0	0			
配送吨公	0	3186111	0	0	0	0	0	0		总配送吨公里:	3,186,111

Xij	B01	B02	B03	B04	B05	B06	B07	B08	合计		需求量
C001	0.00	224.00	0.00	0.00	0.00	0.00	0.00	0.00	224.00		224.00
C002	0.00	46.00	0.00	0.00	0.00	0.00	0.00	0.00	46.00		46.00
C003	0.00	34.67	0.00	0.00	0.00	0.00	0.00	0.00	34.67		34.67
C004	0.00	28.00	0.00	0.00	0.00	0.00	0.00	0.00	28.00		28.00
C005	0.00	30.67	0.00	0.00	0.00	0.00	0.00	0.00	30.67		30.67
C006	0.00	3.33	0.00	0.00	0.00	0.00	0.00	0.00	3.33		3.33
C007	0.00	33.00	0.00	0.00	0.00	0.00	0.00	0.00	33.00		33.00
C008	0.00	221.00	0.00	0.00	0.00	0.00	0.00	0.00	221.00		221.00
C009	0.00	70.00	0.00	0.00	0.00	0.00	0.00	0.00	70.00		70.00
C010	0.00	16.67	0.00	0.00	0.00	0.00	0.00	0.00	16.67		16.67
C011	0.00	15.67	0.00	0.00	0.00	0.00	0.00	0.00	15.67		15.67
C012	0.00	46.00	0.00	0.00	0.00	0.00	0.00	0.00	46.00		46.00
C013	0.00	54.67	0.00	0.00	0.00	0.00	0.00	0.00	54.67		54.67
C014	0.00	31.33	0.00	0.00	0.00	0.00	0.00	0.00	31.33		31.33
C015	0.00	62.00	0.00	0.00	0.00	0.00	0.00	0.00	62.00		62.00
C016	0.00	14.33	0.00	0.00	0.00	0.00	0.00	0.00	14.33		14.33
C017	0.00	3.33	0.00	0.00	0.00	0.00	0.00	0.00	3.33		3.33
C018	0.00	9.00	0.00	0.00	0.00	0.00	0.00	0.00	9.00		9.00
C019	0.00	167.33	0.00	0.00	0.00	0.00	0.00	0.00	167.33		167.33
C020	0.00	42.00	0.00	0.00	0.00	0.00	0.00	0.00	42.00		42.00
C021	0.00	3.33	0.00	0.00	0.00	0.00	0.00	0.00	3.33		3.33
C022	0.00	58.33	0.00	0.00	0.00	0.00	0.00	0.00	58.33		58.33
C023	0.00	59.00	0.00	0.00	0.00	0.00	0.00	0.00	59.00		59.00
C024	0.00	0.33	0.00	0.00	0.00	0.00	0.00	0.00	0.33		0.33
C025	0.00	22.67	0.00	0.00	0.00	0.00	0.00	0.00	22.67		22.67
C026	0.00	9.33	0.00	0.00	0.00	0.00	0.00	0.00	9.33		9.33
C027	0.00	88.67	0.00	0.00	0.00	0.00	0.00	0.00	88.67		88.67
C028	0.00	28.33	0.00	0.00	0.00	0.00	0.00	0.00	28.33		28.33

图 2.12　D 公司山东省区域仓库规划 Excel 求解模型

利用物流设施选址的模型，我们可以对 D 公司各区域的销售分布进行分析，再结合当地物流资源的因素，选出备选区域仓库（配送仓库）的地址。在第3章，我们会讨论如何利用物流网络设计模型，根据工厂及中央仓库的分布，设计出最佳的物流网络。

2.8　本章习题

1. 已知四个零售点的坐标和需求量如表2.6所示，货物的运输费用为 10 元/吨公里，假设采用直线距离，试用迭代法为这四个零售点寻找一个最佳的供货中心位置。

表 2.6　四个零售点的坐标和需求量

零售点	需求量/吨	横坐标/公里	纵坐标/公里
1	300	3	30
2	400	110	2
3	250	10	70
4	150	50	90

2. 某地区准备新建两个原料仓库以供应该地区六个工厂的原料，已有四个候选地址，从候选地址到各个工厂的单位运输成本 c_{ij}，各工厂的需求量 d_i 都已经确定，试选择其中的两个候选地点作为仓库地址，使总运输成本最小。其中：

$$c_{ij}=\begin{pmatrix}13 & 22 & 32 & 18\\ 3 & 24 & 25 & 24\\ 5 & 20 & 14 & 14\\ 17 & 5 & 18 & 9\\ 30 & 17 & 9 & 27\\ 28 & 14 & 16 & 17\end{pmatrix}$$

$$d_i = \begin{pmatrix} 120 \\ 200 \\ 250 \\ 120 \\ 210 \\ 100 \end{pmatrix}$$

3. 假设一座城市的居民聚集点的分布如图2.13所示。现在市政府决定要建立一个消防呼叫中心，希望消防呼叫中心距离最远的居民点的距离最小化，这个消防呼叫中心的位置应该设在哪里？请用几何法进行求解。

图 2.13　城市的居民聚集点分布（一）

4. 假设一座城市的居民聚集点的分布如图2.14所示。现在市政府决定要在其中几个居民点建立消防呼叫中心，已知消防呼叫中心最远可以服务的范围是 1000 公里，在哪几个居民点建立消防呼叫中心才能使消防呼叫中心个数最少？

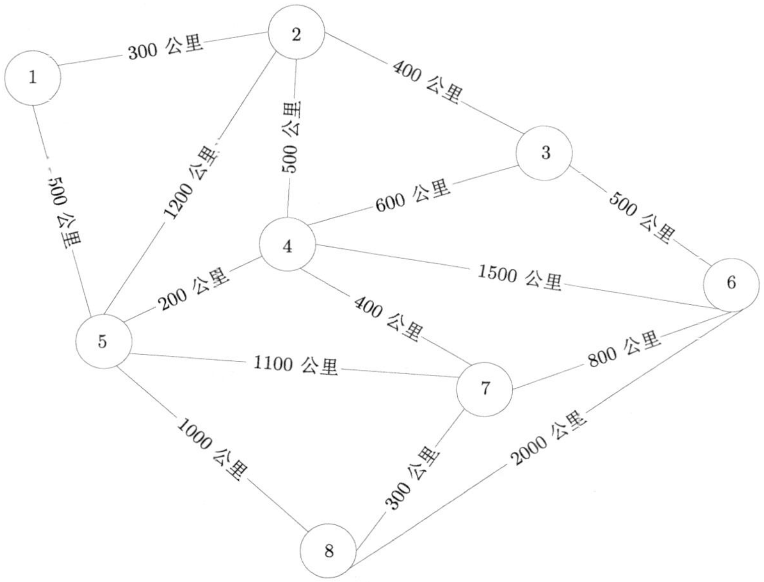

图 2.14　城市的居民聚集点分布（二）

5. 一家百货商场正在三个地点中选择一个作为新的配送中心向四个城市配送货物。表2.7显示了各个地点建立配送中心的固定成本、到四个城市的配送成本以及未来五年内四个城市的预计需求量。百货公司希望最小化总成本的同时满足每个城市的需求。请建立模型帮助百货公司选择配送中心的位置。

表 2.7 配送中心–需求城市之间的配送成本和需求量

项目	固定成本/元	城市 1/（元/吨）	城市 2/（元/吨）	城市 3/（元/吨）	城市 4/（元/吨）
配送中心 1	20 000	70	50	90	40
配送中心 2	40 000	40	30	80	60
配送中心 3	22 500	60	80	30	90
需求量/吨		110	180	150	250

6. 如图2.15所示，两个工厂 P_1、P_2 通过一个仓库供应三个市场 M_1、M_2、M_3。各点进出的货运量以及相关的运输费率如表2.8所示。请使用迭代算法找到单一仓库的最佳位置。

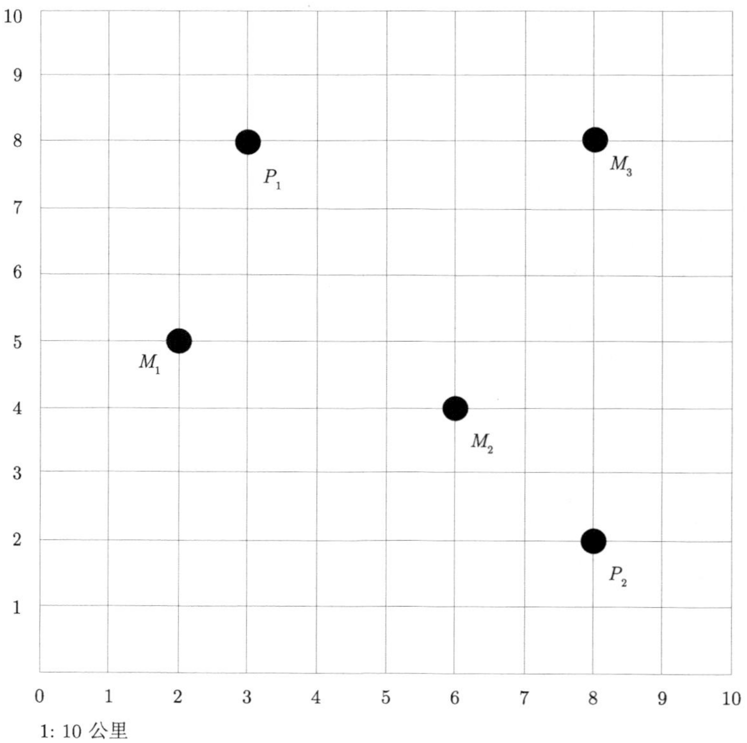

图 2.15 工厂和市场位置的网络图

表 2.8 进出货运量及相关运输费率

点的代号	点 i	货运量/吨	运输费率/[元/（吨・公里）]
1	P_1	6000	0.5
2	P_2	7000	0.4
3	M_1	3500	1.0
4	M_2	4000	1.0
5	M_3	5500	1.0

7. 速达公司是一家负责生产和分拨某碳酸饮料的公司。公司正在考虑进军东部市场，需要找出服务该区域的工厂的位置。该销售区域的网络图如图2.16 所示。市场调查显示该地区对饮料的需求如表2.9所示。

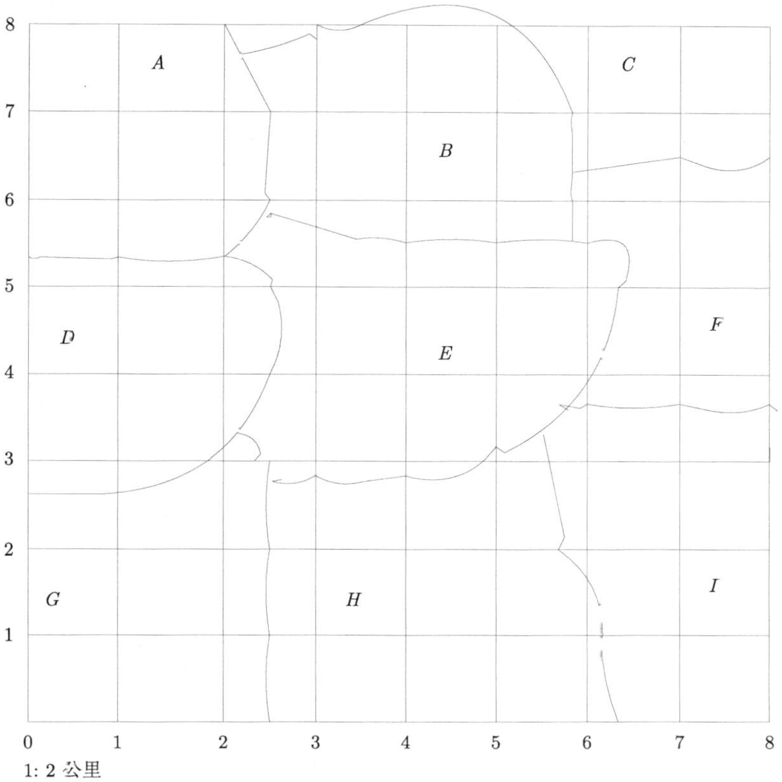

图 2.16　某饮料的东部市场的网络图

表 2.9　各地区对饮料的潜在需求

区域	年需求量/吨
A	15 000
B	25 000
C	60 000
D	30 000
E	40 000
F	20 000
G	80 000
H	70 000
I	30 000

8. 中国平安保险（集团）股份有限公司要在某市城区设理赔部以便对交通事故、火灾、犯罪及其他的紧急事故导致的保险索赔快速反应。保险行业业务具有高度竞争力的特征之一就是理赔人员能够在意外事故发生后的 30 分钟内到达现场。这样顾客会觉得自己得到了良好服

务。某市区分为 10 个区，意外事故电话会从这些分区打来。理赔部也将分布在这些分区内。10 个分区之间以分钟计算的反应时间如表2.10所示。要达到 30 分钟的反应时间，应设置多少理赔部？分别设在哪些区？

表 2.10　中国平安保险（集团）股份有限公司某市各分区之间的反应时间（单位：分钟）

分区	1	2	3	4	5	6	7	8	9	10
1	10	25	35	20	45	55	25	20	20	20
2		10	18	20	50	40	30	30	30	30
3			10	15	20	40	30	30	30	20
4				10	15	30	45	60	30	25
5					10	25	30	20	40	40
6						10	15	20	40	50
7							10	30	20	20
8								10	20	20
9									10	20
10										10

第 3 章　物流网络设计问题

本章内容：

1. D 公司物流网络设计问题案例。
2. 物流网络设计的基本概念。
3. 物流网络设计优化模型。
4. 物流网络设计的应用案例求解结果。

3.1　引例：D 公司物流网络设计问题

D 公司生产某品牌饮料，根据饮料的口味（橙子味、柠檬味、原味等）、包装规格（550 毫升、1000 毫升）以及包装类型（瓶装、罐装），其产品分为 12 个 SKU（stock keeping unit，存货单位）。D 公司在全国有三个工厂，分别在广东广州、四川成都和辽宁沈阳。由于各地的人工及水电价格的差异，这些产品在不同工厂的生产成本有一定的差别。当然，由于生产线的限制，每个工厂的产能有一定的上限。另外，为了维持工厂的正常运转，每个工厂的产量也有最低要求。产品在工厂生产之后，先运到某个中央仓库，再由中央仓库运输到区域仓库，然后由区域仓库负责配送到当地的销售点（包括经销商、批发商、大卖场等）。D 公司计划在全国共设置五个中央仓库。工厂生产的产品，以整车运输的方式发货到中央仓库。D 公司从工厂到中央仓库通常采用 13 米整车运输，每次运输约 25 吨，平均费用为 1.2 元/吨公里。中央仓库到区域仓库通常采用 9.6 米整车运输，每次运输约 15 吨，平均费用为 1.5 元/吨公里。D 公司希望在全国设置 20 个左右的区域仓库，负责将产品配送到各个销售点。区域仓库到销售点通常采用 4.2 米或 6.8 米的小型货车运输，费用与配送的距离相关，由于各地物流资源的差异，每个区域仓库的单位配送费用有一些差别，全国平均值为 2.5 元/吨公里。除这些费用之外，还需要考虑中央仓库和区域仓库的装卸费用。中央仓库通常是整板进出库，单位装卸费用较区域仓库要低，具体各个仓库的装卸费用见 3.5 节数据部分。通过对各地物流市场的考察和与物流供应商的初步沟通，公司物流部门筛选了 10 个地址作为中央仓库的备选地址，以及 30 个地址（含中央仓库的备选地址 10 个）作为区域仓库的备选地址。公司希望确定中央仓库和区域仓库的最佳数量与位置，以使得生产与物流运输的总费用最少。同时，为保证服务时效，公司还希望配送距离在 400 公里以内的客户数量不少于总客户数的 85%。

管理决策问题：公司管理者希望用基于数据的分析方法，回答下面几个问题。

（1）如果不考虑服务水平，应该设置哪些中央仓库和区域仓库，可以使总物流费用最少？此时总物流费用为多少？共有多少个中央仓库？多少个区域仓库？配送距离在 400 公里以内的客户数占比为多少？

（2）如果不考虑服务水平，但要求中央仓库不多于 5 个，区域仓库不超过 20 个，应该如何选择？此时总物流费用为多少？配送距离在 400 公里以内的客户数占比为多少？

（3）如果要求配送距离在 400 公里以内的客户数占比不低于 85%，应该设多少个区域仓库？此时总物流费用会增加多少？

3.2 物流网络设计的基本概念

3.1节中的引例描述了某饮料生产公司面临的物流网络设计问题，这个问题有广泛的代表性。物流网络设计是生产企业对产品从原材料到最终消费者的整个物流渠道所做的规划，包括规划物流设施的类型、数量与位置，设施所服务的顾客群体与产品类别，以及产品在设施之间的运输方式。对于生产或销售有形产品的企业，物流网络是支持其生产、销售等日常运作的基础设施，物流网络结构是否合理会从根本上决定物流成本的高低。因此，如何优化企业的物流网络，不仅对企业的供应链绩效有直接影响，而且对企业的长期盈利能力和竞争力也会产生重要影响。

如图3.1所示，一般来说，企业的物流网络规划既包括从原材料供应商到企业工厂这个过程的原材料供应网络，也包括从工厂到仓库再到消费者手上这个产品分销网络。前者称为原材料供应物流网络，后者称为产品销售物流网络。两类网络的优化模型与技术在本质上是非常相似的，因此，在本章我们只讨论产品销售的物流网络设计问题。具体地说，我们考虑如何优化设计产品销售物流网络，重点决策内容是确定合适的仓库数量以及相应的位置，以满足企业的物流服务水平并实现总体费用最优的战略目标。有些企业的产品在工厂生产之后，先运输到中央仓库，然后再分拨到区域仓库，这时的物流网络设计则包括确定中央仓库和区域仓库的数量与位置。该项工作的间隔期常在一年以上，因此，我们称之为战略层规划。当企业的物流网络确定之后，企业还需要根据预测的月度需求，确定各工厂的滚动生产计划以及各仓库的库存数量分配（出入库量、库存量、需求量）等，这一过程称为生产与物流运输规划。生产与物流运输规划通常是以月为计划周期，属于企业运营层的计划问题，我们将在第4章讨论。

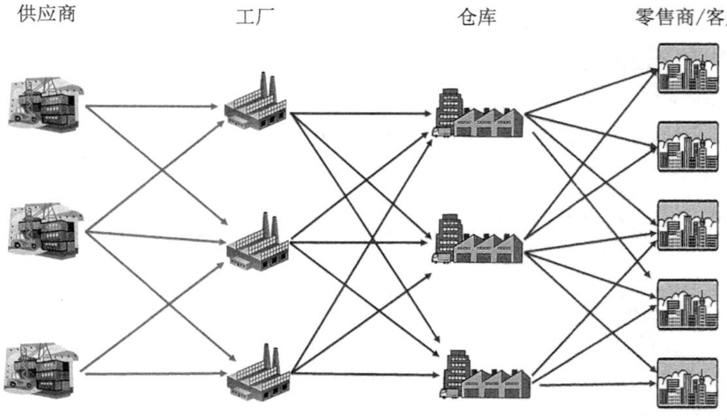

图 3.1 典型的企业物流网络结构图

3.3　物流网络设计优化的一般模型

物流网络设计问题可以用线性混合整数规划模型来建模，在本节中，我们对该问题的一般性模型进行描述。根据物流网络的层级，我们将这类问题分为单级物流网络设计问题、二级物流网络设计问题和多级物流网络设计问题三种类型。下面分别进行介绍。

3.3.1　单级与二级物流网络设计模型

例题 3.1　某公司生产饮料，产品主要销往广东、福建、湖南、四川以及江西五个地方。由于业务增长的需要，公司决定新建一个或几个工厂，以满足这五个市场的需求。通过调研，新工厂的候选位置定为广州、长沙、南昌和成都四个地方。这四个地方的生产费用和运输费用如表3.1所示。试帮公司确定新工厂的最佳选址以及产量分配，使年总费用（包括生产费用、运输费用和固定费用）最少。

表 3.1　公司备选工厂及生产费用、运输费用数据表

项目	广东仓库	福建仓库	湖南仓库	四川仓库	江西仓库	生产费用/（元/吨）	固定费用/（元/年）	产能/（吨/年）
广州工厂/（元/吨）	100	144	160	190	160	350	2 000 000	40 000
长沙工厂/（元/吨）	164	160	120	168	140	375	1 800 000	40 000
南昌工厂/（元/吨）	176	130	148	160	120	350	2 400 000	40 000
成都工厂/（元/吨）	200	300	172	110	180	340	2 800 000	40 000
需求量/（吨/年）	15 000	15 000	16 000	15 000	15 000			

这是一个单级物流网络设计问题，如图3.2所示，我们把该问题描述成一般形式：假设有 m 个备选工厂，用 $i=1,2,\cdots,m$ 表示，工厂 i 的最大产能为 S_i，单位生产费用为 p_i，（年）固定费用为 f_i；产品运往 n 个市场，用 $j=1,2,\cdots,n$ 表示，市场 j 的（年）需求量为 D_j，工厂 i 到市场 j 的单位运费为 c_{ij}。需要做的决策是确定工厂的最佳选择以及产量分配，使总费用（包括生产费用、运输费用和固定费用）最少。

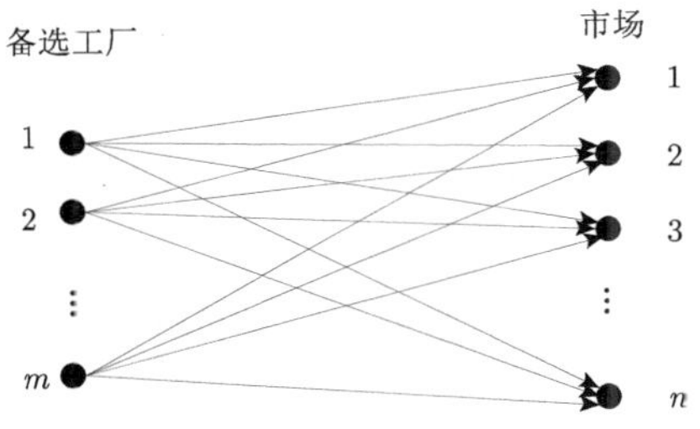

图 3.2　单级物流网络设计模型

定义决策变量如下。

x_{ij} 为从工厂 i 到市场 j 的运输量，$i=1,2,\cdots,m$，$j=1,2,\cdots,n$。

y_i 为 0-1 变量，$y_i=1$ 表示选择工厂 i，$i=1,2,\cdots,m$。

该问题的决策模型如下：

$$\min \sum_{i=1}^{m} p_i \cdot \sum_{j=1}^{n} x_{ij} + \sum_{i=1}^{m}\sum_{j=1}^{n} c_{ij} \cdot x_{ij} + \sum_{i=1}^{m} f_i \cdot y_i \tag{3.1}$$

s.t.

$$\sum_{j=1}^{n} x_{ij} \leqslant S_i \cdot y_i，\ i=1,2,\cdots,m \tag{3.2}$$

$$\sum_{i=1}^{m} x_{ij} = D_j，\ j=1,2,\cdots,n \tag{3.3}$$

$$x_{ij} \geqslant 0，\ y_i \in \{0,1\}，\ i=1,2,\cdots,m，\ j=1,2,\cdots,n \tag{3.4}$$

模型中，目标函数（3.1）是年总费用的表达式，包括生产费用、运输费用和固定费用。约束条件（3.2）是产能约束，若工厂 i 被选中（$y_i=1$），则其最大产能为 S_i；否则，产能（右端项）为 0。约束条件（3.3）是需求约束，表示每个市场的需求都要满足。

分析：根据模型（3.1）～模型（3.4），代入表3.1的数据，可求得最佳方案是选择广州工厂和南昌工厂，对应的年总费用为 4128 万元，其中生产费用为 2660 万元，固定费用为 440 万元，运输费用为 1028 万元。运输方案如表3.2所示。

表 3.2 公司工厂最佳选址及运输方案表

工厂	广东仓库/吨	福建仓库/吨	湖南仓库/吨	四川仓库/吨	江西仓库/吨	产量/（吨/年）
广州工厂	15 000	5 000	16 000	0	0	36 000
南昌工厂	0	10 000	0	15 000	15 000	40 000

例题 3.2 某公司生产汽车轮胎，公司在国内有 2 个工厂：工厂 1 和工厂 2，工厂的单位生产费用和产能如表3.3后两列所示。公司主要客户为汽车制造厂，在国内有 9 个客户。公司需要选择若干个仓库，以满足这 9 个客户的需求。根据物流部门的初步调研，公司筛选出 5 个备选仓库供选择。工厂至各个备选仓库的单位运费及仓库的固定费用、单位装卸费用和最大吞吐量如表3.3所示。这 9 个客户的需求相对稳定，年需求如表3.4所示。假设不考虑其他费用，公司应选择哪几个仓库，可使得年总费用（包括生产费用、运输费用和仓库的固定费用和装卸费用）最少？

表 3.3 轮胎公司工厂生产费用及工厂至备选仓库运输费用数据表

项目	仓库 1	仓库 2	仓库 3	仓库 4	仓库 5	生产费用/（元/件）	产能/（件/年）
工厂 1/（元/吨）	150	300	180	230	280	600	80 000
工厂 2/（元/吨）	200	180	200	160	230	620	80 000
固定费用/（元/年）	500 000	600 000	500 000	500 000	450 000		
单位装卸费用/（元/件）	12.0	13.0	12.5	13.0	14.0		
最大吞吐量/(件/年)	120 000	160 000	120 000	120 000	100 000		

表 3.4　轮胎公司备选仓库至客户运输费用及客户需求数据表

项目	客户 1	客户 2	客户 3	客户 4	客户 5	客户 6	客户 7	客户 8	客户 9
仓库 1/（元/件）	60	50	70	55	65	80	70	90	50
仓库 2/（元/件）	80	45	50	70	45	45	65	50	60
仓库 3/（元/件）	50	70	55	60	50	90	80	80	75
仓库 4/（元/件）	50	60	70	60	70	70	50	60	85
仓库 5/（元/件）	70	60	60	50	80	60	60	70	55
需求量/（件/年）	15 000	15 000	10 000	20 000	15 000	15 000	20 000	20 000	10 000

这是一个二级物流网络设计问题，如图3.3所示，我们把该问题描述成一般形式：假设有 m 个工厂，用 $i=1,2,\cdots,m$ 表示，工厂 i 的最大产能为 S_i，单位生产费用为 p_i；产品满足 K 个客户，用 $k=1,2,\cdots,K$ 表示，客户 k 的（年）需求量为 D_k，$k=1,2,\cdots,K$。公司需要选择若干个仓库，以构建物流网络满足客户需求。假设公司有 n 个备选仓库，用 $j=1,2,\cdots,n$ 表示，仓库 j 的最大吞吐量为 Q_j，固定费用为 f_j，出、入库的单位装卸费用为 h_j。工厂 i 到仓库 j 的单位运费为 c_{ij}，仓库 j 到客户 k 的单位运费为 e_{jk}。要设计这样的二级物流网络，需要做的决策是确定仓库的最佳选择，以使年总费用（包括生产费用、运输费用和仓库固定费用和装卸费用）最少。

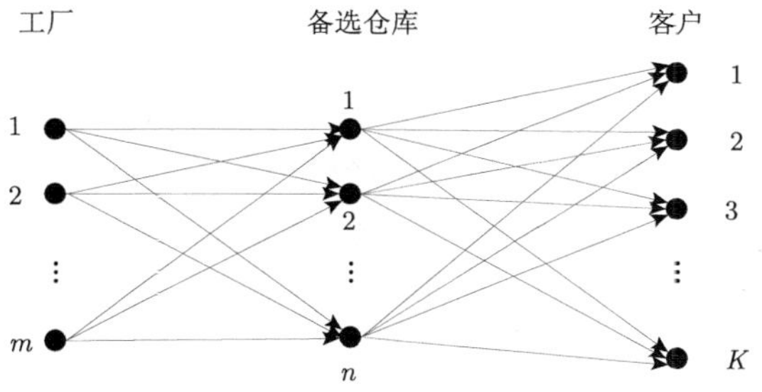

图 3.3　二级物流网络设计模型

定义决策变量如下。

x_{ij} 为工厂 i 到仓库 j 的运输量，$i=1,2,\cdots,m$，$j=1,2,\cdots,n$。

y_{jk} 为仓库 j 到客户 k 的运输量，$j=1,2,\cdots,n$，$k=1,2,\cdots,K$。

z_j 为 0-1 变量，$z_j=1$ 表示选择仓库 j，$j=1,2,\cdots,n$。

该问题的决策模型如下：

$$\min \sum_{i=1}^{m} p_i \cdot \sum_{j=1}^{n} x_{ij} + \sum_{i=1}^{m}\sum_{j=1}^{n} c_{ij}\cdot x_{ij} + \sum_{j=1}^{n}\sum_{k=1}^{K} e_{jk}\cdot y_{jk} + \sum_{j=1}^{n} f_j\cdot z_j$$

$$+\sum_{j=1}^{n} h_j \cdot \sum_{i=1}^{m} x_{ij} + \sum_{j=1}^{n} h_j\cdot\sum_{k=1}^{K} y_{jk} \tag{3.5}$$

s.t.

$$\sum_{j=1}^{n} x_{ij} \leqslant S_i,\ i=1,2,\cdots,m \tag{3.6}$$

$$\sum_{j=1}^{n} y_{jk} = D_k,\ \ k = 1, 2, \cdots, K \tag{3.7}$$

$$\sum_{i=1}^{m} x_{ij} + \sum_{k=1}^{K} y_{jk} \leqslant Q_j \cdot z_j,\ \ j = 1, 2, \cdots, n \tag{3.8}$$

$$\sum_{i=1}^{m} x_{ij} - \sum_{k=1}^{K} y_{jk} = 0,\ \ j = 1, 2, \cdots, n \tag{3.9}$$

$$x_{ij} \geqslant 0,\ \ y_{jk} \geqslant 0,\ \ z_j \in \{0, 1\},\ \ i = 1, 2, \cdots, m,\ \ j = 1, 2, \cdots, n,\ \ k = 1, 2, \cdots, K \tag{3.10}$$

模型中，目标函数（3.5）是年总费用的表达式，包括生产费用、运输费用、仓库固定费用和装卸费用。约束条件（3.6 ）是产能约束，约束条件（3.7）是需求约束，表示每个客户的需求都要满足。约束条件（3.8）是仓库吞吐量约束，若仓库 j 被选中（$z_j = 1$），则其最大产能为 Q_j，否则，其吞吐量为 0。约束条件（3.9）是仓库的出入库均衡约束，即在规划期内，各个仓库入库量与出库量应相等。

分析：根据模型（3.5）～模型（3.10），代入表3.3和表3.4的数据，可求得最佳方案是选择仓库 1、仓库 3、仓库 4。对应的年总费用为 120 225 000 元，其中生产费用为 85 200 000 元，运输费用为 30 025 000 元，仓库固定费用为 1 500 000 元，仓库装卸费用为 3 500 000 元。工厂到仓库以及仓库到客户的运输方案如表3.5和表3.6所示。

表 3.5　轮胎公司最优仓库选址方案及工厂至仓库运输量

工厂	仓库 1/件	仓库 3/件	仓库 4/件	产量/（件/年）
工厂 1	60 000	20 000	0	80 000
工厂 2	0	0	60 000	60 000

表 3.6　轮胎公司最优仓库选址方案及仓库至客户运输量

仓库	客户 1	客户 2	客户 3	客户 4	客户 5	客户 6	客户 7	客户 8	客户 9
仓库 1/件	0	15 000	5 000	20 000	0	10 000	0	0	10 000
仓库 3/件	0	0	5 000	0	15 000	0	0	0	0
仓库 4/件	15 000	0	0	0	0	5 000	20 000	20 000	0

3.3.2　多级物流网络设计模型

3.1节中的引例描述的问题是一个三级物流网络设计模型。实际上，多级物流网络设计模型在本质上与二级物流网络设计模型相似，只是模型参数和决策变量会更多，模型符号会更复杂一些。

根据引例描述的问题，如图3.4所示，假设有 m 个工厂，用符号 i 表示，$i = 1, 2, \cdots, m$；有 n 个备选的中央仓库，用符号 j 表示，$j = 1, 2, \cdots, n$；有 K 个备选的区域仓库，用符号

k 表示，$k=1,2,\cdots,K$；有 L 个销售点，用符号 l 表示，$l=1,2,\cdots,L$。对于每个工厂，决策时需要考虑生产费用和产能的限制。工厂的生产费用由固定费用和可变费用组成，固定费用是固定会发生的，与我们要做的决策无关，因此可以不考虑。可变费用为每吨多少元，我们用 p_i 表示工厂 i 生产单位产品的可变费用，单位为元/吨。为简单起见，我们假定 p_i 为一个固定值，与工厂的产量无关。在第4章我们会讨论单位产品的可变生产费用与总产量相关的情形。每个工厂的产能，除了有上限限制外，通常也会有下限的要求。我们分别用 S_i 和 $\hat{S}_i$ 表示工厂 i 的最低产量要求与最高产能限制，$i=1,2,\cdots,m$。

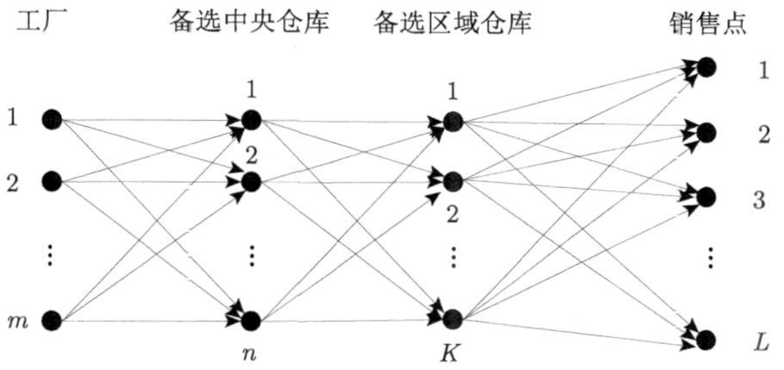

图 3.4　多级物流网络设计模型

与仓库相关的费用包括仓租费用、装卸费用、耗材费用、办公费用、客户服务费用等。这些费用可以归为固定费用（仓储设备、办公费用、客户服务费等）和变动费用（仓租费用、装卸费用等）。固定费用是指作为仓库的固有费用，与仓库吞吐量无关的费用，而变动费用与仓库吞吐量大小相关。分别用 f_j 和 $\hat{f}_k$ 表示中央仓库 j 与区域仓库 k 的固定费用，$j=1,2,\cdots,n$，$k=1,2,\cdots,K$。变动费用分为装卸费用和仓租费用为单位，统一以吨为单位。分别用 g_j 和 $\hat{g}_k$ 表示中央仓库 j 与区域仓库 k 的单位装卸费用，$j=1,2,\cdots,n$，$k=1,2,\cdots,K$。仓租费用通常是按存储量计算的，我们需要换算成按周转量计算，因此，换算与周转率相关。例如，假设某仓库的每吨产品对应的年仓租费用为 1200 元/（吨/年），周转率为 8 次/年（即周转天数为 1.5 个月），则按周转量计算，每单位周转量对应的仓租费用为 $1200/8=150$（元/吨）。分别用 h_j 和 $\hat{h}_k$ 表示中央仓库 j 和区域仓库 k 的单位周转量对应的仓租费用，$j=1,2,\cdots,n$，$k=1,2,\cdots,K$。需要说明的是，这里的仓租费用是指仓库的租金及储存保管费用，不包含库存产品本身占用资金所带来的库存费用。由于产品相同，单位产品的库存费在不同仓库没有差别，因此我们可以不予考虑。与仓库相关的约束主要为周转量（吞吐量）的约束，分别用 Q_j 和 $\hat{Q}_k$ 表示中央仓库 j 与区域仓库 k 的最大周转量。用 m 和 n 分别表示中央仓库与区域仓库的个数限制，如果没有个数限制，则可给 m 和 n 取一个较大值，或者忽略相关约束。

运输费用包括工厂到中央仓库、中央仓库到区域仓库、区域仓库到销售点的运费三部分。虽然运输方式可能不同，我们假定都可以换算成单位重量的运费，即元/吨。我们用 c_{ij} 表示从工厂 i 到中央仓库 j 的单位运输费用，用 $\bar{c}_{jk}$ 表示从中央仓库 j 到区域仓库 k 的单位运输费用，用 $\hat{c}_{kl}$ 表示从区域仓库 k 配送到销售点 l 的单位运输费用。在3.4.2节我们会讨论一条线路有多种运输方式和运输价格的情形。

企业的销售客户可能遍布全国，我们可以以地级市或区县为单位合并成模型的“销售点”。以 D 公司为例，以地级市为单位，共有 437 个销售点，每个销售点负责周边一定数量的客户。

用 a_l 表示销售点 l 的客户数，用 w_l 表示销售点 l 的所有客户在规划期（通常为未来一年）的需求量。

在这个决策问题中，我们需要做的决策包括哪一些备选仓库被选中，以及从工厂到中央仓库、中央仓库到区域仓库、区域仓库到销售点的运输量。仓库是否被选中是一个是和否的决策，我们用 0-1 变量表示，运输量是连续变量，取非负值。定义模型的决策参数和决策变量如下。

决策参数如下。

p_i 为工厂 i 的单位生产费用（元/吨），$i=1,2,\cdots,m$。

S_i 为工厂 i 的最低产量（吨），$i=1,2,\cdots,m$。

$\hat{S}_i$ 为工厂 i 的最大产能（吨），$i=1,2,\cdots,m$。

f_j 为中央仓库 j 的固定费用（元），$j=1,2,\cdots,n$。

$\hat{f}_k$ 为区域仓库 k 的固定费用（元），$k=1,2,\cdots,K$。

g_j 为中央仓库 j 的单位装卸费用（元/吨），$j=1,2,\cdots,n$。

$\hat{g}_k$ 为区域仓库 k 的单位装卸费用（元/吨），$k=1,2,\cdots,K$。

h_j 为中央仓库 j 的单位仓租费用（元/吨），$j=1,2,\cdots,n$。

$\hat{h}_k$ 为区域仓库 k 的单位仓租费用（元/吨），$k=1,2,\cdots,K$。

Q_j 为中央仓库 j 的最大周转量（吨），$j=1,2,\cdots,n$。

$\hat{Q}_k$ 为区域仓库 k 的最大周转量（吨），$k=1,2,\cdots,K$。

c_{ij} 为工厂 i 到中央仓库 j 的单位运输费用（元/吨），$i=1,2,\cdots,m$，$j=1,2,\cdots,n$。

$\bar{c}_{jk}$ 为中央仓库 j 到区域仓库 k 的单位运输费用(元/吨),$j=1,2,\cdots,n$，$k=1,2,\cdots,K$。

$\hat{c}_{kl}$ 为区域仓库 k 到销售点 l 的单位运输费用（元/吨），$k=1,2,\cdots,K$，$l=1,2,\cdots,L$。

w_l 为销售点 l 的需求量（吨），$l=1,2,\cdots,L$。

a_l 为销售点 l 的客户个数，$l=1,2,\cdots,L$。

决策变量如下。

x_{ij} 为工厂 i 到中央仓库 j 的运输量（吨），$i=1,2,\cdots,m$，$j=1,2,\cdots,n$。

$\bar{x}_{jk}$ 为中央仓库 j 到区域仓库 k 的运输量（吨），$j=1,2,\cdots,n$，$k=1,2,\cdots,K$。

$\hat{x}_{kl}$ 为区域仓库 k 到销售点 l 的运输量（吨），$k=1,2,\cdots,K$，$l=1,2,\cdots,L$。

y_j 为 0-1 变量，$y_j=1$ 表示备选中央仓库 j 被选中，$j=1,2,\cdots,n$。

$\hat{y}_k$ 为 0-1 变量，$\hat{y}_k=1$ 表示备选区域仓库 k 被选中，$k=1,2,\cdots,K$。

我们用决策参数和决策变量来构建线性规划决策模型。目标函数为总费用，包括生产费用、运输费用和仓库相关费用，具体表达式如下：

$$\min\sum_{i=1}^{m}p_i\cdot\sum_{j=1}^{n}x_{ij}+\sum_{i=1}^{m}\sum_{j=1}^{n}c_{ij}\cdot x_{ij}+\sum_{j=1}^{n}\sum_{k=1}^{K}\bar{c}_{jk}\cdot\bar{x}_{jk}+\sum_{k=1}^{K}\sum_{l=1}^{L}\hat{c}_{kl}\cdot\hat{x}_{kl}+\sum_{j=1}^{n}f_j\cdot y_j$$
$$+\sum_{k=1}^{K}\hat{f}_k\cdot\hat{y}_k+\sum_{j=1}^{n}(2\cdot g_j+h_j)\cdot\sum_{i=1}^{m}x_{ij}+\sum_{k=1}^{K}(2\cdot\hat{g}_k+\hat{h}_k)\cdot\sum_{l=1}^{L}\hat{x}_{kl} \tag{3.11}$$

上述目标函数表达式（3.11）中，第 1 项为工厂生产费用，第 2 项为工厂到中央仓库的运输费用，第 3 项为中央仓库到区域仓库的运输费用，第 4 项为区域仓库到销售点的运输费用，第 5 项和第 6 项分别为中央仓库与区域仓库的固定费用，第 7 项和第 8 项分别为中央仓库与区域仓库的装卸费用及仓租费用。

（1）工厂产量产能约束。每个工厂有最低产量和最大产能约束，表达式如下：

$$S_i \leqslant \sum_{j=1}^{n} x_{ij} \leqslant \hat{S}_i,\ i=1,2,\cdots,m \tag{3.12}$$

（2）仓库最大周转量约束，表达式如下：

$$\sum_{i=1}^{m} x_{ij} \leqslant Q_j \cdot y_j,\ j=1,2,\cdots,n \tag{3.13}$$

$$\sum_{j=1}^{n} \bar{x}_{jk} \leqslant \hat{Q}_k \cdot \hat{y}_k,\ k=1,2,\cdots,K \tag{3.14}$$

约束条件右边要乘以 y_j 或 $\hat{y}_k$，是因为只有某仓库被选中（$y_j=1$ 或 $\hat{y}_k=1$），才会有最大周转量 Q_j 或 $\hat{Q}_k$，否则容量为 0（不可用）。

（3）仓库进出库量平衡约束，表达式如下：

$$\sum_{i=1}^{m} x_{ij} = \sum_{k=1}^{K} \bar{x}_{jk},\ j=1,2,\cdots,n \tag{3.15}$$

$$\sum_{j=1}^{n} \bar{x}_{jk} = \sum_{l=1}^{L} \hat{x}_{kl},\ k=1,2,\cdots,K \tag{3.16}$$

（4）销售点的需求约束，即每个销售点的需求量要得到满足，表达式如下：

$$\sum_{k=1}^{K} \hat{x}_{kl} = w_l,\ l=1,2,\cdots,L \tag{3.17}$$

（5）变量的非负约束和 0-1 约束。

$$x_{ij} \geqslant 0,\ \bar{x}_{jk} \geqslant 0,\ \hat{x}_{kl} \geqslant 0,\ y_j \in \{0,1\},\ \hat{y}_k \in \{0,1\} \tag{3.18}$$

综合起来，物流网络设计的一般线性规划模型如下：

$$\min \sum_{i=1}^{m} p_i \cdot \sum_{j=1}^{n} x_{ij} + \sum_{i=1}^{m}\sum_{j=1}^{n} c_{ij} \cdot x_{ij} + \sum_{j=1}^{n}\sum_{k=1}^{K} \bar{c}_{jk} \cdot \bar{x}_{jk} + \sum_{k=1}^{K}\sum_{l=1}^{L} \hat{c}_{kl} \cdot \hat{x}_{kl} + \sum_{j=1}^{n} f_j \cdot y_j$$
$$+ \sum_{k=1}^{K} \hat{f}_k \cdot \hat{y}_k + \sum_{j=1}^{n} (2 \cdot g_j + h_j) \cdot \sum_{i=1}^{m} x_{ij} + \sum_{k=1}^{K} (2 \cdot \hat{g}_k + \hat{h}_k) \cdot \sum_{l=1}^{L} \hat{x}_{kl}$$

$$S_i \leqslant \sum_{j=1}^{n} x_{ij} \leqslant \hat{S}_i,\ i=1,2,\cdots,m$$

$$\sum_{i=1}^{m} x_{ij} \leqslant Q_j \cdot y_j,\ j=1,2,\cdots,n$$

$$\sum_{j=1}^{n}\bar{x}_{jk}\leqslant\hat{Q}_k\cdot\hat{y}_k,\ k=1,2,\cdots,K$$

$$\sum_{i=1}^{m}x_{ij}=\sum_{k=1}^{K}\bar{x}_{jk},\ j=1,2,\cdots,n$$

$$\sum_{j=1}^{n}\bar{x}_{jk}=\sum_{l=1}^{L}\hat{x}_{kl},\ k=1,2,\cdots,K$$

$$\sum_{k=1}^{K}\hat{x}_{kl}=w_l,\ l=1,2,\cdots,L$$

$$x_{ij}\geqslant 0,\ \bar{x}_{jk}\geqslant 0,\ \hat{x}_{kl}\geqslant 0,\ y_j\in\{0,1\},\ \hat{y}_k\in\{0,1\}$$

3.4 物流网络设计优化的模型拓展

3.3 节讨论的是经典情形下的物流网络设计优化模型，本节我们讨论当公司有一些其他要求时，对模型的变形与拓展。

3.4.1 服务水平约束

在模型（3.11）～模型（3.18）中，我们没有考虑引例中提到的服务水平的要求，即 D 公司希望配送距离不超过 400 公里的客户数量不少于总客户数的 85%。公司为了保障服务时效，通常都有服务水平的要求。我们将这一要求描述为一般性约束：平均配送距离不超过 D 公里的客户数占客户总数的比例不低于 r。为描述这个约束，我们需要定义多一组变量，令 z_l 为 0-1 变量，$z_l=1$ 表示销售点 l 的平均配送距离不超过 D 公里，$l=1,2,\cdots,L$。

用 d_{kl} 表示区域仓库 k 到销售点 l 的距离，销售点 l 的平均配送距离可以表示为 $\dfrac{\sum\limits_{k=1}^{K}\hat{x}_{kl}\cdot d_{kl}}{w_l}$。

用 a_l 表示销售点 l 的客户数，a 表示客户总数。服务水平的约束表示如下：

$$\frac{\sum\limits_{k=1}^{K}\hat{x}_{kl}\cdot d_{kl}}{w_l}\leqslant D\cdot z_l+M\cdot(1-z_l),\ l=1,2,\cdots,L \tag{3.19}$$

$$\sum_{l=1}^{L}a_l\cdot z_l\geqslant a\cdot r \tag{3.20}$$

约束条件（3.19）中 M 是一个很大的数，这个约束限制只有销售点的平均配送距离不超

过 D 公里时，对应的变量 z_l 才能等于 1，约束条件 (3.20) 保证了服务水平的要求，即平均配送距离不超过 D 公里的客户数占客户总数的比例不低于 r。

3.4.2　干线多运输模式情形

在模型（3.11）～模型（3.18）中，每条线路的运输费用我们都用一个单价来表示。在实际中，同一线路可能会有多种运输方式并存，例如，既有公路零担、公路整车，还可能有铁路、海运等方式。不同运输方式的价格不同，另外，除零担运输外，其他运输方式都要求有较大的运输量。如果我们可以根据占比将这些不同运输方式的价格折算为一个综合价格，那么，就可以套用前面的模型来分析，否则，就需要重新调整模型。接下来我们讨论如何调整。

不失一般性地，假设从节点 1 到节点 2 有零担和整车两种运输方式，运输价格分别为 c_{12}^1 和 c_{12}^2，零担运输没有最低运量点要求，而整车运输有最低运量点要求，记最低运量点要求为 B。通常，零担运输价格比整车运输要高，因此我们假设 $c_{12}^1 > c_{12}^2$。要用模型来描述这个决策，我们需要定义决策变量 X_{12}^1 和 X_{12}^2，分别表示零担运输量和整车运输量。另外还需要定义 0-1 变量 Z_{12}，$Z_{12}=1$ 表示这条线路采用整车运输模式。这样，这条线路的运费可以表示为 $c_{12}^1 \cdot X_{12}^1 + c_{12}^2 \cdot X_{12}^2$。我们通过下面的约束条件，使得 X_{12}^1 和 X_{12}^2 不会同时大于 0，并且，X_{12}^2 要么为 0，要么大于等于 B。

$$B \cdot Z_{12} \leqslant X_{12}^2 \leqslant M \cdot Z_{12} \tag{3.21}$$

这里 M 是一个很大的数。由于 Z_{12} 的取值只能是 0 或者 1，如果 $Z_{12}=0$ 则约束（3.21）的右边为 0，那么 X_{12}^2 只能为 0；如果 $Z_{12}=1$ 则约束（3.21）的左边为 B，那么 X_{12}^2 只能大于等于 B。另外，由于零担运输的价格等于整车运输的价格，而我们的目标是费用尽可能地小。因此，如果运量大到能够用整车运输（$X_{12}^2 \geqslant B$），则必然不会采用零担运输了。

上面讨论了某条线路有两种运输模式的情形，对于有更多种运输模式的情形，也可以类似处理。不失一般性地，我们假设从节点 1 到节点 2 有 n 种运输模型，其运输价格分别为 $c_{12}^1, c_{12}^2, \cdots, c_{12}^n$，起运量分别为 $B_{12}^1, B_{12}^2, \cdots, B_{12}^n$。通常价格越便宜，起运量要求越高，因此，我们假定 $c_{12}^1 > c_{12}^2 > \cdots > c_{12}^n$，$B_{12}^1 < B_{12}^2 < \cdots < B_{12}^n$。定义决策变量 $X_{12}^1, X_{12}^2, \cdots, X_{12}^n$ 分别是对应模式的运输量，定义 0-1 变量 $Z_{12}^1, Z_{12}^2, \cdots, Z_{12}^n$ 分别表示对应模式是否被采用。这样，这条线路的运费可以表示为 $c_{12}^1 \cdot X_{12}^1 + c_{12}^2 \cdot X_{12}^2 + \cdots + c_{12}^n \cdot X_{12}^n$，约束条件为

$$B_{12}^1 \cdot Z_{12}^1 \leqslant X_{12}^1 \leqslant M \cdot Z_{12}^1 \tag{3.22}$$

$$B_{12}^2 \cdot Z_{12}^2 \leqslant X_{12}^2 \leqslant M \cdot Z_{12}^2 \tag{3.23}$$

$$\vdots$$

$$B_{12}^n \cdot Z_{12}^n \leqslant X_{12}^n \leqslant M \cdot Z_{12}^n \tag{3.24}$$

下面以一个例题来说明。

例题 3.3　重新考虑例题3.1，假设表3.1中的运费数据为整车运输方式的单位运费，假定整车运输方式的年运输量至少为 12 000 吨。若采用零担运输方式，其单位运费是表3.1中对应运费的 2 倍。问：此情形下公司的最佳工厂选址以及运输方案如何？

分析：参照3.3.1节的符号，定义如下。

c_{ij} 为工厂 i 到市场 j 整车运输模式的单位运输费用（元/吨），$i=1,2,\cdots,4$，$j=1,2,\cdots,5$。

x_{ij}^1 为从工厂 i 到市场 j 的零担模式运输量，$i=1,2,\cdots,4$，$j=1,2,\cdots,5$。

x_{ij}^2 为从工厂 i 到市场 j 的整车模式运输量，$i=1,2,\cdots,4$，$j=1,2,\cdots,5$。

y_i 为 0-1 变量，$y_i=1$ 表示选择工厂 i，$i=1,2,\cdots,4$。

z_{ij} 为 0-1 变量，$z_{ij}=1$ 表示从工厂 i 到市场 j 采用整车运输模式，否则为 0，$i=1,2,\cdots,4$，$j=1,2,\cdots,5$。

该问题的决策模型如下：

$$\min\sum_{i=1}^{4}p_i\cdot\sum_{j=1}^{5}(x_{ij}^1+x_{ij}^2)+\sum_{i=1}^{4}\sum_{j=1}^{5}2\cdot c_{ij}\cdot x_{ij}^1+\sum_{i=1}^{4}\sum_{j=1}^{5}c_{ij}\cdot x_{ij}^2+\sum_{i=1}^{4}f_i\cdot y_i$$

s.t.

$$\sum_{j=1}^{5}(x_{ij}^1+x_{ij}^2)\leqslant S_i\cdot y_i，\ i=1,2,\cdots,4$$

$$\sum_{i=1}^{4}(x_{ij}^1+x_{ij}^2)=D_j，\ j=1,2,\cdots,5$$

$$12\,000\cdot z_{ij}\leqslant x_{ij}^2\leqslant M\cdot z_{ij}，\ i=1,2,\cdots,4，\ j=1,2,\cdots,5$$

$$x_{ij}^1\geqslant 0，\ x_{ij}^2\geqslant 0，\ z_{ij}\in\{0,1\}，\ y_i\in\{0,1\}，\ i=1,2,\cdots,m，\ j=1,2,\cdots,5$$

其中，M 为一个足够大的数，在例题 3.3 中，由于工厂的产能为 40 000 吨，因此，M 取 40 000 就足够大了。利用规划求解工具，可求得此时最佳方案仍是选择广州工厂和南昌工厂，对应的年总费用为 4208.4 万元，其中生产费用为 2660 万元，固定费用为 440 万元，运输费用为 1108.4 万元。运输方案如表3.7所示。

表 3.7 多运输模式下公司工厂最佳选址及运输方案表

工厂	广东仓库/吨	福建仓库/吨	湖南仓库/吨	四川仓库/吨	江西仓库/吨	产量/（吨/年）
广州工厂	15 000	3 000（零担）	16 000	0	2 000（零担）	36 000
南昌工厂	0	12 000	0	15 000	13 000	40 000

3.4.3 两级仓库共享固定费用的情形

在模型（3.11）～模型（3.18）中，我们有个潜在的假设，那就是中央仓库和区域仓库的固定费用与存储容量是分开的。在 3.5 节案例求解中，以广州仓为例，根据上面的数据，广州仓 A 作为中央仓库的固定费用是 100 万元，广州仓 B 作为区域仓库的固定费用是 30 万元。如果广州仓 A 和广州仓 B 的地理位置是分开的，这样的假设没问题，因为两个仓库都需要各自的设施设备（叉车、分拣设备等）。但如果广州仓 A 和广州仓 B 实际为同一个仓库，同时承担中央仓库的中转功能和区域仓库的配送功能，并且这些仓库设施设备是共用的，这样就会出现固定费用重复计算的问题。因此，假定广州仓既做中央仓库，又做区域仓库，则固定费用为 100 万元，如果只做区域仓库，固定费用为 30 万元。对应这种情形，只需对优化模型模型（3.11）～模型（3.18）做适当修改。我们以广州为例，只需新增决策变量 f_3 表示广州仓的费用，在模型的目标函数中，我们用 f_3 替代原广州仓 A 和广州仓 B 的固定费用，即用 f_3 替代原目标函数中的 $f_{A03} \cdot y_{A03} + \hat{f}_{B03} \cdot \hat{y}_{B03}$。然后添加下面两个约束，使得 f_3 会是两者中较大的那一个。

$$f_3 \geqslant f_{A03} \cdot y_{A03} \tag{3.25}$$

$$f_3 \geqslant \hat{f}_{B03} \cdot \hat{y}_{B03} \tag{3.26}$$

3.4.4 两级仓库相同时转储装卸费用的计算

在模型（3.11）～模型（3.18）中，中央仓库和区域仓库的装卸费用是分开计算的。这样做在逻辑上比较简单，并且，对于中央仓库和区域仓库不相同时，是没有问题的。但是，如果某个中央仓库和区域仓库实际为同一仓库，转储只是个流程，并不需要实际操作上对货物进行出库和入库的操作，则不需要装卸费用。对于这种情形，优化模型需要做适当的调整。以广州仓 A 和广州仓 B 为例，假定两者为同一个仓库。货物从工厂运到广州仓 A，并由广州仓 B 配送到销售点。对于这部分货物，在模型（3.11）～模型（3.18）中，既在广州仓 A 计算了装卸费用，又在广州仓 B 计算了装卸费用。假定对于这部分货物，实际上只需要算一次广州仓 B 的装卸费用。那么，在模型（3.11）～模型（3.18）中，我们只需要将广州仓 A 的装卸费用改为原费用减去广州仓 A 的单位装卸费用乘以广州仓 A 到广州仓 B 的转运量。

如果广州仓 A 和广州仓 B 的最大周转量是共享的，则只要修改最大周转量相对应的约束，改为广州仓 A 和广州仓 B 的入库量之和小于等于最大周转量即可。这个调整比较简单，这里不详细写出来。

3.5 D 公司物流网络设计案例求解

在本节，我们讨论如何应用上面的优化模型求解引例中 D 公司的物流网络设计问题，具体数据和 Excel 求解文件可发邮件向作者索取。

3.5.1 数据收集

为了科学地解决这个物流网络设计问题，需要收集一些必要的数据。我们分产品、工厂、中央仓库、区域仓库、销售点几个方面来分析。D 公司产品可以根据饮料的口味、包装规格以及包装类型分为 12 个 SKU，具体如表3.8所示。由于在物流运输中，饮料属于重货，按运输重量计算费用，因此，在本规划中，需将产品生产和产品需求统一以吨为单位。

表 3.8　D 公司产品信息表

产品编号	口味	包装规格/毫升	包装类型	重量转换/（吨/箱）
S01	原味	550	瓶装	0.0144
S02	原味	550	罐装	0.0168
S03	原味	1000	瓶装	0.0264
S04	原味	1000	罐装	0.0288
S05	橙子味	550	瓶装	0.0144

续表

产品编号	口味	包装规格/毫升	包装类型	重量转换/（吨/箱）
S06	橙子味	550	罐装	0.0168
S07	橙子味	1000	瓶装	0.0264
S08	橙子味	1000	罐装	0.0288
S09	柠檬味	550	瓶装	0.0144
S10	柠檬味	550	罐装	0.0168
S11	柠檬味	1000	瓶装	0.0264
S12	柠檬味	1000	罐装	0.0288

D 公司有三个工厂，我们用编号 F01、F02、F03 来表示。每个工厂都可以生产全部种类的 SKU 产品。广东工厂（F01）是 D 公司最大的工厂，共有三条生产线，最高产能为 90 000 吨/年，最低产量为产能的 40%，即 36 000 吨/年。由于物流网络设计是战略型决策，决策的频率间隔通常在一年以上，所以我们这里收集的产量以年为单位。工厂的生产费用分两部分：固定费用和变动费用。固定费用包括一些固定费用和设备折旧费等，与工厂的生产量无关；变动费用包括人工成本、材料成本、加工成本等。由于固定费用与决策无关，在本规划中无须考虑，在此忽略。三个工厂的变动成本及产能数据如表3.9所示。

表 3.9　D 公司工厂的变动费用及产能数据表

工厂编号	工厂名称	变动费用/（元/吨）	最低产量/（吨/年）	最高产能/（吨/年）
F01	广东工厂	1 200	36 000	90 000
F02	辽宁工厂	1 000	24 000	60 000
F03	四川工厂	1 000	28 800	72 000

D 公司共有 30 个仓库候选地点，其中 10 个可作为中央仓库。仓库相关的费用包括仓租费用、装卸费用、耗材费用、办公费用、客户服务费用等。这些费用可以归为固定费用（仓储设备、办公费用、客户服务费等）和变动费用（仓租费用、装卸费用等）。固定费用是指作为仓库的固有费用，与仓库吞吐量无关的费用，而变动费用与仓库吞吐量相关。D 公司物流部门与财务部门沟通，统一以吨为单位，核算出单位变动费用，具体见表3.10，其中存储费用以年为单位，单位装卸费用根据周转量测算。另外，经测算，中央仓库的平均库存周转天数为 1 个月，区域仓库平均库存周转天数为 1.5 个月。因此，中央仓库的年平均库存为其年周转量的 1/12，区域仓库的年平均库存为其年周转量的 1.5/12。另外，每个仓库有最大周转量的限制。

表 3.10　D 公司候选仓库的位置及费用数据表

仓库编号	仓库名称	存储费用/[元/（吨·年）]	单位装卸费用/（元/吨）	固定费用/（元/年）	库存系数	最大周转量/（吨/年）
A01	北京仓 A	1 200	292	1 000 000	0.083	50 000
A02	上海仓 A	1 680	212	1 000 000	0.083	50 000
A03	广州仓 A	576	153	1 000 000	0.083	50 000
A04	武汉仓 A	936	196	1 000 000	0.083	50 000
A05	西安仓 A	1 024	242	1 000 000	0.083	50 000
⋮	⋮	⋮	⋮	⋮	⋮	⋮
B30	呼和浩特仓	688	856	300 000	0.125	15 000

运输费用包括工厂到中央仓库、中央仓库到区域仓库、区域仓库到销售点的运费三部分。这部分数据较多，表3.11列举了一部分，完整数据可向作者邮件索取。

表 3.11　D 公司工厂运费数据样例

路线编号	起点编号	起点名称	终点编号	终点名称	距离/公里	单位运费/（元/吨）
F01_A02	F01	广东工厂	A02	上海仓 A	1530.00	1521.00
F01_A03	F01	广东工厂	A03	广州仓 A	97.00	117.00
B01_C017	E01	北京仓 B	C017	北京市昌平区	64.61	193.82
B01_C018	E01	北京仓 B	C018	北京市朝阳区	35.35	106.05
⋮	⋮	⋮	⋮	⋮	⋮	⋮
B01_C124	E01	北京仓 B	C124	河北省秦皇岛市	300.42	750.62

D 公司的销售遍布全国，以地级市为单位，共 437 个销售点，每个销售点负责周边一定数量的客户。本规划以一年为周期，这些销售点的编号及未来一年的需求如表3.12所示。这里每个销售点的需求没有按 SKU 区分，而是销售点全部客户全部 SKU 的需求量总和。

表 3.12　D 公司销售点数据样例

销售点编号	销售点位置	需求量/吨	客户个数
C001	安徽省安庆市	278.20	13
C002	安徽省蚌埠市	259.42	12
⋮	⋮	⋮	⋮
C437	重庆市忠县	87.90	4

3.5.2　结果分析

根据优化模型模型（3.11）～模型（3.18），我们可以利用线性规划的求解工具来求解。这里我们用 Excel OpenSolver 插件来求解，这里不详细描述 Excel 中模型构建过程。构建模型时用到 Excel 的 SUMIF 函数，该函数对范围中符合指定条件的值求和。例如，如果某列中含有数字，你只需对 5 的数值求和。可使用以下公式：$=\mathrm{SUMIF}(\mathrm{B2{:}B25},' > 5')$。此处构建模型时，可以用该函数对特定的节点的运入或运出量求和。模型如图3.5所示。

利用以上 Excel OpenSolver 求解工具，我们对模型进行求解，可以得到最优的物流网络设计方案。如果不考虑服务水平要求，最优总费用为 676 853 118 元，设立 8 个中央仓库和 25 个区域仓库，400 公里以内客户数占比为 82%。如果限定中央仓库不超过 5 个，区域仓库不超过 20 个，则最优总费用为 687 423 670 元，400 公里以内客户数占比为 78%，选择的 5 个中央仓库分别为广州仓 A、武汉仓 B、成都仓 A、沈阳仓 B、济南仓 B，具体见图3.5。如果要求 400 公里以内客户数占比不低于 85%，则需要设立 27 个区域仓库，总费用为 677 326 949 元。通过对决策参数的调整和重新优化求解，我们还可以分析其他情况（例如，中央仓库不超过 5 个，区域仓库不超过 22 个）的最优方案，以及多运输模式情形和共享仓库固定费用情形的最优方案，这里不赘述，留待读者自行练习完成。

	A	B	C	D	E	F	G	H	I	J	K	L	M	N	O	P
1	工厂编号	工厂名称	生产成本（	最低产量（	最高产能（吨/年）		产量(吨/年)		生产费用	208,625,040	仓库租金	30,491,525	一级仓库个数	5	5	
2	F01	广东工厂	1200	36000	90000		63854		干线运输费用	186,939,113	仓库装卸费用	137,723,206	二级仓库个数	20	20	
3	F02	辽宁工厂	1000	24000	60000		60000		配送费用	112,644,786	仓库固定费用	11,000,000	400公里以内客户数	7014	8969	78%
4	F03	四川工厂	1000	28800	72000		72000		总费用：	687,423,670			服务范围	400		
6	仓库编号	仓库名称	存储费（元/吨年）	装卸费（元/吨）	固定费用（元/年）	库存系数	最大周转量（吨/年）	决策变量（1表示选用）	仓库周转量	出入库量之差	允许的最大周转量		表示参数	表示决策变量	表示约束表达式	
7	A01	北京仓A	1200.00	292.00	1000000.00	0.083	50000.00	✗ 0	0	0	0					
8	A02	上海仓A	1680.00	212.00	1000000.00	0.083	50000.00	✗ 0	0	0	0					
9	A03	广州仓A	576.00	153.00	1000000.00	0.083	50000.00	✓ 1	50000	0	50000					
10	A04	武汉仓A	936.00	196.00	1000000.00	0.083	50000.00	✓ 1	27870	0	50000					
11	A05	西安仓A	1024.00	242.00	1000000.00	0.083	50000.00	✗ 0	0	0	0					
12	A06	沈阳仓A	480.00	353.00	1000000.00	0.083	50000.00	✓ 1	46454	0	50000					
13	A07	南京仓A	864.00	379.00	1000000.00	0.083	50000.00	✗ 0	0	0	0					
14	A08	济南仓A	456.00	193.00	1000000.00	0.083	50000.00	✓ 1	21529	0	50000					
15	A09	成都仓A	464.00	173.00	1000000.00	0.083	50000.00	✓ 1	50000	0	50000					
16	A10	长沙仓A	936.00	415.00	1000000.00	0.083	50000.00	✗ 0	0	0	0					
17	B01	北京仓B	1200.00	584.00	300000.00	0.125	15000.00	✗ 0	0	0	0					
18	B02	上海仓B	1680.00	424.00	300000.00	0.125	15000.00	✓ 1	13035	0	15000					
19	B03	广州仓B	576.00	306.00	300000.00	0.125	15000.00	✓ 1	15000	0	15000					
20	B04	武汉仓B	936.00	392.00	300000.00	0.125	15000.00	✓ 1	15000	0	15000					
21	B05	西安仓B	1024.00	484.00	300000.00	0.125	15000.00	✓ 1	9218	0	15000					
22	B06	沈阳仓B	480.00	706.00	300000.00	0.125	15000.00	✓ 1	15000	0	15000					
23	B07	南京仓B	864.00	758.00	300000.00	0.125	15000.00	✗ 0	0	0	0					
24	B08	济南仓B	456.00	386.00	300000.00	0.125	15000.00	✓ 1	15000	0	15000					
25	B09	成都仓B	464.00	346.00	300000.00	0.125	15000.00	✓ 1	15000	0	15000					
26	B10	长沙仓B	936.00	830.00	300000.00	0.125	15000.00	✓ 1	4818	0	15000					
27	B11	厦门仓	1176.00	562.00	300000.00	0.125	15000.00	✓ 1	7200	0	15000					
28	B12	兰州仓	1896.00	863.00	300000.00	0.125	15000.00	✗ 0	0	0	0					
29	B13	郑州仓	792.00	373.00	300000.00	0.125	15000.00	✓ 1	8803	0	15000					
30	B14	昆明仓	936.00	415.00	300000.00	0.125	15000.00	✓ 1	3812	0	15000					
31	B15	合肥仓	960.00	440.00	300000.00	0.125	15000.00	✓ 1	10692	0	15000					
32	B16	新疆仓	1464.00	673.00	300000.00	0.125	15000.00	✓ 1	5840	0	15000					
33	B17	太原仓	912.00	452.00	300000.00	0.125	15000.00	✓ 1	6161	0	15000					
34	B18	哈尔滨仓	1488.00	656.00	300000.00	0.125	15000.00	✓ 1	6801	0	15000					
35	B19	南宁仓	912.00	387.00	300000.00	0.125	15000.00	✓ 1	9948	0	15000					
36	B20	南昌仓	936.00	441.00	300000.00	0.125	15000.00	✗ 0	0	0	0					
37	B21	长春仓	580.00	806.00	300000.00	0.125	15000.00	✓ 1	11742	0	15000					
38	B22	天津仓	1000.00	534.00	300000.00	0.125	15000.00	✓ 1	12912	0	15000					
39	B23	福州仓	1076.00	522.00	300000.00	0.125	15000.00	✗ 0	0	0	0					
40	B24	苏州仓	880.00	780.00	300000.00	0.125	15000.00	✗ 0	0	0	0					
41	B25	石家庄仓	790.00	393.00	300000.00	0.125	15000.00	✓ 1	6529	0	15000					
42	B26	杭州仓	890.00	790.00	300000.00	0.125	15000.00	✗ 0	0	0	0					
43	B27	潍坊仓	456.00	904.00	300000.00	0.125	15000.00	✗ 0	0	0	0					
44	B28	西宁仓	1024.00	542.00	300000.00	0.125	15000.00	✓ 1	3344	0	15000					
45	B29	徐州仓	864.00	858.00	300000.00	0.125	15000.00	✗ 0	0	0	0					
46	B30	呼和浩特仓	688.00	856.00	300000.00	0.125	15000.00	✗ 0	0	0	0					

图 3.5 用 Excel OpenSolver 构建的 D 公司物流网络设计优化求解模型

3.6 A 公司区域仓库选址规划问题案例

3.6.1 引言

Atom（亚当）拿着笔记本和资料，走在 A 公司宽敞洁净的走廊上，若有所思。当他走到了会议室的门前，停了下来，整理了一下领带，然后推门走了进去。明净的会议室里，已经坐着几位这次会议的成员——产品配送部的 Tina（蒂娜）、产品运输部的 Frank（弗兰克）、IT 部的 David（大卫）。会议开始了，屏幕上映出中国的政区图，他们开始了讨论的话题：区域仓库的选址规划。今天的讨论十分漫长，不仅仅因为区域仓库选址需要考虑的因素非常多，更重要的是，区域仓库选址是 A 公司最重要的长期决策之一，区域仓库选址的好坏直接影响到服务方式、服务质量、服务效率、服务成本等，从而影响到利润和市场竞争力，甚至决定了 A 公司的命运，因此大家都显得十分认真和谨慎。

3.6.2 A 公司背景

A 公司作为颇受女性信赖的国际化妆品品牌，始创于美国波士顿，已经拥有 120 年的历史。这个畅销全球的国际化妆品品牌赢得了无数女性的青睐，在全美最大的 500 家企业当中，A 公司因其鲜明的企业宗旨更加独具魅力。1990 年，A 公司进入中国，成立了 A 中国有限公司，销售模式为直销。目前在国内有一家化妆品生产工厂和一家保健品生产工厂。化妆品工厂在国内外采购包装物料和化学原料，在厂内完成内容物的调配和灌装；成品大部分通过设立在全国各地的 12 个物流中心发送到直销店和直销员的手里；小部分出口到澳大利亚等国外市场。

1998 年，A 中国有限公司的销售模式转型为零售。2002 年，A 中国有限公司开始在中国建立 12 个区域仓库，为遍布中国的 5000 多家专卖店提供送货到家服务。2006 年 3 月，A 中国有限公司正式宣布已被我国商务部授予国内首张直销经营许可证，销售模式改为采用直销店 + 直销员方式进行销售。目前，A 中国有限公司直接客户群体包括超过 6000 家直销店和超过 50 万名直销员，最终用户多为女性消费者。A 中国有限公司需求往往通过打折促销的手段来拉动，因此往往难以准确预测——需求预测准确率平均为 60%。一方面，销售超过预测成了普遍的现象；另一方面，销售达不到预期也常常出现。对应地，整个公司尤其是供应链（生产工厂）管理的复杂性体现为每年有超过 3500 个的单品种类 SKU 进行销售，其中任何一个自然月提供不尽相同的 500～600 个 SKU 供顾客选择。为了提高客户的满意度，A 中国有限公司保证在一个较短的时间内完成货物的配送——其 12 个区域仓库的设计保证库存产品可以在 2～3 天时间内送到最终客户的手里，即使是离 A 中国有限公司分公司千里之外的专卖店主和直销员也能享受到 48 小时或 72 小时内到货的服务，到货率分别达到 44% 和 83%。针对此客户需求和销售模式，要求生产工厂在保证质量和生产成本的前提下，尽量满足全国消费者（直接顾客为直销店和直销员）的订单，并维持合理的区域仓库库存水平及保证工厂产能的合理利用。由此，提高供应链的快速响应能力，完成相应的绩效指标同时降低供应链系统的成本成为供应链管理的重要任务。A 中国有限公司按照精益生产原则和理论，设计实施供应链的运作模式，并取得了良好的绩效，成了在本公司内部及全球供应链系统内广受肯定的运营模范。

3.6.3　区域仓库选址规划项目

曾有专业人士指出：未来企业之争的重点就是供应链之争。而直销企业的供应链更是其企业的生命线。为了适应市场需要和法规改变以及激烈的竞争环境，A 中国有限公司决定从战略高度重新整合供应链模式，并着手供应链管理的改革。A 中国有限公司的供应链管理改革始于 1998 年的信息系统改革。那一年，A 中国有限公司由直销模式转成批发零售模式，原本就不适合中国的旧信息系统需要做大量修改，令工作变得复杂而又缓慢。因此，A 中国有限公司的信息部门下决心研发自己的系统，一场与供应链相关的改革由此拉开序幕。从此，A 中国有限公司陆续开发了经销商管理系统（dealer management system，DRM）、原材料供应管理等系统。供应链管理的改革和相应管理信息系统的投入使用，大大提高了供应链管理效率，节省了管理费用，物流成本减少了 20%～30%。目前，为了进一步整合 A 中国有限公司现有资源，信息部门正在设计开发适合 A 中国有限公司的物流与供应链管理决策系统，该系统包括区域仓库选址规划、区域仓库运营、产品配送管理、原材料购买、产品生产计划、原材料和产成品库存管理等模块，把企业的物流、人流、资金流、信息流统一起来进行管理，以求最大限度地利用公司的现有资源，实现 A 中国有限公司效益的最大化。

Atom 作为 A 中国有限公司系统供应链部的经理，在 A 中国有限公司工作已有 20 多年了。Atom 曾主持物流供应链管理决策系统的多个供应链项目，对于公司的供应链运作颇为熟悉也有相当多的项目经验。会议室的墙上，贴满了这几年来在 Atom 带领下的团队所策划和实施的项目，这些项目包括今天讨论的主题，都是 A 中国有限公司物流与供应链管理决策系统的一部分模块。目前，A 中国有限公司在我国建立的 12 个区域仓库，完全是根据经验确定的，而每个区域仓库服务的顾客区域，则是按邻近的行政区域划分。但这 12 个区域仓库的规划是否合理，是否需要重新规划区域仓库的分布状况，是今天讨论的这个项目要解决的问题。

当把区域仓库选址规划项目完成以后，就可以整合整个物流与供应链管理决策系统，模拟整条供应链的运作情况，因此区域仓库选址规划是该项目的重要环节。

刚开始讨论时，Atom 就明确指出区域仓库选址项目的目标：根据公司制定的配送策略和产品销售分布，得到成本最低的区域仓库选址方案，选址方案包括区域仓库需要建多少个，建在哪里，分别覆盖哪些顾客区域。但接下来的讨论不太顺利，配送策略的哪些因素会影响区域仓库的选址规划，是否需要建立多层级配送，需要考虑哪些成本，怎样得到最优或较优的区域仓库选址方案等，这个项目需要考虑的因素太多，虽然经过多次讨论，但项目进展依然缓慢。为此，Atom 在咨询了供应链管理方面的专家后，决定采用数据分析的方法进行决策，首先建立区域仓库选址的数学优化模型，再利用数学优化软件（如 CPLEX，Xpress-Mp 等）求解得到较优方案作为备选，然后通过模拟的方法验证各种方案的优劣。明确了这一思路以后，又经过多次讨论，大家整理出以下要素。

3.6.4 备选区域仓库

备选区域仓库位置的确定，主要考虑仓租成本、物流发达程度和人力资源成本，具体包括是否是交通枢纽、货物集散地，储运市场规范程度如何，储运资源、人力资源是否丰富等。由于上述因素很难量化，因此项目组同意采用专家意见法挑选备选区域仓库。初步估计，备选区域仓库的数目是 30～50 个。

3.6.5 配送策略

Frank 表示，区域仓库规划需要满足的配送策略包括配送方式和配送服务水平。目前，A 中国有限公司的配送方式是配送到指定地点，然后由经销商或直销员提货，但以后可能根据需要改为配送到家。在建立区域仓库规划的优化模型时，选择哪一种配送方式都是可行的，只要贴合 A 公司的实际情况。配送服务水平，一般用订单周转时间和准时交货率衡量，A 中国有限公司希望达到的配送服务水平是接到订单后区域仓库可以在 72 小时内服务 95%以上的顾客点。Atom 对配送服务水平的设置提出了异议，“目前公司达到的服务水平是 72 小时内到货率 83%，一下子把准时交货率提高到 95%，会不会引起设置的区域仓库数目过多，从而成本过高？服务水平的提高确实可以提高顾客的满意度，但服务水平到达一定程度以后，顾客的边际满意度已经非常小，服务水平再怎么提高也难以提升顾客的满意度”。对于这个问题，项目组成员讨论激烈，大家倾向于先模拟计算几组不同的服务水平对应的物流成本，然后从服务水平与物流成本相对平衡的角度来解决这个问题（选择“最佳”的服务水平），当然，成本与服务水平具体如何平衡，项目组没有达成一致意见。

3.6.6 区域仓库选址规划总成本

物流成本方面，主要考虑运输成本、区域仓库运营成本和库存成本。但成本的计算涉及大量的工作，包括合理设置各种成本的计算方式、整理和分析公司目前与物流成本相关的数据、收集备选区域仓库的相关数据等。无论哪一方面做得不好，都会影响到整个项目的最终效果，因此关于成本计算这部分，项目组讨论得尤为细致。

3.6.7　运输成本

目前 A 中国有限公司运输方式是公路运输，运输方式是产品从工厂运送到区域仓库（干线运输），然后从区域仓库配送到区县（区域仓库配送费用），最后由区县的物流公司进行最后一公里配送，将产品送到顾客手中。由于无论区域仓库建在哪里都不会影响到最后一公里的配送，因此在考虑区域仓库选址模型时这部分成本可以忽略不计。但是确定干线运输费用和区域仓库配送费用是一件令人头疼的事。David 指出，由于 A 中国有限公司的数据库系统中仅存储有广州工厂到 12 个已有区域仓库的干线运输成本，而没有工厂到其他备选区域仓库的干线费用以及备选区域仓库配送到区县的费用数据，数据量庞大以致难以在市场上逐一询价。因此，只能在市场上部分询价，利用已有数据去估计每条线路运输成本。

“除了公路运输以外，是否还考虑其他运输方式呢？我们公司曾经用过空运方式配送部分偏远地区，后来因为成本太高加上供应链改造才全部改为公路运输，但随着空运的发展，说不定哪天空运的费用就低于公路运输的费用了。而且，对于像西藏这样的地区，采用铁路运输也不是没有可能的”，Frank 说道。当然，Frank 提出的属于特殊情况，在未来很长一段时间内，A 中国有限公司的运输方式依然是公路运输，因此在区域仓库选址规划中暂时还不需要考虑多种运输方式的问题，但 Frank 的问题还是值得深究，如果真要考虑多种运输方式并存的情况，又会对区域仓库选址规划造成什么影响呢？

3.6.8　区域仓库运营成本

区域仓库运营成本包括租金、直接人工费用、管理费用、设备折旧维修费用和其他管理费用。当然，每个备选区域仓库的租金、直接人工费用等，都需要收集相关数据以后才能确定。按成本形态分类，运营成本可以分为固定运营成本和可变运营成本。考虑到规模效应，当区域仓库规模越大，即产品吞吐量越大时，单位可变运营成本会降低，如租金，区域仓库吞吐量越大，仓库面积越大，单位产品占用的租金反而越小。因此，运营成本不是关于产品吞吐量的简单线性函数，而应该是分段线性函数，随着吞吐量增大，运营成本的斜率会变小，如图3.6所示。

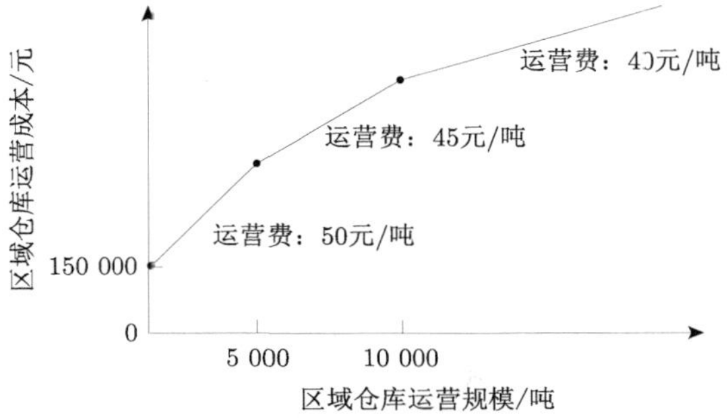

图 3.6　A 中国有限公司区域仓库运营成本与运营规模关系图

Tina 提出的关于运营成本的问题引起了众人的思考，“重新规划区域仓库选址的时候，是否需要考虑现有的区域仓库呢？如果关闭现有的区域仓库在别的地方重建，关闭现有区域仓库会产生一定的费用；而如果继续保留现有区域仓库，则可以节省新建区域仓库的费用”。确实，从短期来看，新建和关闭区域仓库的费用是一笔不菲的费用，足以影响到区域仓库的选址规划。但从长远来看，一方面，随着时间的增长，新建和关闭区域仓库的费用对于选址方案的影响会越来越小。但另一方面，时间长了，销售增长和销售分布也会随之改变，如果市场变化速度很快，那么区域仓库的选址规划也要及时更新，这时新建和关闭区域仓库的费用依然不能小觑。由于根据目前市场情况，区域仓库规划问题属于长远规划问题，一旦落实短时间内不会更改，因此最后决定不考虑现有的区域仓库对规划模型的影响。

3.6.9 库存成本

由于 A 中国有限公司产品种类多，且需求预测不准确，因此为了满足顾客需求往往在各区域仓库设置有较高的安全库存。众所周知，库存占用企业的流动资金，如果库存量过大，流动资金占用量过多，就会影响企业的经济效益，并且库存过多会造成较高的仓储空间费用和导致产品陈旧甚至变质。因此，库存是 A 中国有限公司区域仓库选址规划必须考虑的因素。库存包括循环库存和安全库存，但是循环库存只跟顾客需要相关，与区域仓库选址无关，因此在考虑区域仓库规划问题时循环库存可以忽略，只需考虑安全库存。由于 A 中国有限公司产品销售靠促销推动，因此产品需求非常不规律，不符合正态分布，这给 A 中国有限公司确定安全库存造成很大困扰。目前 A 中国有限公司的安全库存策略是，设置一个安全库存率，各区域仓库再预计下一订货周期内的销量，那么安全库存就是预计的销量 × 安全库存率。而库存有聚集效应也加大了计算区域仓库选址规划的库存成本的复杂性。库存有聚集效应是指只要聚集分布的需求不是线性正相关，那么聚集就会降低需求的不确定性以及由此产生的必备安全库存量。而 A 中国有限公司的需求分布并非线性正相关，也就是说，减少区域仓库的个数，可以降低 A 中国有限公司总的区域仓库安全库存量，但是 A 中国有限公司需求分布的相关性具有随机性，因此聚集程度很难量化。

由于安全库存成本的计算较为复杂，涉及聚集需求分布相关性、需求预测准确性、安全库存策略和订货提前期等因素，并且计算公式是非线性的（因为有聚集效应），因此一般不在优化模型的目标函数中直接设置。一般来说，在求得以运输成本和运营成本之和为目标函数的多个优化方案以后，再通过模拟的方式对比这多个方案的运输成本、运营成本、库存成本之和，这样就避免了求解非线性模型，简化了求解过程。

3.6.10 案例问题讨论

（1）怎样合理选择备选区域仓库？

（2）怎样平衡配送服务水平和区域仓库选址规划总成本的关系？

（3）对于如何收集或计算运输成本，你有什么好的建议吗？

（4）怎样在模型中考虑多种运输方式？

（5）如何将运营成本表示为区域仓库吞吐量的分段线性函数？

（6）A 中国有限公司的安全库存策略是否合理，你有更好的安全库存设置策略吗？怎样计算安全库存成本？

（7）你能写出 A 中国有限公司区域仓库选址规划的数学模型吗？在数学模型中应该怎样考虑安全库存成本？

3.6.11　数据试算

根据下面所给的案例部分数据，假设备选区域仓库地点为各省区市行政中心，各省区市行政中心之间的距离如表3.13所示，工厂在广州，从工厂到区域仓库的单位运输费用为 2.5 元/（吨·公里）。假设区域仓库配送本地的平均配送距离为 100 公里，配送到其他省区市行政中心的配送距离为表3.13中省区市行政中心之间的距离，单位配送费用为 3.8 元/（吨·公里）。假设 A 中国有限公司在各省区市行政中心的年销售量如表3.14所示。建立一个决策模型，区域仓库总数量的限制为 12 个，确定这 12 个区域仓库的最佳位置（所在城市）方案。

表 3.13　各省区市行政中心之间距离（单位：公里）

城市	北京	天津	上海	重庆	呼和浩特	乌鲁木齐	拉萨	银川	南宁	哈尔滨	长春	沈阳	石家庄	郑州	济南
北京	0	125	1278	1758	490	2900	3204	1076	2460	1266	1025	745	324	740	439
天津	125	0	1156	1736	594	3005	3246	1141	2402	1283	1027	725	320	689	336
上海	1278	1156	0	1734	1649	3923	3628	1914	1924	2010	1733	1429	1189	992	875
重庆	1758	1736	1734	0	1610	2767	1856	1175	924	3018	2761	2448	1434	1072	1504
呼和浩特	490	594	1649	1610	0	2412	2798	659	2435	1585	1392	1169	462	827	778
乌鲁木齐	2900	3005	3923	2767	2412	0	2004	2009	3611	3674	3599	3486	2802	2934	3126
拉萨	3204	3246	3628	1856	2798	2004	0	2111	2840	4448	4243	3979	2920	2738	3148
银川	1076	1141	1914	1175	659	2009	2111	0	2086	2244	2047	1807	860	925	1158
南宁	2460	2402	1924	924	2435	3611	2840	2086	0	3650	3374	3046	2150	1718	2099
哈尔滨	1266	1283	2010	3018	1585	3674	4448	2244	3650	0	282	611	1588	1964	1554
长春	1025	1027	1733	2761	1392	3599	4243	2047	3374	282	0	330	1340	1700	1283
沈阳	745	725	1429	2448	1169	3486	3979	1807	3046	611	330	0	1044	1381	958
石家庄	324	320	1189	1434	462	2802	2920	860	2150	1588	1340	1044	0	439	328
郑州	740	689	992	1072	827	2934	2738	925	1718	1964	1700	1381	439	0	433
济南	439	336	875	1504	778	3126	3148	1158	2099	1554	1283	958	328	433	0
太原	487	511	1319	1297	402	2630	2714	665	2068	1750	1513	1229	202	427	499
兰州	1424	1471	2062	922	1049	1950	1721	401	1843	2630	2424	2168	1164	1087	1418
西安	1100	1099	1468	686	926	2537	2184	612	1531	2368	2123	1824	782	533	935
西宁	1600	1657	2296	1170	1184	1727	1565	529	1996	2767	2575	2335	1361	1316	1631
成都	1825	1825	1991	319	1591	2470	1558	1052	1163	3091	2848	2549	1508	1212	1640
武汉	1260	1180	821	914	1388	3320	2785	1360	1265	2392	2113	1783	990	563	856
合肥	1078	974	482	1273	1334	3487	3129	1481	1607	2092	1810	1482	881	562	640
南京	1080	966	319	1448	1393	3614	3309	1606	1748	2009	1718	1394	931	680	646
杭州	1351	1234	203	1577	1676	3877	3483	1871	1723	2179	1900	1586	1214	947	923
福州	1871	1759	733	1574	2134	4156	3484	2195	1402	2740	2461	2149	1685	1328	1432
南昌	1498	1404	733	1093	1679	3622	2995	1670	1198	2545	2263	1936	1258	852	1068
长沙	1609	1535	1063	776	1691	3420	3060	1548	912	2752	2473	2143	1325	887	1214
贵阳	2082	2044	1832	394	1981	3085	1950	1568	542	3323	3058	2735	1759	1358	1777
昆明	2503	2480	2340	745	2333	3008	1583	1820	728	3763	3505	3190	2179	1808	2239
广州	2267	2183	1456	1172	2365	3938	3490	2179	606	3349	3067	2740	1993	1558	1853
海口	2680	2608	1956	1288	2714	4270	3389	2424	394	3814	3533	3204	2386	1948	2287

续表

城市	太原	兰州	西安	西宁	成都	武汉	合肥	南京	杭州	福州	南昌	长沙	贵阳	昆明	广州	海口
北京	487	1424	1100	1600	1825	1260	1078	1080	1351	1871	1498	1609	2082	2503	2267	2680
天津	511	1471	1099	1657	1825	1180	974	966	1234	1759	1404	1535	2044	2480	2183	2608
上海	1319	2062	1468	2296	1991	821	482	319	203	733	733	1063	1832	2340	1456	1956
重庆	1297	922	686	1170	319	914	1273	1448	1577	1574	1093	776	394	745	1172	1288
呼和浩特	402	1049	926	1184	1591	1388	1334	1393	1676	2134	1679	1691	1981	2333	2365	2714
乌鲁木齐	2630	1950	2537	1727	2470	3320	3487	3614	3877	4156	3622	3420	3085	3008	3938	4270
拉萨	2714	1721	2184	1565	1558	2785	3129	3309	3483	3484	2995	3060	1950	1583	3490	3389
银川	665	401	612	529	1052	1360	1481	1606	1871	2195	1670	1548	1568	1820	2179	2424
南宁	2068	1843	1531	1996	1163	1265	1607	1748	1723	1402	1198	912	542	728	606	394
哈尔滨	1750	2630	2368	2767	3091	2392	2092	2009	2179	2740	2545	2752	3323	3763	3349	3814
长春	1513	2424	2123	2575	2848	2113	1810	1718	1900	2461	2263	2473	3058	3505	3067	3533
沈阳	1229	2168	1824	2335	2549	1783	1482	1394	1586	2149	1936	2143	2735	3190	2740	3204
石家庄	202	1164	782	1361	1508	990	881	931	1214	1685	1258	1325	1759	2179	1993	2386
郑州	427	1087	533	1316	1212	563	562	680	947	1328	852	887	1358	1808	1558	1948
济南	499	1418	935	1631	1640	856	640	646	923	1432	1068	1214	1777	2239	1853	2287
太原	0	964	622	1160	1342	988	955	1037	1318	1746	1279	1292	1644	2039	1968	2330
兰州	964	0	604	235	721	1379	1592	1742	1980	2209	1674	1475	1306	1478	2039	2208
西安	622	604	0	839	726	784	992	1148	1378	1620	1087	937	1056	1485	1570	1843
西宁	1160	235	839	0	839	1612	1828	1976	2215	2438	1904	1694	1453	1558	2236	2372
成都	1342	721	726	839	0	1178	1516	1690	1848	1885	1391	1087	623	768	1481	1547
武汉	988	1379	784	1612	1178	0	374	545	670	839	312	361	1045	1548	1007	1432
合肥	955	1592	992	1828	1516	374	0	175	391	804	454	697	1420	1922	1258	1727
南京	1037	1742	1148	1976	1690	545	175	0	283	796	563	847	1586	2092	1358	1842
杭州	1318	1980	1378	2215	1848	670	391	283	0	563	539	876	1651	2158	1254	1754
福州	1746	2209	1620	2438	1885	839	804	796	563	0	534	799	1507	1982	833	1326
南昌	1279	1674	1087	1904	1391	312	454	563	539	534	0	343	1118	1624	804	1280
长沙	1292	1475	937	1694	1087	361	697	847	876	799	343	0	776	1282	674	1074
贵阳	1644	1306	1056	1453	623	1045	1420	1586	1651	1507	1118	776	0	508	917	924
昆明	2039	1478	1485	1558	768	1548	1922	2092	2158	1982	1624	1282	508	0	1289	1097
广州	1968	2039	1570	2236	1481	1007	1258	1358	1254	833	804	674	917	1289	0	503
海口	2330	2208	1843	2372	1547	1432	1727	1842	1754	1326	1280	1074	924	1097	503	0

表 3.14 A 中国有限公司在各省区市行政中心的年销售量（单位：吨）

省区市	销量
广东	6230
湖北	2460
黑龙江	1480
新疆	850
江苏	5900
湖南	2450

续表

省区市	销量
广西	1437.8
贵州	800
山东	5500
福建	2190
天津	1437
甘肃	630
浙江	3750
上海	2160
江西	1433
海南	340
河南	3150
北京	1960
山西	1350
宁夏	260
河北	2830
安徽	1900
吉林	1290
青海	210
辽宁	2710
内蒙古	1700
重庆	1260
西藏	80
四川	2600
陕西	1600
云南	1170

3.7　本章习题

1. 马克公司在广州经营一家年产量为 30 000 件产品的工厂，产品被运输到位于武汉、上海和天津的地区分销中心。由于预期将有需求的增长，马克公司计划在宁波、郑州、济南和青岛中的一个或多个城市建立新工厂以增加生产力。在上述四个城市中建立工厂的年固定成本和产能、工厂至分销中心的单位运费，以及公司的长期计划小组对三个地区分销中心的年需求量预测如表 3.15所示。

表 3.15　马克公司候选工厂产能及其到分销中心的运费数据

候选工厂	年固定成本/元	产能/（件/年）	工厂至分销中心的单位运费/（元/件）		
			武汉	上海	天津
宁波	1 750 000	10 000	50	20	30
郑州	3 000 000	20 000	40	30	40
济南	3 750 000	30 000	90	70	50
青岛	5 000 000	40 000	70	40	20
广州	—	30 000	30	50	80
分销中心年需求量/件			30 000	20 000	20 000

2. 设某公司在国内有两家工厂，产品供应全国 10 个地区，每个地区分别有一个产品销售处，该公司以提高物流效率为目标进行商流物流分离，计划在国内设立三个配送中心以满足这 10 个销售处的需求。经过调研，公司初选了五个配送中心作为候选地址。假设工厂产能、销售处的需求量以及工厂与备选配送中心及销售处之间的单位运费等如表3.16和表3.17所示，试为该公司选择最合适的配送中心。

表 3.16 工厂到配送中心的单位运费与工厂产能

工厂	配送中心 1/元	配送中心 2/元	配送中心 3/元	配送中心 4/元	配送中心 5/元	工厂产能/（件/年）
工厂 1	10	5	15	30	34	1400
工厂 2	25	36	18	10	7	2400

表 3.17 配送中心与销售处之间的单位运费和销售处的需求量

项目	销售处									
	1	2	3	4	5	6	7	8	9	10
配送中心 1/元	12	5	13	22	30	46	25	50	83	80
配送中心 2/元	50	13	5	10	17	16	43	41	59	63
配送中心 3/元	38	34	18	17	9	17	30	37	58	54
配送中心 4/元	58	46	33	25	16	20	20	21	22	19
配送中心 5/元	59	60	32	47	26	23	12	18	8	6
需求量/件	300	300	400	200	600	500	700	300	300	200

3. S 公司生产某品牌产品。公司目前只有一个位于广州的工厂，产品主要销往广东、福建、湖南、四川、江西、湖北以及山东七个省份，公司在这七个省份分别设有一个仓库负责当地配送服务。由于业务增长的需要，公司决定新建两个工厂，以满足市场需求。通过调研，新工厂的候选位置定为长沙、郑州和成都三个地方。这三个地方的生产成本和运输费用如表3.18所示。试帮 S 公司确定新工厂的最佳选址以及产量分配，使总成本（包括生产成本、运输成本和固定成本）最少。

表 3.18 S 公司工厂产能及其到分销中心的运费数据

项目	销售省份/（元/吨）							固定成本	生产成本	产能
	广东	福建	湖南	四川	江西	湖北	山东	/（元/月）	/（元/吨）	/（吨/月）
长沙工厂	200	250	100	300	150	180	400	160 000	1 100	5 000
郑州工厂	400	200	300	200	250	200	200	150 000	1 050	5 000
成都工厂	250	350	200	100	250	280	450	200 000	1 000	5 000
广州工厂	100	150	200	300	200	280	460	—	1 200	6 000
需求量/（吨/月）	2 000	1 500	1 000	3 000	1 500	2 000	4 000	—	—	—

4. 重新考虑第 3 题工厂选址问题，假设 S 公司要求每个省份只能由单一工厂供应。试问这种情形下，S 公司应该如何规划新工厂？对应的工厂与市场的供应方案如何？费用比不要求单一供应的情形会增加多少？

5. 重新考虑第 3 题工厂选址问题，假设 S 公司考虑在长沙、郑州和成都三个地方新建一个或两个工厂，除了可以建设标准规模的工厂，还可以建设扩大规模的工厂，扩大规模的工厂产能是标准规模的 2 倍，每月固定成本是标准规模的 1.5 倍，单位生产成本是标准规模的 0.9 倍。试问这种情形下，S 公司应该如何规划新工厂？是新建一个扩大规模的工厂还是新建两个标准规模的工厂？

第 4 章　生产与物流运输规划问题

本章内容：

1. D 公司生产与物流运输规划案例。
2. 生产与物流运输规划问题的基本概念。
3. 生产与物流运输规划问题模型。
4. D 公司生产与物流运输规划案例求解。

4.1　引例：D 公司生产与物流运输规划问题

本章沿用第3章 D 公司的案例背景，考虑 D 公司对其物流网络进行设计规划后，在日常运营中所面临的生产与物流运输规划决策问题。D 公司在中国有三个工厂，分别在广东广州、四川成都和辽宁沈阳，各个工厂生产成本及每月产能如表4.1所示。假设 D 公司的物流网络经优化后，在中国共设有五个中央仓库，分别在北京、上海、广州、武汉和西安，以及 20 个区域仓库，如表4.2所示。产品在工厂生产之后，先运到某个中央仓库，再由中央仓库运输到区域仓库，然后由区域仓库负责配送到当地的销售点（包括经销商、批发商、大卖场等），如图4.1所示。公司的生产计划和物流部门需要根据销售部门所预测的各个销售点未来几个月的需求量，安排各个工厂的产量计划以及从工厂到中央仓库、区域仓库、销售点的物流运输计划，使得生产费用与物流费用的总费用最少。

表 4.1　D 公司工厂生产费用及产能数据表

工厂编号	工厂名称	生产费用/（元/吨）	最低产量/（吨/月）	最高产能/（吨/月）
F01	广东工厂	1200	3000	7500
F02	辽宁工厂	1000	2000	5000
F03	四川工厂	900	2400	6000

表 4.2　D 公司仓库数据表

仓库编号	仓库名称	仓租费用/[元/（吨・月）]	装卸费用/（元/吨）	安全库存量/吨	最大存储量/吨
A01	北京仓 A	100	292	3 000	10 000
A02	上海仓 A	140	212	3 000	10 000
A03	广州仓 A	48	153	3 000	10 000
A04	武汉仓 A	78	196	3 000	10 000
A05	西安仓 A	252	342	3 000	10 000
B01	北京仓 B	100	583	300	3 000
B02	上海仓 B	140	424	300	3 000
B03	广州仓 B	48	306	300	3 000

续表

仓库编号	仓库名称	仓租费用/[元/（吨·月）]	装卸费用/（元/吨）	安全库存量/吨	最大存储量/吨
B04	武汉仓 B	78	392	300	3 000
B05	西安仓 B	252	683	300	3 000
B06	沈阳仓 B	40	153	300	3 000
B07	南京仓 B	72	379	300	3 000
B08	济南仓 B	38	143	300	3 000
B09	厦门仓 B	116	645	300	3 000
B10	兰州仓 B	318	1 074	300	3 000
B11	郑州仓 B	98	562	300	3 000
B12	昆明仓 B	158	863	300	3 000
B13	合肥仓 B	66	373	300	3 000
B14	长沙仓 B	78	415	300	3 000
B15	新疆仓 B	80	440	300	3 000
B16	成都仓 B	122	673	300	3 000
B17	太原仓 B	76	452	300	3 000
B18	哈尔滨仓 B	124	656	300	3 000
B19	南宁仓 B	76	387	300	3 000
B20	南昌仓 B	78	441	300	3 000

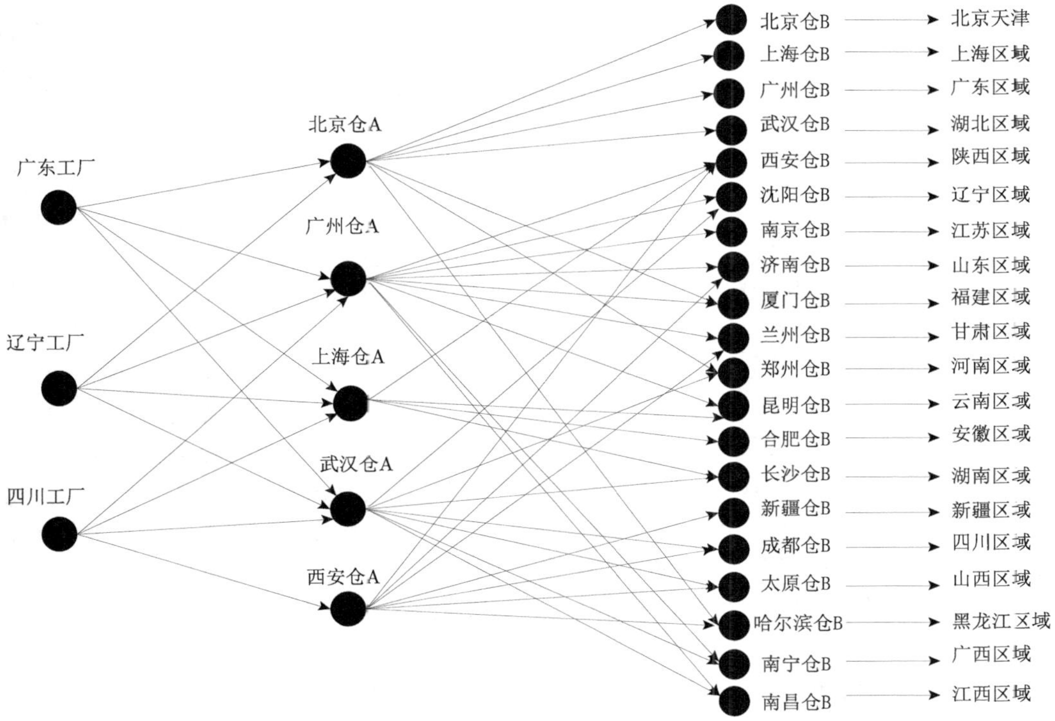

图 4.1　D 公司生产与物流运输网络结构图

具体来说，公司管理者希望用基于数据的分析方法，回答下面几个问题。

（1）未来 1～6 个月，各个工厂的生产计划如何？每个月各生产多少？

（2）工厂至各个中央仓库的运输规划如何？每月的运量是多少？

（3）中央仓库至各个区域仓库的运输规划如何？每月的运量是多少？

（4）若 D 公司与其物流运输商约定，干线运输（工厂至中央仓库、中央仓库至区域仓库）的任何一条线路，如果半年的总运量不足 900 吨，则须按零担价格结算运费，零担价格是整车价格的 1.5 倍。在这种情况下，最优方案有何变化？对总体费用有多大影响？

4.2　生产与物流运输规划问题的基本模型

经典的物流运输问题考虑的是如何以最小的成本将多个工厂生产的同一种产品运到多个销售地点（仓库），同时使运输费用尽可能低。因为不同工厂到不同销售地点（仓库）之间的运输长度不同，所以通过合理的运输安排可以节省运输费用。同时因为不同销售地点（仓库）对产品需求量不同，又限制了产品的运输数量。下面我们以一个具体的例子来说明这个问题。

例题 4.1　某公司生产化肥，它有 4 个工厂 A1、A2、A3、A4，每月产量分别为 6000 吨、9000 吨、13 000 吨和 8000 吨。该公司将这些产品分别销往 6 个主要的代理商 B1、B2、B3、B4、B5、B6，它们的需求量分别为 4000 吨、5000 吨、7000 吨、6000 吨、5000 吨、9000 吨。已知从各个工厂运往每个代理商的单位运费如表4.3所示。试问在满足各个代理商的需求，并且不超过单独一个工厂的供应能力的情况下，如何安排货物的运输，使得总运输费用最小。

表 4.3　工厂到代理商的单位运费（单位：元）

工厂	代理商 B1	代理商 B2	代理商 B3	代理商 B4	代理商 B5	代理商 B6
工厂 A1	5	1	7	2	8	4
工厂 A2	3	9	6	8	7	6
工厂 A3	5	10	5	4	15	8
工厂 A4	8	12	13	4	19	5

例题4.1中的问题实际上就是要用四个工厂的货物去满足六个代理商（市场）对货物的需求，而不同工厂的货物送往不同代理商的运输费用是不同的，因此，需要合理地分配工厂和代理商的匹配关系，使总的运输费用最低。这个问题涉及多个工厂和代理商，并且不同工厂和代理商之间的运输费用往往没有一定的趋势，所以简单的定性分析和手工的分配往往不能达到很好的效果，我们需要建立数学模型来得到最佳方案。我们把该问题描述成一般形式：假设有 m 个工厂，用 $i=1,2,\cdots,m$ 表示，工厂 i 的最大产能为 S_i，产品运往 n 个市场，用 $j=1,2,\cdots,n$ 表示，市场 j 的需求量为 D_j，工厂 i 到市场 j 的单位运费为 c_{ij}。需要做的决策是确定工厂到市场的最佳运输方案，使总运输费用最少。

这个决策问题可以建立一个线性规划模型来描述，定义决策变量：x_{ij} 为工厂 i 到市场 j 的运输量，$i=1,2,\cdots,m$，$j=1,2,\cdots,n$。

例题4.1描述的生产与物流运输规划问题的线性规划模型如下：

$$\min\sum_{i=1}^{m}\sum_{j=1}^{n}c_{ij}\cdot x_{ij} \tag{4.1}$$

s.t.

$$\sum_{j=1}^{n} x_{ij} \leqslant S_i, \ i=1,2,\cdots,m \tag{4.2}$$

$$\sum_{i=1}^{m} x_{ij} = D_j, \ j=1,2,\cdots,n \tag{4.3}$$

$$x_{ij} \geqslant 0, \ i=1,2,\cdots,m, \ j=1,2,\cdots,n \tag{4.4}$$

在该优化模型中，目标函数（4.1）是要使得总运输费用最少。约束条件（4.2）使得从每个工厂的运输量不超过工厂的最大产能，约束条件（4.3）使得各个市场的需求都得到满足，约束条件（4.4）要求运输量不能为负值。很明显，该模型是一个线性规划模型，可以通过 Excel 规划求解工具或者 CPLEX 来求解。由模型不难看出，只有当总产量 $\sum\limits_{i=1}^{m} S_i$ 不少于总需求 $\sum\limits_{j=1}^{n} D_j$ 时，模型才存在可行解。

讨论：在实际中，如果总产量小于总需求，模型应该怎样处理呢？

提示：我们可以增加一个虚拟的工厂来使得模型存在可行解。虚拟工厂的产能可以设得很大，但同时到各个客户的运输费用也很高。想想看，为什么要这样假设？这个模型又应该怎么建立呢？

在例题4.1中，没有考虑工厂的生产费用，因此，这个模型只适合各个工厂生产费用无差异的情形，如果各个工厂的生产费用有差异，则生产费用也应当计入总费用进行考虑。我们称之为生产与物流运输规划问题。生产与物流运输规划问题在现实中有很广泛的应用，是生产型企业的常见决策问题。我们用例题4.2来描述该问题的决策模型。

例题 4.2 M 公司生产某化工产品，公司有四个工厂，分别位于广州、长沙、南昌、成都。产品主要销往广东、福建、湖南、四川以及江西五个市场，公司在每个市场设有一个仓库，负责当地的配送。M 公司各个工厂的单位生产费用、各个仓库（市场）的需求以及工厂至各个仓库的单位运费如表4.4所示。M 公司应该怎样安排生产和运输计划，以使生产和运输的总费用最少？

表 4.4 M 公司工厂生产成本、仓库需求及工厂至各个仓库运费数据

项目	广东仓库/（元/吨）	福建仓库/（元/吨）	湖南仓库/（元/吨）	四川仓库/（元/吨）	江西仓库/（元/吨）	产能/吨	单位生产费用/（元/吨）
广州工厂	100	144	160	190	160	3000	1200
长沙工厂	164	160	120	168	140	4000	1100
南昌工厂	176	130	148	160	120	3400	1050
成都工厂	200	300	172	110	180	4000	1000
需求量/吨	3500	2000	2600	3300	2200	—	—

我们把例题4.2中的生产与物流运输规划问题描述成一般形式：假设有 m 个工厂，用 $i=1,2,\cdots,m$ 表示，工厂 i 的最大产能为 S_i，单位生产费用是 p_i，产品运往 n 个市场，用 $j=1,2,\cdots,n$ 表示，市场 j 的需求量为 D_j，工厂 i 到市场 j 的单位运费为 c_{ij}。需要做的决策是确定工厂的产量及其到市场的最佳运输方案，使生产和运输的总费用最少。

生产与物流运输规划问题的数学模型与模型（4.1）～模型（4.4）非常相似，只是目标函数多了一项生产费用，具体如下：

$$\min \sum_{i=1}^{m} p_i \cdot \sum_{j=1}^{n} x_{ij} + \sum_{i=1}^{m}\sum_{j=1}^{n} c_{ij} \cdot x_{ij} \tag{4.5}$$

s.t.

$$\sum_{j=1}^{n} x_{ij} \leqslant S_i,\ i = 1, 2, \cdots, m \tag{4.6}$$

$$\sum_{i=1}^{m} x_{ij} = D_j,\ j = 1, 2, \cdots, n \tag{4.7}$$

$$x_{ij} \geqslant 0,\ i = 1, 2, \cdots, m,\ j = 1, 2, \cdots, n \tag{4.8}$$

在该优化模型中，目标函数（4.5）是要使得生产费用和物流运输费用的总和最少，其余约束条件与例题4.1的决策模型相同。

例题4.1和例题4.2代表的是两类简单的生产与物流运输规划问题，除此之外，这类问题还可以在物流网络的层级数量、产品个数、计划的时间周期数等方面有所不同。我们在 4.3 节考虑。

4.3 生产与物流运输规划问题的拓展模型

对应不同级数的物流网络结构，我们把生产与物流运输规划问题拓展到二级网络和多级网络的情形，同时，还可以拓展到多产品和多周期的情形。

4.3.1 二级网络的生产与物流运输规划问题模型

重新考虑第3章中例题3.2轮胎公司的问题，假设公司的物流网络已经规划完成，设置了三个仓库。现需要对每个月的生产及运输进行决策，先考虑单周期决策问题，具体如下。

例题 4.3 某公司生产汽车轮胎，公司在国内有 2 个工厂：工厂 1 和工厂 2，工厂的单位生产费用和产能如表4.5后两列所示。公司在国内设置了 3 个仓库，为 9 个汽车制造厂（客户）服务。工厂至各个仓库的单位运费及仓库的单位装卸费用和最大吞吐量（入库量与出库量之和）如表4.5所示。这 9 个客户的需求相对稳定，月需求如表4.6所示。假设不考虑其他费用，公司应制订怎样的生产和运输计划，可使得总费用（包括生产费用、运输费用和仓库的装卸费用）最少？

表 4.5 轮胎公司工厂生产费用及工厂至仓库运输费用数据表

项目	仓库 1	仓库 2	仓库 3	生产费用/（元/件）	产能/（件/月）
工厂 1/（元/件）	150	180	230	600	6 700
工厂 2/（元/件）	200	200	160	620	6 700
单位装卸费用/（元/件）	12.0	12.5	13.0		
最大吞吐量/（件/月）	10 000	10 000	10 000		

表 4.6 轮胎公司仓库至客户运输费用及客户需求数据表

项目	客户 1	客户 2	客户 3	客户 4	客户 5	客户 6	客户 7	客户 8	客户 9
仓库 1/（元/件）	60	50	70	55	65	80	70	90	50
仓库 2/（元/件）	50	70	55	60	50	90	80	80	75
仓库 3/（元/件）	50	60	70	60	70	70	50	60	85
需求量/（件/月）	1250	1250	850	1650	1250	1250	1650	1650	850

这是一个二级网络的生产与物流运输问题，如图4.2所示，我们把该问题描述成一般形式：假设有 m 个工厂，用 $i=1,2,\cdots,m$ 表示，工厂 i 的最大产能为 S_i，单位生产费用为 p_i；产品满足 K 个客户，用 $k=1,2,\cdots,K$ 表示，客户 k 的（月）需求量为 D_k，$k=1,2,\cdots,K$。公司有 n 个仓库，用 $j=1,2,\cdots,n$ 表示，仓库 j 的最大吞吐量（入库量与出库量之和）为 Q_j，出、入库的单位装卸费用为 h_j。工厂 i 到仓库 j 的单位运费为 c_{ij}，仓库 j 到客户 k 的单位运费为 e_{jk}。要制订生产与物流运输计划，以使总费用（包括生产费用、运输费用和仓库的装卸费用）最少。

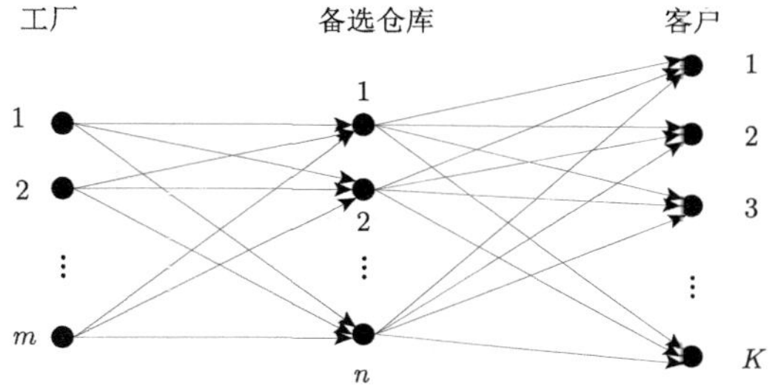

图 4.2 二级物流网络设计模型

定义决策变量如下。

x_{ij} 为从工厂 i 到仓库 j 的运输量，$i=1,2,\cdots,m$，$j=1,2,\cdots,n$。

y_{jk} 为从到仓库 j 到客户 k 的运输量，$j=1,2,\cdots,n$，$k=1,2,\cdots,K$。

该问题的决策模型如下：

$$\min\sum_{i=1}^{m}p_i\cdot\sum_{j=1}^{n}x_{ij}+\sum_{i=1}^{m}\sum_{j=1}^{n}c_{ij}\cdot x_{ij}+\sum_{j=1}^{n}\sum_{k=1}^{K}e_{jk}\cdot y_{jk}$$

$$+\sum_{j=1}^{n}h_j\cdot\sum_{i=1}^{m}x_{ij}+\sum_{j=1}^{n}h_j\cdot\sum_{k=1}^{K}y_{jk} \tag{4.9}$$

s.t.

$$\sum_{j=1}^{n}x_{ij}\leqslant S_i,\ i=1,2,\cdots,m \tag{4.10}$$

$$\sum_{j=1}^{n}y_{jk}=D_k,\ k=1,2,\cdots,K \tag{4.11}$$

$$\sum_{i=1}^{m} x_{ij} + \sum_{k=1}^{K} y_{jk} \leqslant Q_j,\ j=1,2,\cdots,n \tag{4.12}$$

$$\sum_{i=1}^{m} x_{ij} - \sum_{k=1}^{K} y_{jk} = 0,\ j=1,2,\cdots,n \tag{4.13}$$

$$x_{ij} \geqslant 0,\ y_{jk} \geqslant 0,\ i=1,2,\cdots,m,\ j=1,2,\cdots,n,\ k=1,2,\cdots,K \tag{4.14}$$

模型中，目标函数（4.9）是总费用的表达式，包括生产费用、运输费用和仓库装卸费用。约束条件（4.10 ）是产能约束。约束条件（4.11）是需求约束，表示每个客户的需求都要满足。约束条件（4.12）是仓库吞吐量约束。约束条件（4.13）是仓库的出入库均衡约束，即在规划期内，各个仓库入库量与出库量应相等。

分析：根据模型（4.9）～模型（4.14），代入表4.5和表4.6的数据，可求得最佳方案是工厂 1 生产 5000 件、工厂 2 生产 6650 件，对应的总费用为 10 766 500 元，其中生产费用为 7 123 000 元，运输费用为 3 349 750 元，仓库装卸费用为 293 750 元。工厂到仓库以及仓库到客户的运输方案如表4.7和表4.8所示。

表 4.7　轮胎公司工厂产量及工厂至仓库运输量（单位：件）

工厂	仓库 1	仓库 2	仓库 3	年产量
工厂 1	0	0	5000	5000
工厂 2	2500	4150	0	6650

表 4.8　轮胎公司仓库至客户运输量（单位：件）

仓库	客户 1	客户 2	客户 3	客户 4	客户 5	客户 6	客户 7	客户 8	客户 9
仓库 1	850	0	0	0	0	0	0	1650	0
仓库 2	0	1250	0	0	0	1250	1650	0	0
仓库 3	400	0	850	1650	1250	0	0	0	850

生产与物流运输规划问题是企业运营层面的问题，有时需要考虑多个决策周期。我们仍以例题4.3描述的轮胎公司为例，对多周期情形下的问题和决策模型进行描述。

例题 4.4　重新考虑例题4.3轮胎公司的决策问题，公司现需制订未来 6 个月的生产和运输计划。假设公司通过预测已获得未来 6 个月各个客户的需求量，其中 3 月、4 月、5 月为需求旺季，需求量比其他月份更高，具体如表4.9所示。决策期初，公司 3 个仓库的初始库存均为 3000 件，要求决策期的 6 个月内，每个仓库每个月的期末库存都不少于 3000 件（可视为安全库存量）。决策期内，各仓库每个月的库存量可以超过 3000 件，但库存产品会带来库存费用（包括仓库租金、保管费用和资金成本等），假设 3 个仓库每件产品每月的库存费用分别为 50 元、40 元、45 元。公司应制订怎样的生产和运输计划，可使得满足未来 6 个月需求的情况下，总费用（包括生产费用、运输费用、库存费用和装卸费用）最少？

对于这个多周期的二级网络生产运输问题，我们把该问题描述成一般形式：假设有 m 个工厂，用 $i=1,2,\cdots,m$ 表示，工厂 i 的最大产能为 S_i，单位生产费用为 p_i；产品满足 K 个客户，用 $k=1,2,\cdots,K$ 表示；决策周期为 T 个周期（月），用 $t=1,2,\cdots,T$ 表示；客户 k 在第 t 个周期（月）的需求量为 D_{kt}，$k=1,2,\cdots,K$，$t=1,2,\cdots,T$。公司有 n 个仓库，用 $j=1,2,\cdots,n$ 表示，仓库 j 在每个周期的最大吞吐量（入库量与出库量之和）为 Q_j，出、入库的单位装卸费用为 h_j，产品在仓库 j 的单位库存费用为 r_j。工厂 i 到仓库 j 的单位运费为 c_{ij}，仓库 j 到客户 k 的单位运费为 e_{jk}。要制订 T 个周期的生产与物流运输计划，以使总费用（包括生产费用、运输费用、库存费用和装卸费用）最少。

表 4.9　轮胎公司客户需求数据表（单位：件）

月份	客户 1	客户 2	客户 3	客户 4	客户 5	客户 6	客户 7	客户 8	客户 9
1 月	1200	1100	800	1500	1000	1100	1300	1200	800
2 月	1200	1200	800	1600	1200	1200	1500	1500	800
3 月	1500	1600	1200	2000	1500	1500	2100	1800	1100
4 月	1800	2000	1400	2200	1500	1800	2500	2000	1400
5 月	1600	1600	1200	1800	1500	1500	2000	1800	1200
6 月	1100	1200	800	1600	1200	1200	1500	1500	800

定义决策变量如下。

x_{ijt} 为第 t 期从工厂 i 到仓库 j 的运输量，$i=1,2,\cdots,m$，$j=1,2,\cdots,n$，$t=1,2,\cdots,T$。

y_{jkt} 为第 t 期从到仓库 j 到客户 k 的运输量，$j=1,2,\cdots,n$，$k=1,2,\cdots,K$，$t=1,2,\cdots,T$。

z_{jt} 为第 t 期仓库 j 的期末库存量，$j=1,2,\cdots,n$，$t=1,2,\cdots,T$。

该问题的决策模型如下：

$$\min\sum_{t=1}^{T}\sum_{i=1}^{m}p_i\cdot\sum_{j=1}^{n}x_{ijt}+\sum_{t=1}^{T}\sum_{i=1}^{m}\sum_{j=1}^{n}c_{ij}\cdot x_{ijt}+\sum_{j=1}^{n}\sum_{k=1}^{K}e_{jk}\cdot y_{jkt}+\sum_{t=1}^{T}\sum_{j=1}^{n}r_j\cdot z_{jt}$$
$$+\sum_{t=1}^{T}\sum_{j=1}^{n}h_j\cdot\sum_{i=1}^{m}x_{ijt}+\sum_{t=1}^{T}\sum_{j=1}^{n}h_j\cdot\sum_{k=1}^{K}y_{jkt}\tag{4.15}$$

s.t.

$$\sum_{j=1}^{n}x_{ijt}\leqslant S_i,\ \ i=1,2,\cdots,m,\ \ t=1,2,\cdots,T\tag{4.16}$$

$$\sum_{j=1}^{n}y_{jkt}=D_{kt},\ \ k=1,2,\cdots,K,\ \ t=1,2,\cdots,T\tag{4.17}$$

$$\sum_{i=1}^{m}x_{ijt}+\sum_{k=1}^{K}y_{jkt}\leqslant Q_j,\ \ j=1,2,\cdots,n,\ \ t=1,2,\cdots,T\tag{4.18}$$

$$\sum_{i=1}^{m}x_{ijt}+z_{j-1,t}-\sum_{k=1}^{K}y_{jkt}=z_{jt},\ \ j=1,2,\cdots,n,\ \ t=1,2,\cdots,T\tag{4.19}$$

$$x_{ijt} \geqslant 0,\ y_{jkt} \geqslant 0,\ z_{jt} \geqslant 0,\ i=1,2,\cdots,m,\ j=1,2,\cdots,n,\ k=1,2,\cdots,K,$$
$$t=1,2,\cdots,T \tag{4.20}$$

模型中，目标函数（4.15）是总费用的表达式，包括生产费用、运输费用、库存费用和装卸费用。约束条件（4.16 ）是产能约束。约束条件（4.17）是需求约束，表示每个客户的需求都要满足。约束条件（4.18）是仓库吞吐量约束。约束条件（4.19）是仓库的出入库均衡约束，即在规划期内，每一周期的入库量加上周期的期末库存再减去这一周期的出库量，就是这一周期的期末库存。需要注意的是，这里 z_{j0} 表示仓库 j 的初始库存量，是参数，不是决策变量。

分析：根据模型（4.15）～模型（4.20），代入表4.5、表4.6和表4.9的数据，可求得每个周期最佳生产量和运输方案，对应的总费用为 68 596 200 元，其中生产费用 46 936 000 元，运输费用 16 793 000 元，装卸费用 1 924 200 元，库存费用 2 943 000 元。工厂各个月产量及仓库出、入库量和库存量如表4.10和表4.11所示。

表 4.10　决策期内各个月工厂产量（单位：件）

工厂	1 月	2 月	3 月	4 月	5 月	6 月	总量
工厂 1	6 700	6 700	6 700	6 700	6 700	6 700	40 200
工厂 2	5 800	6 700	6 700	6 700	6 700	4 200	36 800

表 4.11　决策期内各个月仓库的库存量和出、入库量及吞吐量（单位：件）

月份	仓库 1				仓库 2				仓库 3			
	库存量	入库量	出库量	吞吐量	库存量	入库量	出库量	吞吐量	库存量	入库量	出库量	吞吐量
1 月	3 000	5 000	5 000	10 000	5 100	2 300	200	2 500	3 400	5 200	4 800	10 000
2 月	3 000	5 000	5 000	10 000	5 500	2 400	2 000	4 400	5 400	6 000	4 000	10 000
3 月	3 000	5 000	5 000	10 000	4 800	3 500	4 200	7 700	5 200	4 900	5 100	10 000
4 月	3 000	5 000	5 000	10 000	3 800	4 500	5 500	10 000	3 000	3 900	6 100	10 000
5 月	3 000	5 000	5 000	10 000	3 000	3 400	4 200	7 600	3 000	5 000	5 000	10 000
6 月	3 000	5 000	5 000	10 000	3 000	1 700	1 700	3 400	3 000	4 200	4 200	8 400

4.3.2　多级网络的生产与物流运输规划问题模型

本节考虑4.1节引例中 D 公司生产与物流运输规划问题的模型，这是一个多级网络、多周期的生产与物流运输规划问题。我们对该问题的一般性模型进行描述。假设有 m 个工厂，用符号 i 表示，$i=1,2,\cdots,m$；有 n 个中央仓库，用符号 j 表示，$j=1,2,\cdots,n$；有 K 个区域仓库，用符号 k 表示，$k=1,2,\cdots,K$；有 L 个销售点，用符号 l 表示，$l=1,2,\cdots,L$。对于每个工厂，决策时需要考虑生产费用和产能的限制。工厂的生产费用由固定费用和可变费用组成，固定费用是固定发生的，与我们要做的决策无关，因此可以不考虑。可变费用为单位重量产品的生产费用，我们用 p_i 表示工厂 i 生产单位产品的可变生产费用，单位为元/吨。为简单起见，我们假定 p_i 为一个固定值，与工厂的产量无关。在4.4节我们再讨论单位产品的生产费用与总产量相关的情况。每个工厂的产能，除了有上限限制外，通常也会有下限的要求。我们分别用 S_i 和 $\hat{S}_i$ 表示工厂 i 每月的最低产量要求与最高产能限制，$i=1,2,\cdots,m$。

与仓库库存相关的费用包括仓租费用、装卸费用、耗材费用、办公费用、客户服务费用等。这些费用可以归为固定费用（仓储设备、办公费用、客户服务费等）和变动费用（仓租费用、装卸费用等）。固定费用是指作为仓库的固有费用，与仓库吞吐量无关的费用，而变动费用与仓库吞吐量相关。由于不涉及选址决策，因此，所有仓库的固定费用之和只是一个常量，与生存与运输计划无关，在模型中不必考虑。变动费用分为装卸费用和库存费用，统一以吨为单位。分别用 h_j 和 $\hat{h}_k$ 表示中央仓库 j 与区域仓库 k 的单位装卸费用，$j=1,2,\cdots,n$，$k=1,2,\cdots,K$。库存费用的计算比较复杂，因为仓库的存储量每天都在变化。为简化起见，我们根据月末的库存量计算当月的库存费用。分别用 r_j 和 $\hat{r}_k$ 表示中央仓库 j 与区域仓库 k 每吨每月的库存费用，$j=1,2,\cdots,n$，$k=1,2,\cdots,K$。需要说明的是，这里的单位库存费用可以包括单位产品每月占用的仓库租金及储存保管费用，也可以包括单位产品本身占用资金所带来的资金成本。我们假定各个仓库每月的吞吐量没有上限，但仓库的存储空间有限。分别用 Q_j 和 $\hat{Q}_k$ 表示中央仓库 j 与区域仓库 k 月末库存的最大存储量。另外，假定每个仓库有安全库存量（最低库存量）的要求，用 W_j 和 $\hat{W}_k$ 分别表示中央仓库 j 与区域仓库 k 在每个月末的安全库存量。另外，我们假定计划初，每个仓库的初始库存量为安全库存量。

运输费用包括工厂到中央仓库、中央仓库到区域仓库、区域仓库到销售点的运费三部分。虽然运输方式可能不同，我们假定都可以换算成单位重量的运费，即元/吨。我们用 c_{ij} 表示从工厂 i 到中央仓库 j 的单位运输费用，用 $\bar{c}_{jk}$ 表示从中央仓库 j 到区域仓库 k 的单位运输费用，用 $\hat{c}_{kl}$ 表示从区域仓库 k 配送到销售点 l 的单位运输费用。

企业的销售客户可能遍布中国，我们可以以地级市或区县为单位合并成模型的销售点。以 D 公司为例，以地级市为单位，共有 437 个销售点，每个销售点负责周边一定数量的客户。假设计划周期为 T 个月，用 $t=1,2,\cdots,T$ 表示，用 D_{lt} 表示销售点 l 的所有客户在规划期第 t 个月的需求量。

在这个决策问题中，我们需要做的决策包括哪一些备选仓库被选中，以及从工厂到中央仓库、中央仓库到区域仓库、区域仓库到销售点的运输量。仓库是否被选中是一个是和否的决策，我们用 0-1 变量表示，运输量是连续变量，取非负值。定义模型的决策参数和决策变量如下。

决策参数如下。

p_i 为工厂 i 的单位生产费用（元/吨），$i=1,2,\cdots,m$。

S_i 为工厂 i 的最低产量（吨），$i=1,2,\cdots,m$。

$\acute{S}_i$ 为工厂 i 的最大产能（吨），$i=1,2,\cdots,m$。

h_j 为中央仓库 j 的单位装卸费用（元/吨），$j=1,2,\cdots,n$。

$\hat{h}_k$ 为区域仓库 k 的单位装卸费用（元/吨），$k=1,2,\cdots,K$。

r_j 为中央仓库 j 的单位库存费用（元/吨），$j=1,2,\cdots,n$。

$\hat{r}_k$ 为区域仓库 k 的单位库存费用（元/吨），$k=1,2,\cdots,K$。

Q_j 为中央仓库 j 的最大存储量（吨），$j=1,2,\cdots,n$。

$\hat{Q}_k$ 为区域仓库 k 的最大存储量（吨），$k=1,2,\cdots,K$。

W_j 为中央仓库 j 的安全库存量（吨），$j=1,2,\cdots,n$。

$\hat{W}_k$ 为区域仓库 k 的安全库存量（吨），$k=1,2,\cdots,K$。

c_{ij} 为从工厂 i 到中央仓库 j 的单位运输费用（元/吨），$i=1,2,\cdots,m$，$j=1,2,\cdots,n$。

$\bar{c}_{jk}$ 为从中央仓库 j 到区域仓库 k 的单位运输费用（元/吨），$j=1,2,\cdots,n$，$k=1,2,\cdots,K$。

$\hat{c}_{kl}$ 为从区域仓库 k 到销售点 l 的单位运输费用（元/吨），$k=1,2,\cdots,K$，$l=1,2,\cdots,L$。

D_{lt} 为销售点 l 在规划期第 t 个月的需求量（吨），$l=1,2,\cdots,L$，$t=1,2,\cdots,T$。

决策变量如下。

x_{ijt} 为在第 t 个月从工厂 i 到中央仓库 j 的运输量（吨），$i=1,2,\cdots,m$，$j=1,2,\cdots,n$，$t=1,2,\cdots,T$。

$\bar{x}_{jkt}$ 为在第 t 个月从中央仓库 j 到区域仓库 k 的运输量（吨），$j=1,2,\cdots,n$，$k=1,2,\cdots,K$，$t=1,2,\cdots,T$。

$\hat{x}_{klt}$ 为在第 t 个月从区域仓库 k 到销售点 l 的运输量（吨），$k=1,2,\cdots,K$，$l=1,2,\cdots,L$，$t=1,2,\cdots,T$。

辅助变量如下。

y_{jt} 为中央仓库 j 在第 t 个月末的库存量（吨），$j=1,2,\cdots,n$，$t=1,2,\cdots,T$。

$\hat{y}_{kt}$ 为区域仓库 k 在第 t 个月末的库存量（吨），$k=1,2,\cdots,K$，$t=1,2,\cdots,T$。

我们用决策参数和决策变量来构建线性规划决策模型。目标函数为总费用，包括生产费用、运输费用和仓储相关费用，具体表达式如下：

$$\begin{aligned}\min & \sum_{i=1}^{m}\sum_{j=1}^{n}\sum_{t=1}^{T} p_i \cdot x_{ijt}+\sum_{i=1}^{m}\sum_{j=1}^{n}\sum_{t=1}^{T} c_{ij} \cdot x_{ijt}+\sum_{j=1}^{n}\sum_{k=1}^{K}\sum_{t=1}^{T} \bar{c}_{jk} \cdot \bar{x}_{jkt}+\sum_{k=1}^{K}\sum_{l=1}^{L}\sum_{t=1}^{T} \hat{c}_{kl} \cdot \hat{x}_{klt} \\ & +\sum_{j=1}^{n} h_j \cdot \sum_{t=1}^{T}\left(\sum_{i=1}^{m} x_{ijt}+\sum_{k=1}^{K} \bar{x}_{jkt}\right)+\sum_{k=1}^{K} \hat{h}_k \cdot \sum_{t=1}^{T}\left(\sum_{j=1}^{n} \bar{x}_{jkt}+\sum_{l=1}^{L} \hat{x}_{klt}\right) \\ & +\sum_{j=1}^{n} r_j \sum_{t=1}^{T} y_{jt}+\sum_{k=1}^{K} \hat{r}_k \sum_{t=1}^{T} \hat{y}_{kt}\end{aligned} \tag{4.21}$$

上述目标函数表达式（4.21）中，第 1 项为工厂生产费用，第 2 项为工厂到中央仓库的运输费用，第 3 项为中央仓库到区域仓库的运输费用，第 4 项为区域仓库到销售点的运输费用，第 5 项和第 6 项分别为中央仓库与区域仓库的装卸费用，第 7 项和第 8 项分别为中央仓库与区域仓库的库存费用。

模型的约束条件如下。

（1）工厂产量产能约束。每个工厂有最低产量和最大产能约束，表达式如下：

$$S_i \leqslant \sum_{j=1}^{n} x_{ijt} \leqslant \hat{S}_i,\ i=1,2,\cdots,m,\ t=1,2,\cdots,T \tag{4.22}$$

（2）仓库出入库量平衡约束，表达式如下：

$$y_{j,t-1}+\sum_{i=1}^{m} x_{ijt}-\sum_{k=1}^{K} \bar{x}_{jkt}=y_{jt},\ j=1,2,\cdots,n,\ t=1,2,\cdots,T \tag{4.23}$$

$$\hat{y}_{k,t-1}+\sum_{j=1}^{n} \bar{x}_{jkt}-\sum_{l=1}^{L} \hat{x}_{klt}=\hat{y}_{kt},\ k=1,2,\cdots,K,\ t=1,2,\cdots,T \tag{4.24}$$

这里 $y_{j,0}$ 和 $\hat{y}_{k,0}$ 为对应仓库的初始库存，即 W_j 和 $\hat{W}_k$。

（3）仓库最大存储量及安全库存量约束，表达式如下：

$$W_j \leqslant y_{jt} \leqslant Q_j，\ j = 1,2,\cdots,n，\ t = 1,2,\cdots,T \tag{4.25}$$

$$\hat{W}_k \leqslant \hat{y}_{kt} \leqslant \hat{Q}_k，\ k = 1,2,\cdots,K，\ t = 1,2,\cdots,T \tag{4.26}$$

（4）销售点的需求约束，即每个销售点的需求量要得到满足，表达式如下：

$$\sum_{k=1}^{K} \hat{x}_{klt} = D_{lt}，\ l = 1,2,\cdots,L，\ t = 1,2,\cdots,T \tag{4.27}$$

（5）变量的非负约束。

$$x_{ijt} \geqslant 0，\ \bar{x}_{jkt} \geqslant 0，\ \hat{x}_{klt} \geqslant 0，\ y_{jt} \geqslant 0，\ \hat{y}_{kt} \geqslant 0 \tag{4.28}$$

综合起来，生产与物流运输规划问题的一般线性规划模型如下：

$$\min \sum_{i=1}^{m}\sum_{j=1}^{n}\sum_{t=1}^{T} p_i \cdot x_{ijt} + \sum_{i=1}^{m}\sum_{j=1}^{n}\sum_{t=1}^{T} c_{ij} \cdot x_{ijt} + \sum_{j=1}^{n}\sum_{k=1}^{K}\sum_{t=1}^{T} \bar{c}_{jk} \cdot \bar{x}_{jkt} + \sum_{k=1}^{K}\sum_{l=1}^{L}\sum_{t=1}^{T} \hat{c}_{kl} \cdot \hat{x}_{klt}$$
$$+ \sum_{j=1}^{n} h_j \cdot \sum_{t=1}^{T}\left(\sum_{i=1}^{m} x_{ijt} + \sum_{k=1}^{K} \bar{x}_{jkt}\right) + \sum_{k=1}^{K} \hat{h}_k \cdot \sum_{t=1}^{T}\left(\sum_{j=1}^{n} \bar{x}_{jkt} + \sum_{l=1}^{L} \hat{x}_{klt}\right)$$
$$+ \sum_{j=1}^{n} r_j \sum_{t=1}^{T} y_{jt} + \sum_{k=1}^{K} \hat{r}_k \sum_{t=1}^{T} \hat{y}_{kt}$$

$$S_i \leqslant \sum_{j=1}^{n} x_{ijt} \leqslant \hat{S}_i，\ i = 1,2,\cdots,m，\ t = 1,2,\cdots,T$$

$$y_{j,t-1} + \sum_{i=1}^{m} x_{ijt} - \sum_{k=1}^{K} \bar{x}_{jkt} = y_{jt}，\ j = 1,2,\cdots,n，\ t = 1,2,\cdots,T$$

$$\hat{y}_{k,t-1} + \sum_{j=1}^{n} \bar{x}_{jkt} - \sum_{l=1}^{L} \hat{x}_{klt} = \hat{y}_{kt}，\ k = 1,2,\cdots,K，\ t = 1,2,\cdots,T$$

$$W_j \leqslant y_{jt} \leqslant Q_j，\ j = 1,2,\cdots,n，\ t = 1,2,\cdots,T$$

$$\hat{W}_k \leqslant \hat{y}_{kt} \leqslant \hat{Q}_k，\ k = 1,2,\cdots,K，\ t = 1,2,\cdots,T$$

$$\sum_{k=1}^{K} \hat{x}_{klt} = D_{lt}，\ l = 1,2,\cdots,L，\ t = 1,2,\cdots,T$$

$$x_{ijt} \geqslant 0，\ \bar{x}_{jkt} \geqslant 0，\ \hat{x}_{klt} \geqslant 0，\ y_{jt} \geqslant 0，\ \hat{y}_{kt} \geqslant 0$$

4.4　生产与物流运输规划问题的模型拓展

在4.2节和4.3节中，单位生产费用是一个常数，与生产量没有关系。然而，在有些情况下，工厂的单位生产费用会随着产量而变化，通常来说，由于规模效应，产量越大，单位生产费用越低。本节我们讨论生产费用与产量相关情形下的决策模型。考虑下面的例子。

例题 4.5　S 公司是一家中档鞋生产公司，有四个工厂，记为工厂 1、工厂 2、工厂 3、工厂 4，产品主要销往五个市场，记为市场 1、市场 2、市场 3、市场 4、市场 5。工厂的生产费用与产量相关，简化为产量少于 30 000 双和达到 30 000 双两种情形，具体数据如表4.12所示。S 公司管理层需要确定最佳的产量计划和运输计划，以使总费用（包括生产费用和运输费用）最低。

表 4.12　S 公司工厂生产费用及运输费用数据

项目	市场 1	市场 2	市场 3	市场 4	市场 5	产能/双	单位生产费用（元/双）	
							产量 <30 000	产量 ⩾30 000
工厂 1/（元/双）	8.4	7.2	8.2	7.8	10.0	40 000	45	43
工厂 2/（元/双）	9.2	7.4	6.0	8.4	8.6	40 000	53	50
工厂 3/（元/双）	8.8	6.0	7.4	7.6	9.0	40 000	54	49
工厂 4/（元/双）	9.6	9.0	8.6	9.2	5.4	40 000	52	51
需求量/双	20 000	25 000	26 000	24 000	22 000			

沿用4.2节的符号，定义如下。

S_i 为工厂 i 的产能，$i=1,2,\cdots,4$。

D_j 为市场 j 的需求量，$j=1,2,\cdots,5$。

p_{i1} 为产量少于 30 000 双时工厂 i 的单位生产费用，$i=1,2,\cdots,4$。

p_{i2} 为产量达到 30 000 双时工厂 i 的单位生产费用，$i=1,2,\cdots,4$。

c_{ij} 为工厂 i 到市场 j 的单位运输费用，$i=1,2,\cdots,4$，$j=1,2,\cdots,5$。

x_{ij} 为工厂 i 到市场 j 的运输量（决策变量），$i=1,2,\cdots,4$，$j=1,2,\cdots,5$。

y_{i1} 为若产量少于 30 000 双时工厂 i 的产量，$i=1,2,\cdots,4$。

y_{i2} 为若产量达到 30 000 双时工厂 i 的产量，$i=1,2,\cdots,4$。

z_i 为 0-1 变量，$z_i=1$ 表示工厂 i 的产量达到 30 000 双，否则为 0，$i=1,2,\cdots,4$。

这里，我们用定义了 y_{i1} 和 y_{i2} 分别表示工厂 i 少于 30 000 双时与达到 30 000 双时的产量，因此，我们要通过约束条件限制，使得 y_{i1} 和 y_{i2} 不会同时大于 0。若工厂 i 的产量少于 30 000 双，如产量为 25 000 双，则 $y_{i1}=25\ 000$，$y_{i2}=0$；如工厂 i 的产量达到 30 000 双，如产量为 35 000 双，则 $y_{i1}=0$，$y_{i2}=35\ 000$。当然，我们需要在模型中通过约束条件使之成立。该生产与物流运输规划问题的线性规划模型如下：

$$\min\sum_{i=1}^{4}(p_{i1}\cdot y_{i1}+p_{i2}\cdot y_{i2})+\sum_{i=1}^{4}\sum_{j=1}^{5}c_{ij}\cdot x_{ij} \tag{4.29}$$

s.t.

$$\sum_{j=1}^{5}x_{ij}=y_{i1}+y_{i2},\ \ i=1,2,\cdots,4 \tag{4.30}$$

$$y_{i1} + y_{i2} \leqslant S_i, \ i = 1, 2, \cdots, 4 \tag{4.31}$$

$$\sum_{i=1}^{4} x_{ij} = D_j, \ j = 1, 2, \cdots, 5 \tag{4.32}$$

$$30\,000 \cdot z_i \leqslant y_{i2} \leqslant 40\,000 \cdot z_i, \ i = 1, 2, \cdots, 4 \tag{4.33}$$

$$x_{ij} \geqslant 0, \ y_{i1} \geqslant 0, \ y_{i2} \geqslant 0, \ z_i \in \{0, 1\}, \ i = 1, 2, \cdots, 4, \ j = 1, 2, \cdots, 5 \tag{4.34}$$

在该优化模型中，目标函数（4.29）是要使得生产费用和运输费用的总和最少，约束（4.30）使得每个工厂的产量与运出量相等，约束（4.31）是产能约束，约束（4.32）是需求约束，约束（4.33）使得 y_{i2} 的值要么大于等于 30 000，要么为 0，约束（4.34）是非负约束。

4.5　D 公司生产与物流运输规划案例求解

在本节我们讨论如何应用模型（4.29）～模型（4.36）求解引例中 D 公司的生产与物流运输规划问题，详细数据和 Excel 求解文件可发邮件向作者索取。

4.5.1　数据收集

为了科学地解决这个物流网络设计问题，需要收集一些必要的数据。我们分产品、工厂、中央仓库、区域仓库、销售点几个方面来分析。D 公司产品可以根据饮料的口味、包装规格以及包装类型分为 12 个 SKU，具体如表3.8所示。由于在物流运输中，饮料属于重货，按运输重量计算费用，因此，在本规划中，需将产品生产和产品需求统一以吨为单位。

D 公司有三个工厂，我们用编号 F01、F02、F03 来表示。每个工厂都可以生产全部种类的 SKU 产品。广东工厂（F01）是 D 公司最大的工厂，共有三条生产线，每月最高产能为 7500 吨，最低产量为产能的 40%，即 3000 吨/月。工厂的生产费用分两部分：固定费用和变动费用。固定费用包括一些固定费用和设备折旧费等，与工厂的生产量无关；变动费用包括人工成本、材料成本、加工成本等。由于固定费用与决策无关，在本规划中无须考虑，在此忽略。三个工厂的单位生产成本及产能数据如表4.1所示。

D 公司有 5 个中央仓库和 20 个区域仓库。这 5 个中央仓库除了可以将货物转储到其他区域仓库外，同时也具备区域仓库的功能，负责附近销售点的配送，另外 15 个区域仓库只具有配送功能。中央仓库的装卸费用低于区域仓库的装卸费用。仓库相关的费用包括仓租费用、装卸费用、耗材费用、办公费用、客户服务费用等。这些费用可以归为固定费用（办公费用、客户服务费用等）和变动费用（仓租费用、装卸费用等）。类似地，由于固定费用与决策无关，在本规划中无须考虑，在此忽略。变动费用与周转量相关，我们统一以吨为单位，核算出单位变动费用，具体见表 4.2，其中仓租费用以月为单位。每个仓库有安全库存量的要求，要求每月末的剩余库存量不能低于规定的安全库存量。我们假设计划期初的初始库存量刚好为安全库存量。另外，每个仓库有最大吞吐量的限制。D 公司仓库相关数据具体如表4.2所示。

运输费用包括工厂到中央仓库、中央仓库到区域仓库、区域仓库到销售点的运输费用三部分。这部分数据较多，表4.13列举了一部分。

表 4.13 D 公司干线运输费用样表

起点编号	起点名称	终点编号	终点名称	距离/公里	运费/（元/吨）
F01	广东工厂	A01	北京仓 A	2231	1839
F01	广东工厂	A02	上海仓 A	1530	1218
F01	广东工厂	A03	广州仓 A	97	116
F01	广东工厂	A04	武汉仓 A	1097	1158
F01	广东工厂	A05	西安仓 A	1760	1556
F02	辽宁工厂	A01	北京仓 A	623	723
F02	辽宁工厂	A02	上海仓 A	1260	1256
F02	辽宁工厂	A03	广州仓 A	2761	2157
F02	辽宁工厂	A04	武汉仓 A	1745	1547
F02	辽宁工厂	A05	西安仓 A	1668	1501
F03	四川工厂	A01	北京仓 A	1825	1595
F03	四川工厂	A02	上海仓 A	1936	1662
F03	四川工厂	A03	广州仓 A	1550	1430
F03	四川工厂	A04	武汉仓 A	1151	1191
F03	四川工厂	A05	西安仓 A	772	872
⋮	⋮	⋮	⋮	⋮	⋮

D 公司的销售遍布中国，以地级市为单位，共 437 个销售点。本规划以 6 个月（半年）为周期，这些销售点的编号及未来 6 个月的需求如表 4.14所示。这里每个销售点的需求没有按 SKU 区分，而是根据总量合并的。

表 4.14 D 公司销售点需求量数据样表

销售点编号	销售点位置	需求量/吨					
		1 月	2 月	3 月	4 月	5 月	6 月
C001	安徽省安庆市	23.54	17.32	20.28	26.27	24.62	27.07
C002	安徽省蚌埠市	19.71	20.71	19.45	21.88	24.91	23.05
C003	安徽省亳州市	25.84	25.91	26.17	24.86	35.24	26.75
C004	安徽省池州市	13.82	13.08	13.09	17.19	15.85	14.03
C005	安徽省滁州市	29.00	23.46	25.17	27.61	32.40	23.19
C006	安徽省阜阳市	44.35	36.74	32.62	41.74	43.36	37.17
C007	安徽省合肥市	41.89	49.97	44.60	37.77	54.62	55.45
C008	安徽省淮北市	15.69	18.52	18.25	16.70	22.82	17.31
C009	安徽省淮南市	18.95	19.47	19.37	17.20	19.87	19.05
C010	安徽省黄山市	11.49	15.22	12.65	13.42	17.93	14.36
C011	安徽省六安市	31.52	34.68	30.65	31.82	40.12	38.65
C012	安徽省马鞍山市	20.51	18.06	21.81	18.04	19.05	21.77
C013	安徽省铜陵市	5.00	5.32	5.19	6.25	6.89	7.48
C014	安徽省芜湖市	16.93	18.97	18.74	16.42	23.16	19.97
⋮	⋮	⋮	⋮	⋮	⋮	⋮	⋮

4.5.2 结果分析

根据模型（4.21）～模型（4.28），我们可以利用线性规划的求解工具来求解。这里我们用 Excel OpenSolver 插件来求解，这里不详细描述 Excel 中模型构建过程。构建模型时用到 Excel 的 SUMIF 函数，该函数对范围中符合指定条件的值求和。此处构建模型时，可以用该函数对特定的节点的运入或运出量求和。模型如图4.3所示。

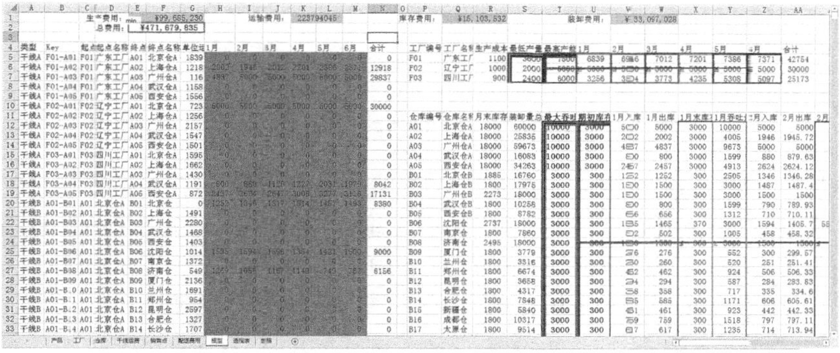

图 4.3　用 Excel OpenSolver 构建的 D 公司生产与物流运输规划求解模型

利用以上 Excel OpenSolver 求解工具，我们对模型进行求解，可以得到最优的生产及运输规划方案，总费用为 471 679 835 元，其中生产费用为 99 685 230 元，运输费用为 223 794 045 元，库存费用为 15 103 532 元，装卸费用为 133 097 028 元。

4.6 本章习题

1. 某工厂现在收到三种类似产品的订单，该工厂有三套设备可以以同样的生产率生产这些产品，然而由于每套设备生产产品的次品率不同，所以产品的单位成本不同。设备下个星期的生产能力以及单位生产成本如表4.15所示。问：公司应该如何安排生产，以使生产总费用最少。

表 4.15　产品订单量、设备生产能力及单位生产成本表

项目	产品 A	产品 B	产品 C	生产能力/件
设备 1/元	1.0	1.2	0.9	1500
设备 2/元	1.3	1.4	1.2	1500
设备 3/元	3.3	3.2	3.5	1000
订单量/件	2000	500	1200	—

2. 某化工企业在生产过程中需要使用一种化学原料，目前有 6 家企业供应的这种原料符合该化工企业的质量标准。这 6 家供应商都可以完全满足该化工企业的原料需求。但化工厂的管理者认为将采购量分散给不同的供应商会减轻公司对供应商的依赖。公司的这种政策导致管理者希望每个部门都有一个独立的供应商。目前该化工企业有 5 个生产部门，每个部门的需

求量、每个供应商的报价以及从不同供应商到不同部门的每单位原料的运输成本如表4.16所示。请帮助该化工厂制订最佳供应方案。

表 4.16 供应商原材料单价及供应商与各部门之间每罐原料的运输成本

项目	供应商 1	供应商 2	供应商 3	供应商 4	供应商 5	供应商 6	需求量/罐
部门 1/（元/罐）	2.75	2.50	3.15	2.80	2.75	2.75	400
部门 2/（元/罐）	0.80	0.20	5.40	1.20	3.40	1.00	450
部门 3/（元/罐）	4.70	2.60	5.30	2.80	6.00	5.60	500
部门 4/（元/罐）	2.60	1.80	4.40	2.40	5.00	2.80	350
部门 5/（元/罐）	3.40	0.40	5.00	1.20	2.60	3.60	450
原材料单价/元	12.60	14.00	10.20	14.20	12.00	13.00	

3. 顺泰是一家麦芽汁制造公司，麦芽汁是生产啤酒的主要原材料。公司目前有 2 间工厂，产品通过 3 个配送中心销往 9 个客户（啤酒制造商）。公司目前只采用公路运输模式，生产费用、公路运输成本和产能等数据如表4.17与表4.18所示，表中“—”表示运输是不被允许的。问：公司应该制订怎样的生产和运输方案，使满足需求的情况下总费用最少。

表 4.17 工厂生产费用及工厂至配送中心公路运输费用数据表

工厂	配送中心 1/（元/桶）	配送中心 2/（元/桶）	配送中心 3/（元/桶）	生产费用/（元/桶）	产能/桶
工厂 1	30	21	42	105	30 000
工厂 2	—	38	15	100	20 000

表 4.18 公司配送中心至客户运输费用及客户需求数据表

项目	客户 1	客户 2	客户 3	客户 4	客户 5	客户 6	客户 7	客户 8	客户 9
配送中心 1/（元/桶）	13	21	31	44	60	—	—	—	—
配送中心 2/（元/桶）	52	54	45	60	27	47	34	33	27
配送中心 3/（元/桶）	—	—	—	—	54	33	24	21	25
需求量/桶	6000	5000	2000	2000	6000	5000	3000	9000	5000

4. 重新考虑第 3 题顺泰公司的生产和运输方案问题，假设公司要求每个配送中心只能由一个工厂供应产品，同时每个客户也只能由一个配送中心供应。在这个要求下，公司应该制订怎样的生产和运输方案，使满足需求的情况下总费用最少？此时生产和运输费用会如何变化？

5. 重新考虑第 3 题顺泰公司的生产和运输方案问题，公司管理层认为如果工厂到配送中心之间部分线路采用铁路运输，会有机会降低物流成本。经联系，工厂到配送中心之间有 4 条可能的铁路运输路线，路线的运费报价如表4.19所示，若某路线采用铁路运输，则要求该路线的运量不少于 10 000 桶。在这种情形下，公司应该制订怎样的生产和运输方案，使满足需求的情况下总费用最少？此时生产和运输费用会如何变化？

表 4.19 工厂至配送中心之间铁路运输费用数据表（单位：元/桶）

工厂	配送中心 1	配送中心 2	配送中心 3
工厂 1	25	12	35
工厂 2	—	30	—

第 5 章　物流运输任务安排问题

本章内容：

1. F 公司物流运输任务安排问题案例。
2. 物流运输任务安排问题的基本概念。
3. 物流运输任务安排问题的决策模型。
4. F 公司物流运输任务安排问题案例求解。

5.1　引例：F 公司物流运输任务安排问题

F 公司是一家物流运输服务商，其主要业务为珠三角地区的短途运输。公司在珠三角地区设有 25 个服务网点，提供网点之间的运输服务。各个网点负责集货，公司每天有固定的运输任务安排，每天的任务相同。每个任务规定了具体的车型（吨位）、任务开始时间、始发地、途经地（若有）、目的地、任务完成时间，如表5.1所示。

表 5.1　任务数据样表

任务编号	线路	吨位	始发地	任务开始时间	途经地	目的地	任务完成时间
1	深圳口岸 → 深圳平湖	1.5T	深圳口岸	1:00	—	深圳平湖	3:00
2	广州口岸 → 广州西 → 广州东	1.5T	广州口岸	1:00	广州西	广州东	3:00
3	广州口岸 → 广州西	1.5T	广州口岸	2:00	—	广州西	3:00
4	广州口岸 → 广州西 → 南海 → 顺德	1.5T	广州口岸	2:00	广州西/南海	顺德	6:00
5	广州口岸 → 广州西 → 广州南	1.5T	广州口岸	4:00	广州西	广州南	6:45

这些任务需要 1.5T、3T、5T、8T 四种车型来满足。F 公司经核算，各种车型的固定成本及每公里成本如表5.2所示。各网点之间的运输距离和运输时间分别见 5.4 节。

表 5.2　车型费用数据表

车型	每公里成本/元	固定成本/（元/车 · 月）
1.5T	2.3	11 000
3T	2.9	14 000
5T	3.5	16 000
8T	4.1	18 000

为了合理报价，公司管理者希望用基于数据的分析方法，对运营成本进行分析，回答下面几个问题。

（1）假设不考虑行驶费用和固定费用，并且不考虑用大吨位的车型满足小吨位的需求，只考虑一天的任务需求，至少需要四种类型的车辆各多少辆？

（2）假设公司各种类型的车辆数充足，并且不考虑用大吨位的车型满足小吨位的需求，四种类型的车辆公司应该各配置多少辆？每月以 30 天计算，每月的总费用是多少？

（3）假设可以用大吨位的车型满足小吨位的需求，例如，5T 的车辆除了满足 5T 的任务外，也可以用来满足 1.5T 和 3T 的任务需求。这种情况下，四种类型的车辆应该各配置多少辆？每月以 30 天计算，每月的总费用是多少？

5.2　物流运输任务安排问题的基本概念

物流运输计划问题通常涉及运输任务的指派。任务指派问题（task assignment problem）主要涉及如何将不同的任务分配给不同人员（或车辆）以提高整体工作效率，在实际中我们常常会遇到一些任务分配的问题，如果任何人（或车辆）完成任何任务都是无差的，那么任务分配就非常简单，不存在权衡的问题，但现实中不同人完成不同任务往往耗费的时间或者其他成本都是不同的，这种情况下，怎样将任务合理地安排给不同人就非常有意义了，不同的任务安排方式可能会带来截然不同的成本或收益。在实际应用中有很多表面看来不涉及任务指派的问题也可以通过变形用任务指派问题的模型来解决。

下面我们通过一个例子来说明这个问题。

例题 5.1　某公司的营销经理要主持召开一年一度的由营销区域经理以及销售人员参加的销售协商会议。为了更好地安排这次会议，经理从其他部门临时雇用了四个工作人员，每个人负责完成下面的一项任务。

（1）书面陈述的文字处理。

（2）制作口头和书面陈述的幻灯片。

（3）会议材料的准备，包括书面材料的抄写和组织。

（4）处理与会者的提前和当场注册报名。

虽然这四个工作人员都可以完成这四项工作，但是他们完成这四项工作的效率有很大差异，假设这四个人完成各项工作所需要的时间（小时）和时薪如表5.3所示，那么销售经理应该怎样将四项任务指派给四个临时工作人员呢？

表 5.3　临时员工的工作效率参数表（一）

临时员工	文字处理/小时	幻灯片/小时	材料准备/小时	记录/小时	每小时工资/元
A	35	41	27	40	14
B	47	45	32	51	12
C	39	56	36	43	13
D	32	51	25	46	15

如例题5.1中所阐述的，任务指派问题往往有相同数量的任务和人员，每个人都有能力承担多项任务，但只能承担其中一项任务，另外任务分配方式不同产生的总成本也不同。决策的目的就是将这些任务指派给每个人，以使得总成本最低。定义如下。

n 为任务数（人员数）。

x_{ij} 为 0-1 变量，表示第 i 个员工是否做第 j 项工作 (决策变量)，$i=1,2,\cdots,n$，$j=1,2,\cdots,n$。

t_{ij} 为第 i 个员工完成第 j 项工作所需要的时间，$i=1,2,\cdots,n$，$j=1,2,\cdots,n$。

c_i 为第 i 个员工的时薪，$i=1,2,\cdots,n$。

该问题的决策模型可以表示为

$$\min\sum_{i=1}^{n}c_i\cdot\sum_{j=1}^{n}t_{ij}\cdot x_{ij} \tag{5.1}$$

s.t.

$$\sum_{j=1}^{n}x_{ij}=1,\ i=1,2,\cdots,n \tag{5.2}$$

$$\sum_{i=1}^{n}x_{ij}=1,\ j=1,2,\cdots,n \tag{5.3}$$

$$x_{ij}\in\{0,1\},\ i=1,2,\cdots,n,\ j=1,2,\cdots,n \tag{5.4}$$

模型（5.1）～模型（5.4）以某项任务是否分配给某个人为决策变量，约束条件（5.2）和约束条件（5.3）分别保证了每人只能承担一项任务，每项任务都必须有一个人承担。我们用 Excel 规划求解工具对案例进行求解，可以得到最佳的供应方案是共需支付薪酬 1957 元，具体指派方案如表5.4所示。

表 5.4　临时员工的工作效率参数表（二）

临时员工	文字处理	幻灯片	材料准备	记录
A	0	0	1	0
B	0	1	0	0
C	0	0	0	1
D	1	0	0	0

讨论：例题5.1中的任务指派是一对一的，即任务的数量与人员的数量是相同的，如果任务的数量小于人员的数量，那么并不是所有人员都会被分配任务，这种情况下应该怎样进行任务的指派呢？如果任务的数量大于人员的数量，一个员工可能需要承担多个任务，这种情况又应该怎么处理呢？这个问题比较简单，留给读者思考解决。

例题 5.2　某运输车队有六个人要完成三个运输任务，每个任务需要两名人员完成，如果完成任务的成本只与人员配对情况相关，人员 i 和人员 j 共同完成运输的成本是 c_{ij}，那么应该怎样配对呢？

分析：配对问题与任务指派问题类似，不同之处在于配对问题中某个元素不能配给自己，只能配给集合中其他元素。所以对于某一个人员，我们要求他必须和其他某个人员配对，应该要求集合中其他元素与他配对的可能加总后是 1，也就是一个并且只有一个元素和这个元素配对，而不是像任务指派问题中一个集合中的所有元素与该元素配对的可能加总为 1。这是配对问题的基本思想。

x_{ij} 为 0-1 变量，表示第 i 个人员和第 j 个人员是否配对，$i=1,2,\cdots,5$，$j=i+1,i+2,\cdots,6$，$i<j$。

决策模型为

$$\min\sum_{i=1}^{5}\sum_{j=i+1}^{6}c_{ij}\cdot x_{ij} \tag{5.5}$$

s.t.

$$\sum_{j=i+1}^{6}x_{ij}+\sum_{j=1}^{i-1}x_{ji}=1，i=1,2,\cdots,6 \tag{5.6}$$

$$x_{ij}\in\{0,1\}，i=1,2,\cdots,5，j=i+1,i+2,\cdots,6 \tag{5.7}$$

我们在定义变量时要求 x_{ij}（$i<j$）是因为在指派问题中 x_{12} 和 x_{21} 的含义不同，一个表示将第一个集合的元素 1 指派给第二个集合的元素 2，一个表示将第一个集合的元素 2 指派给第二个集合的元素 1，而在配对问题中 x_{12} 和 x_{21} 的含义是相同的，都是将元素 1 和元素 2 配对，并且在配对问题中不可能出现 x_{11} 或 x_{22} 这种变量，所以为了避免重复，直接假设所有变量都是从编号较小的元素配对给编号较大的元素。

5.3 节我们考虑物流运输计划问题。物流运输计划的安排，就要考虑任务的配对，即某个司机（或某辆车）做完任务 i 之后是否紧接着做任务 j。

5.3 物流运输计划问题的一般模型

5.3.1 单车型运输任务安排问题模型

首先考虑单一车型情形下的运输任务安排问题，假设一共有 n 个运输任务需要安排，使用的是同一种车型，决策的目标是使用的车辆数量最少。我们用下面例题5.3来说明。

例题 5.3 假设每天有五个运输任务，需要用同一种车型完成。任务始发地、开始时间、目的地、任务完成时间及网点之间行驶时间如表 5.5 和表 5.6 所示。问：至少需要多少辆车才能完成运输任务？

表 5.5 任务起止地点及起止时间

任务编号	始发地	任务开始时间	目的地	任务完成时间
1	A2	1	B3	6
2	A1	10	B1	14
3	A2	13	B3	17
4	A1	15	B2	20
5	A2	17	B2	23

表 5.6　网点之间行驶时间表

地点	A1	A2
B1	4	3
B2	5	3
B3	4	4

结合 5.2 节的任务指派（配对）模型，我们可以用线性规划模型来建模。定义模型的决策参数和决策变量如下。

决策参数如下。

a_i 为任务 i 的开始时间，$i=1,2,\cdots,n$。

b_i 为任务 i 的完成时间，$i=1,2,\cdots,n$。

t_{ij} 为从任务 i 的目的地到任务 j 的始发地的行驶时间，$i=1,2,\cdots,n$，$j=1,2,\cdots,n$。

决策变量如下。

x_{ij} 为 0-1 变量，$x_{ij}=1$ 表示同一辆车做完任务 i 后紧接着做任务 j，$i=1,2,\cdots,n$，$j=1,2,\cdots,n$。

x_{0j} 为 0-1 变量，$x_{0j}=1$ 表示任务 j 是某辆车做的第一个任务，$j=1,2,\cdots,n$。

我们用决策参数和决策变量来构建线性规划决策模型。目标函数为车辆总数最少，具体表达式如下：

$$\min \sum_{j=1}^{n} x_{0j} \tag{5.8}$$

s.t.

$$\sum_{i=1}^{n} x_{ij}=1，\ j=1,2,\cdots,n \tag{5.9}$$

$$\sum_{j=1}^{n} x_{ij}\leqslant 1，\ i=1,2,\cdots,n \tag{5.10}$$

$$b_i+t_{ij}+(x_{ij}-1)\cdot M\leqslant a_j，\ i=1,2,\cdots,n，\ j=1,2,\cdots,n \tag{5.11}$$

$$x_{ij}\in\{0,1\}，\ i=1,2,\cdots,n，\ j=1,2,\cdots,n \tag{5.12}$$

如例题 5.3所示，假设任务序号是根据任务开始时间从小到大排列，则某车辆完成任务 i 之后，只可能去执行编号比 i 更大的任务，因此，只需定义 x_{ij}，$i<j$。例题 5.3的优化模型可修改如下：

$$\min \sum_{j=1}^{n} x_{0j} \tag{5.13}$$

$$\sum_{i=1}^{j-1} x_{ij}=1，\ j=1,2,\cdots,n \tag{5.14}$$

$$\sum_{j=i+1}^{5} x_{ij} \leqslant 1,\ i = 1, 2, \cdots, n-1 \tag{5.15}$$

$$b_i + t_{ij} + (x_{ij} - 1) \cdot M \leqslant a_j,\ i = 1, 2, \cdots, n-1,\ j = i+1, i+2, \cdots, n \tag{5.16}$$

$$x_{ij} \in \{0, 1\},\ i = 0, 1, \cdots, n-1,\ j = i+1, i+2, \cdots, n \tag{5.17}$$

模型（5.13）～模型（5.17）中，目标函数（5.13）为使用的车辆数最少，约束（5.14）表示每个任务都要被完成，约束（5.15）表示某个任务完成后，最多有一个后续任务，约束（5.16）表示如果车辆做完任务 i 之后，后续任务为 j，则任务 j 的开始时间不能早于任务 i 的完成时间加上从任务 i 的目的地到任务 j 的始发地的行驶时间 t_{ij} 之和，即需满足条件 $b_i + t_{ij} \leqslant a_j$。约束（5.16）中 M 是一个足够大的数。利用 Excel 对例题 5.3进行建模和求解，可得，完成这五项任务，至少需要三辆车，其中一辆车做完任务 1 后做任务 2，再做任务 5；另外两辆车分别做任务 3 和 4。当然，这个排车方案不唯一。

假设公司的决策目标是总费用最小，总费用包括车辆的行驶费用和车辆的固定费用。车辆的行驶费用包括车辆完成运输任务（从任务始发地到目的地之间的距离）产生的行驶费用，以及从前一个任务的目的地行驶到下一任务的始发地的行驶费用。由于前者与决策无关，我们的目标函数只需考虑后者。假设每辆车每天的固定费用为 f，从任务 i 的目的地到任务 j 的始发地的行驶费用为 c_{ij}。假定车辆从停车场到第一个任务的行驶费用和车辆完成所有任务后回到停车场的行驶费用可以忽略，则我们可以把目标函数（5.8）修改为

$$\min\ f \cdot \sum_{j=1}^{n} x_{0j} + \sum_{i=1}^{n-1} \sum_{j=i+1}^{n} c_{ij} \cdot x_{ij} \tag{5.18}$$

模型（5.18）没有考虑车辆从停车场到任务始发地的费用。如果要考虑这部分费用，我们可以定义 c_{0j} 为停车场到任务 j 的始发地的行驶费用。目标函数（5.18）加上这部分费用，变为

$$\min\ \sum_{j=1}^{n} f \cdot x_{0j} + \sum_{i=0}^{n-1} \sum_{j=i+1}^{n} c_{ij} \cdot x_{ij} \tag{5.19}$$

例题 5.4 考虑引例中的问题，假设只考虑 3T 的车型，要完成 5.4 节中 3T 车型对应的 40 个任务（编号 63 至编号 102 的任务），至少需要多少辆 3T 型车辆？写出这两个问题的决策模型，并用 Excel 求解。

分析：该问题的模型参见（5.13）～模型（5.17），根据 5.4 节中的数据，求解可得，至少需要 10 辆 3T 型车辆来完成这 40 个任务。

5.3.2 多车型运输任务安排问题模型

本节我们考虑多种车型共用的运输计划问题，即假定小吨位的运输任务可以用大吨位的车型去满足。例如，车型为 1.5T 的运输任务，可以安排更大（如 3T 或 5T）的车型来服务。假设一共有 K 种车型，用角标 $k = 1, 2, \cdots, K$ 表示。由于不同车型的单位距离行驶成本不

同，此时，同一个任务，若执行的车型不同，则成本也不同。因此，与 5.3.1 模型不同，这里我们还需要考虑不同车型执行同一任务的成本。定义如下。

决策参数如下。

f^k 为类型 k 的车辆的固定费用，$k=1,2,\cdots,K$。

δ_i^k 为 0-1 变量，$\delta_i^k=1$ 表示类型 k 的车辆可以用来完成任务 i，否则为 0，$k=1,2,\cdots,K$，$i=1,2,\cdots,n$。

c_i^k 为类型 k 的车辆完成任务 i 的行驶费用，$k=1,2,\cdots,K$，$i=1,2,\cdots,n$。

c_{ij}^k 为类型 k 的车辆从任务 i 的目的地到任务 j 的始发地的行驶费用，$k=1,2,\cdots,K$，$i=0,1,2,\cdots,n$，$j=0,1,2,\cdots,n$；i 或 j 为 0 时表示从停车场出发或回到停车场。

决策变量如下。

$$x_{ij}^k=\begin{cases}1\text{，某类型 } k \text{ 的车辆执行任务 } i \text{ 之后紧接执行任务 } j\\0\text{，其他}\end{cases}$$

$$x_{0i}^k=\begin{cases}1\text{，任务 } i \text{ 是某辆类型 } k \text{ 的车辆执行的第 1 个任务}\\0\text{，其他}\end{cases}$$

$$x_{i0}^k=\begin{cases}1\text{，任务 } i \text{ 是某辆类型 } k \text{ 的车辆执行的最后一个任务}\\0\text{，其他}\end{cases}$$

$$y_i^k=\begin{cases}1\text{，任务 } i \text{ 由类型 } k \text{ 的车辆完成}\\0\text{，其他}\end{cases}$$

多车型运输计划安排问题可以用下面的线性规划模型来表示：

$$\min\ \sum_{k=1}^{K}f^k\cdot\sum_{j=1}^{n}x_{0j}^k+\sum_{i=1}^{n}\sum_{k:\delta_{ik}=1}c_i^k\cdot y_i^k+\sum_{k=1}^{K}\sum_{i=0}^{n-1}\sum_{j=i+1}^{n}c_{ij}^k\cdot x_{ij}^k \tag{5.20}$$

s.t.

$$\sum_{k:\delta_{ik}=1}y_i^k=1,\ i=1,2,\cdots,n \tag{5.21}$$

$$\sum_{i=0}^{j-1}x_{ij}^k=\delta_j^k\cdot y_j^k,\ k=1,2,\cdots,K,\ j=1,2,\cdots,n \tag{5.22}$$

$$\sum_{j=i+1,j=0}^{n}x_{ij}^k=\delta_i^k\cdot y_i^k,\ k=1,2,\cdots,K,\ i=1,2,\cdots,n \tag{5.23}$$

$$b_i+t_{ij}+(x_{ij}^k-1)\cdot M\leqslant a_j,\ k=1,2,\cdots,K,\ i=1,2,\cdots,n-1,\ j=i+1,2,\cdots,n \tag{5.24}$$

$$x_{ij}^k,y_i^k\in\{0,1\},\ k=1,2,\cdots,K,\ i=0,1,\cdots,n,\ j=0,1,\cdots,n \tag{5.25}$$

在该模型中，目标函数（5.20）包含三部分费用，第一部分为固定费用，第二部分为完成任务所对应的（运输）费用，第三部分为车辆完成一个任务后从该任务的终点转移到下一任务的起点对应的（空驶）费用。约束条件（5.21）表示每一任务都必须完成，约束条件（5.22）表示如果任务 j 由车型 k 完成，则车型 k 需由起点或前一任务的终点到达，约束条件（5.23）表示任务 j 由车型 k 完成后，车辆需回到起点或去往下一个任务，约束条件（5.24）表示同一车辆连续完成两个任务的时间限制。

5.4　F 公司物流运输任务安排案例求解

F 公司物流运输任务安排案例收集的车型费用数据如表 5.2所示，其余相关数据如表 5.7～表 5.9 所示。

表 5.7　F 公司运输任务列表

任务编号	线路	吨位	始发地	任务开始时间	途经地	目的地	任务完成时间
1	深圳口岸 → 深圳平湖	1.5T	深圳口岸	1:00	—	深圳平湖	3:00
2	广州口岸 → 广州西 → 广州东	1.5T	广州口岸	1:00	广州西	广州东	3:00
3	广州口岸 → 广州西	1.5T	广州口岸	2:00	—	广州西	3:00
4	广州口岸 → 广州西 → 南海 → 顺德	1.5T	广州口岸	2:00	广州西/南海	顺德	6:00
5	广州口岸 → 广州西 → 广州南	1.5T	广州口岸	4:00	广州西	广州南	6:45
6	广州西 → 深圳西	1.5T	广州西	4:15	—	深圳西	6:30
7	广州口岸 → 广州西 → 江门	1.5T	广州口岸	6:00	广州西	江门	10:30
8	广州口岸 → 中山	1.5T	广州口岸	6:10	—	中山	8:25
9	深圳口岸 → 深圳东	1.5T	深圳口岸	7:30	—	深圳东	9:20
10	南海 → 顺德 → 深圳口岸	1.5T	南海	8:00	顺德	深圳口岸	11:00
11	广州口岸 → 顺德	1.5T	广州口岸	9:20	—	顺德	11:10
12	广州口岸 → 广州东	1.5T	广州口岸	9:30	—	广州东	10:40
13	深圳口岸 → 惠州	1.5T	深圳口岸	9:30	—	惠州	11:20
14	中山 → 深圳口岸	1.5T	中山	10:00	—	深圳口岸	12:00
15	广州口岸 → 江门	1.5T	广州口岸	10:10	—	江门	13:25
16	广州口岸 → 番禺	1.5T	广州口岸	10:30	—	番禺	12:10
17	广州口岸 → 广州南	1.5T	广州口岸	12:25	—	广州南	13:45
18	广州口岸 → 南海	1.5T	广州口岸	12:30	—	南海	14:00
19	深圳口岸 → 深圳龙岗	1.5T	深圳口岸	12:30	—	深圳龙岗	13:40
20	深圳口岸 → 常平	1.5T	深圳口岸	12:30	—	常平	13:50
21	深圳口岸 → 虎门	1.5T	深圳口岸	12:40	—	虎门	13:40
22	深圳口岸 → 塘厦	1.5T	深圳口岸	12:40	—	塘厦	13:50
23	深圳口岸 → 莞城	1.5T	深圳口岸	12:45	—	莞城	13:55
24	广州西 → 广州口岸	1.5T	广州西	14:00	—	广州口岸	15:45
25	番禺 → 广州东 → 深圳口岸	1.5T	番禺	14:30	广州东	深圳口岸	17:00
26	莞城 → 深圳口岸	1.5T	莞城	14:30	—	深圳口岸	15:30
27	莞城 → 广州西	1.5T	莞城	14:45	—	广州西	17:00
28	江门 → 广州西	1.5T	江门	15:00	—	广州西	19:00
29	广州东 → 深圳口岸	1.5T	广州东	15:20	—	深圳口岸	17:00
30	广州南 → 深圳口岸	1.5T	广州南	15:20	—	深圳口岸	17:00
31	番禺 → 深圳口岸	1.5T	番禺	15:40	—	深圳口岸	17:00
32	常平 → 深圳口岸	1.5T	常平	15:40	—	深圳口岸	17:00
33	广州东 → 广州口岸	1.5T	广州东	15:45	—	广州口岸	17:00
34	广州南 → 广州口岸	1.5T	广州南	15:45	—	广州口岸	17:00

续表

任务编号	线路	吨位	始发地	任务开始时间	途经地	目的地	任务完成时间
35	深圳东 → 深圳口岸	1.5T	深圳东	15:50	—	深圳口岸	17:00
36	深圳龙岗 → 深圳口岸	1.5T	深圳龙岗	15:50	—	深圳口岸	17:00
37	莞城 → 深圳口岸	1.5T	莞城	15:50	—	深圳口岸	17:00
38	虎门 → 深圳口岸	1.5T	虎门	15:50	—	深圳口岸	17:00
39	塘厦 → 深圳口岸	1.5T	塘厦	15:50	—	深圳口岸	17:00
40	塘厦 → 深圳口岸	1.5T	塘厦	15:50	—	深圳口岸	17:00
41	常平 → 深圳口岸	1.5T	常平	16:40	—	深圳口岸	17:00
42	广州口岸 → 广州西	1.5T	广州口岸	17:30	—	广州西	18:30
43	中山 → 深圳口岸	1.5T	中山	19:30	—	深圳口岸	21:30
44	常平 → 深圳口岸	1.5T	常平	19:40	—	深圳口岸	21:00
45	虎门 → 深圳口岸	1.5T	虎门	19:50	—	深圳口岸	20:50
46	广州南 → 深圳口岸	1.5T	广州南	20:00	—	深圳口岸	21:45
47	广州东 → 深圳口岸	1.5T	广州东	20:15	—	深圳口岸	21:30
48	珠海 → 深圳口岸	1.5T	珠海	20:15	—	深圳口岸	22:15
49	江门 → 深圳口岸	1.5T	江门	20:15	—	深圳口岸	22:15
50	深圳东 → 深圳平湖	1.5T	深圳东	20:30	—	深圳平湖	21:30
51	深圳东 → 深圳南山	1.5T	深圳东	20:30	—	深圳南山	21:30
52	深圳南山 → 深圳平湖	1.5T	深圳南山	20:30	—	深圳平湖	21:30
53	江门 → 广州口岸	1.5T	江门	20:40	—	广州口岸	23:00
54	广州东 → 深圳口岸	1.5T	广州东	20:50	—	深圳口岸	22:05
55	顺德 → 广州口岸	1.5T	顺德	21:00	—	广州口岸	22:30
56	广州南 → 深圳西	1.5T	广州南	21:00	—	深圳西	23:30
57	江门 → 广州口岸	1.5T	江门	21:30	—	广州口岸	23:50
58	广州南 → 广州口岸	1.5T	广州南	21:45	—	广州口岸	23:00
59	广州东 → 广州口岸	1.5T	广州东	22:00	—	广州口岸	23:30
60	广州西 → 广州口岸	1.5T	广州西	22:05	—	广州口岸	23:30
61	深圳西 → 莞城	1.5T	深圳西	22:45	—	莞城	23:40
62	中山 → 广州西	1.5T	中山	23:00	—	广州西	0:00
63	深圳龙岗 → 深圳平湖 → 深圳口岸	3T	深圳龙岗	0:30	深圳平湖	深圳口岸	3:30
64	深圳龙岗 → 深圳口岸	3T	深圳龙岗	0:30	—	深圳口岸	3:30
65	深圳口岸 → 深圳东	3T	深圳口岸	1:30	—	深圳东	2:30
66	深圳东 → 深圳西	3T	深圳东	1:30	—	深圳西	6:30
67	深圳口岸 → 深圳龙岗 → 惠州	3T	深圳口岸	1:30	深圳龙岗	惠州	4:00
68	深圳平湖 → 深圳口岸	3T	深圳平湖	2:00	—	深圳口岸	5:30
69	广州口岸 → 广州西 → 中山 → 珠海	3T	广州口岸	2:00	广州西/中山	珠海	6:30
70	潮州 → 汕头 → 深圳西	3T	潮州	2:30	汕头	深圳西	10:30
71	中山 → 广州口岸	3T	中山	3:30	—	广州口岸	4:50
72	广州南 → 深圳口岸	3T	广州南	4:50	—	深圳口岸	6:30
73	深圳东 → 深圳口岸	3T	深圳东	5:15	—	深圳口岸	6:15
74	深圳口岸 → 深圳平湖	3T	深圳口岸	6:30	—	深圳平湖	9:30
75	中山 → 广州口岸	3T	中山	6:40	—	广州口岸	9:00
76	番禺 → 深圳口岸	3T	番禺	6:45	—	深圳口岸	9:05
77	广州西 → 深圳口岸	3T	广州西	7:45	—	深圳口岸	10:30
78	莞城 → 深圳口岸	3T	莞城	7:45	—	深圳口岸	9:45
79	广州南 → 广州口岸	3T	广州南	8:00	—	广州口岸	9:40
80	常平 → 塘厦 → 深圳西	3T	常平	10:00	塘厦	深圳西	14:30
81	珠海 → 广州口岸	3T	珠海	10:30	—	广州口岸	14:00

续表

任务编号	线路	吨位	始发地	任务开始时间	途经地	目的地	任务完成时间
82	广州口岸 → 广州西	3T	广州口岸	10:45	—	广州西	12:30
83	深圳西 → 深圳口岸	3T	深圳西	11:30	—	深圳口岸	13:30
84	顺德 → 广州口岸	3T	顺德	11:45	—	广州口岸	13:30
85	顺德 → 南海 → 广州西	3T	顺德	11:45	南海	广州西	14:30
86	塘厦 → 深圳西	3T	塘厦	13:00	—	深圳西	15:30
87	塘厦 → 深圳西	3T	塘厦	13:30	—	深圳西	16:00
88	常平 → 深圳西	3T	常平	13:30	—	深圳西	16:00
89	深圳口岸 → 深圳西 → 汕头 → 潮州	3T	深圳口岸	14:30	深圳西/汕头	潮州	23:30
90	广州西 → 深圳口岸	3T	广州西	14:50	—	深圳口岸	17:00
91	深圳平湖 → 深圳口岸	3T	深圳平湖	15:50	—	深圳口岸	17:00
92	常平 → 塘厦 → 深圳西	3T	常平	16:00	塘厦	深圳西	20:00
93	莞城 → 深圳口岸	3T	莞城	16:30	—	深圳口岸	18:30
94	惠州 → 深圳龙岗 → 深圳口岸	3T	惠州	19:10	深圳龙岗	深圳口岸	22:30
95	南海 → 深圳口岸	3T	南海	20:00	—	深圳口岸	22:30
96	塘厦 → 深圳口岸	3T	塘厦	20:00	—	深圳口岸	21:00
97	中山 → 深圳口岸	3T	中山	20:15	—	深圳口岸	22:15
98	顺德 → 深圳口岸	3T	顺德	20:30	—	深圳口岸	22:30
99	虎门 → 深圳口岸	3T	虎门	20:30	—	深圳口岸	21:30
100	广州东 → 广州口岸	3T	广州东	21:00	—	广州口岸	22:30
101	南海 → 广州口岸	3T	南海	21:50	—	广州口岸	23:30
102	常平 → 深圳西	3T	常平	22:00	—	深圳西	23:30
103	深圳龙岗 → 深圳西	5T	深圳龙岗	0:30	—	深圳西	4:00
104	深圳口岸 → 莞城 → 虎门	5T	深圳口岸	0:30	莞城	虎门	4:30
105	深圳口岸 → 常平	5T	深圳口岸	0:30	—	常平	2:50
106	深圳东 → 深圳西 → 深圳口岸	5T	深圳东	1:00	深圳西	深圳口岸	3:20
107	珠海 → 中山 → 江门 → 深圳西	5T	珠海	1:00	中山/江门	深圳西	7:00
108	深圳口岸 → 塘厦	5T	深圳口岸	1:30	—	塘厦	3:30
109	深圳西 → 深圳西	5T	深圳西	2:00	—	深圳西	5:30
110	虎门 → 深圳口岸	5T	虎门	5:30	—	深圳口岸	9:00
111	深圳平湖 → 深圳口岸	5T	深圳平湖	6:00	—	深圳口岸	8:00
112	虎门 → 莞城 → 深圳西	5T	虎门	6:00	莞城	深圳西	9:00
113	莞城 → 深圳西	5T	莞城	6:50	—	深圳西	9:00
114	深圳西 → 江门 → 中山 → 珠海	5T	深圳西	8:00	江门/中山	珠海	15:00
115	江门 → 中山 → 深圳西	5T	江门	8:30	中山	深圳西	16:00
116	莞城 → 深圳口岸	5T	莞城	11:00	—	深圳口岸	13:45
117	顺德 → 南海 → 广州西 → 深圳西	5T	顺德	11:45	南海/广州西	深圳西	14:00
118	深圳西 → 深圳西	5T	深圳西	12:00	—	深圳西	16:00
119	深圳平湖 → 深圳西	5T	深圳平湖	12:00	—	深圳西	14:30
120	广州东 → 深圳西	5T	广州东	15:00	—	深圳西	17:00
121	珠海 → 中山 → 深圳西	5T	珠海	16:00	中山	深圳西	23:59
122	广州西 → 广州口岸	5T	广州西	16:15	—	广州口岸	17:00
123	深圳平湖 → 深圳西	5T	深圳平湖	18:00	—	深圳西	20:30
124	深圳西 → 深圳西	5T	深圳西	19:00	—	深圳西	23:59
125	深圳龙岗 → 深圳口岸	5T	深圳龙岗	20:30	—	深圳口岸	21:30
126	虎门 → 深圳口岸	5T	虎门	21:05	—	深圳口岸	22:05
127	深圳龙岗 → 深圳口岸	5T	深圳龙岗	21:10	—	深圳口岸	22:10
128	莞城 → 深圳口岸	5T	莞城	21:15	—	深圳口岸	22:15

续表

任务编号	线路	吨位	始发地	任务开始时间	途经地	目的地	任务完成时间
129	塘厦 → 深圳口岸	5T	塘厦	22:20	—	深圳口岸	23:20
130	常平 → 深圳口岸	5T	常平	22:20	—	深圳口岸	23:30
131	广州西 → 广州口岸	5T	广州西	23:00	—	广州口岸	23:40
132	广州西 → 深圳西	8T	广州西	1:00	—	深圳西	7:30
133	深圳口岸 → 常平	8T	深圳口岸	9:30	—	常平	12:50
134	常平 → 深圳平湖 → 广州西	8T	常平	14:30	深圳平湖	广州西	18:30

根据案例数据（表5.7～表5.9），首先需要计算任务 i 结束之后车辆从任务 i 的终点行驶到任务 j 的起点所需要的时间。以 8T 型任务为例，任务 132 的终点到任务 133 的起点的行驶时间 $t_{132,133} = 0.2$ 小时。计算出全部的 t_{ij} 的值后，我们就可以利用模型（5.8)～模型（5.12）分别对 1.5 T 车型、3 T 车型、5 T 车型、8 T 车型对应的订单数据建立单车型的决策模型，并进行求解。通过计算可知，如果不考虑车型混合使用，完成一天内的这些任务，分别需要 17 辆 1.5 T 车型的车辆、10 辆 3T 车型的车辆、8 辆 5T 车型的车辆以及 1 辆 8T 车型的车辆。

如果考虑大车型车辆可以执行小车型需求的任务，即多车型情形，则可以建立多车型的决策模型（5.20)～模型（5.25)，并进行求解，留待读者自行练习。

表 5.8 各站点之间的行驶距离（单位：公里）

名称	广州口岸	深圳口岸	广州西	广州东	广州南	番禺	顺德	南海	深圳东	深圳西	深圳南山	深圳龙岗	深圳平湖	惠州	汕头	潮州	莞城	虎门	塘厦	常平	中山	珠海	江门	小榄
广州口岸	0																							
深圳口岸	130	0																						
广州西	35	115	0																					
广州东	60	80	43	0																				
广州南	50	115	22	37	0																			
番禺	80	80	60	35	35	0																		
顺德	80	100	50	70	38	29	0																	
南海	70	140	34	63	37	68	50	0																
深圳东	165	32	147	110	140	115	133	167	0															
深圳西	130	0.5	115	93	140	80	105	140	33	0														
深圳南山	150	20	135	115	135	100	120	155	13	20	0													
深圳龙岗	180	62	165	130	175	135	162	196	40	62	54	0												
深圳平湖	160	40	145	115	155	110	139	174	25	40	43	28	0											
惠州	160	120	155	125	150	150	168	179	85	113	111	54	76	0										
汕头	460	360	425	406	447	430	454	479	338	360	352	307	326	301	0									
潮州	470	370	360	412	452	440	454	490	348	379	362	317	336	312	36	0								
莞城	85	51	70	35	66	70	95	94	80	54	71	94	70	94	383	400	0							
虎门	110	40	95	55	79	50	77	113	63	37	53	93	69	95	384	401	28	0						
塘厦	130	45	120	130	130	100	122	155	40	45	44	48	24	84	344	362	52	55	0					
常平	140	65	130	125	125	95	124	142	60	68	66	58	55	70	360	377	38	41	17	0				
中山	125	103	95	95	86	75	75	104	132	105	122	162	138	164	453	471	96	77	124	110	0			
珠海	170	145	135	135	130	115	120	150	177	150	167	197	173	209	498	516	140	122	159	155	50	0		
江门	110	140	85	120	85	85	50	60	165	139	155	194	171	197	486	504	129	110	152	143	63	88	0	
小榄	120	110	90	90	70	70	31	80	136	109	126	165	142	168	457	475	100	81	127	114	26	72	60	0

表 5.9 各站点间车辆运行时间表（单位：小时）

名称	广州口岸	深圳口岸	广州西	广州东	广州南	番禺	顺德	南海	深圳东	深圳西	深圳南山	深圳龙岗	深圳平湖	惠州	汕头	潮州	莞城	虎门	塘厦	常平	中山	珠海	江门	小榄
广州口岸	0																							
深圳口岸	2.5	0																						
广州西	0.7	2.0	0																					
广州东	1.1	1.0	1.0	0																				
广州南	1.0	1.8	0.8	0.8	0																			
番禺	1.0	1.0	1.0	0.8	0.8	0																		
顺德	2.0	2.0	1.5	2.1	1.5	1.0	0																	
南海	1.5	2.1	1.0	1.8	1.3	0.9	0.7	0																
深圳东	2.6	0.8	2.2	1.9	1.9	1.5	2.0	2.0	0															
深圳西	2.5	0.2	2.1	1.5	2.0	1.0	2.0	2.0	0.8	0														
深圳南山	2.4	0.8	2.4	1.6	2.0	1.2	2.1	2.4	1.0	0.6	0													
深圳龙岗	2.6	1.0	2.6	1.8	2.4	2.0	2.4	2.7	1.2	0.7	0.8	0												
深圳平湖	2.7	1.0	2.5	1.9	2.5	1.4	2.4	2.6	0.8	0.7	0.8	0.8	0											
惠州	5.0	1.8	3.0	2.7	3.4	1.8	2.5	2.4	1.2	1.3	1.2	0.8	1.3	0										
汕头	6.0	5.0	5.5	5.5	5.5	5.5	5.5	5.5	5.0	4.5	4.5	4.5	4.5	4.5	0									
潮州	6.0	5.0	5.5	5.5	5.5	5.5	5.5	5.5	4.5	4.5	4.5	4.5	4.5	4.5	0.8	0								
莞城	2.0	0.9	1.3	0.8	1.0	1.2	1.5	1.5	1.1	0.8	1.0	1.2	1.5	2.0	4.5	4.5	0							
虎门	2.1	0.8	1.5	1.0	1.4	1.0	1.7	1.6	1.0	0.8	0.9	1.1	1.4	2.0	4.5	4.5	0.6	0						
塘厦	2.3	0.8	1.7	1.0	1.4	1.2	1.7	1.6	0.8	0.8	0.9	1.1	1.4	2.0	4.5	4.5	0.6	0.6	0					
常平	2.3	0.7	1.7	1.8	1.5	1.3	1.8	1.7	1.0	0.9	1.0	1.1	1.3	2.0	4.5	4.5	0.7	0.6	0.6	0				
中山	2.0	1.8	2.1	2.5	2.7	1.5	1.0	1.3	2.0	2.1	2.5	2.5	2.5	2.5	5.5	5.5	2.5	2.5	2.5	2.5	0			
珠海	3.0	3.0	3.1	3.0	3.1	2.0	1.4	2.1	2.5	2.5	3.0	3.0	3.0	3.0	5.5	5.5	2.8	3.0	3.0	3.0	0.8	0		
江门	2.1	2.8	3.0	2.8	2.9	1.8	1.4	2.1	2.3	2.3	2.5	2.5	2.5	2.5	5.5	5.5	2.5	2.5	2.5	2.5	0.8	1.2	0	
小榄	2.1	2.5	2.6	2.8	2.8	1.7	1.3	2.0	2.2	2.2	2.5	2.5	2.5	2.5	5.5	5.5	2.5	2.5	2.5	2.5	0.8	1.2	1.1	0

5.5 本章习题

1. 某运输公司接到 10 项物流运输任务，需安排 10 辆车完成这些任务。公司目前共有 12 辆车可用，考虑各种不同因素影响，不同车辆完成不同任务所需的费用不同，具体如表5.10所示。问：公司应该如何安排车辆完成这些运输任务，以使总费用最小？

表 5.10 运输公司不同车辆执行不同任务的费用表（单位：元）

车辆	任务 1	任务 2	任务 3	任务 4	任务 5	任务 6	任务 7	任务 8	任务 9	任务 10
车辆 1	1755	1116	1747	1847	2769	2603	2494	1529	1387	1637
车辆 2	2445	2905	2908	2552	1456	1315	1678	1411	1371	2510
车辆 3	1493	2417	2092	1351	2616	1902	1201	1721	1666	1393
车辆 4	1044	2834	1986	1946	2914	2522	1522	2067	2641	1406
车辆 5	2946	1019	1986	1347	2430	2717	1336	2671	2731	1038
车辆 6	2930	1952	1737	2116	2440	1197	1080	1919	2216	1013
车辆 7	2137	2565	1650	2920	2225	1454	2748	2745	1757	2981
车辆 8	1191	2547	2354	1368	1380	1203	1325	1659	2485	1604
车辆 9	1586	1218	2210	1629	1553	2928	1076	1647	2776	1098
车辆 10	1258	2160	1544	1418	2330	1183	1736	1514	1049	1892
车辆 11	1385	1134	2380	1114	1672	1191	1295	1445	2721	1810
车辆 12	2832	2112	1836	1875	1620	1963	1061	1302	1671	2828

2. X 公司是一家化工产品生产商，工厂位于意大利的巴里，公司的主要客户位于马赛、米兰和安科纳。X 公司采用整车方式租用外部车辆进行送货服务，送货路线及对应的费用如表 5.11所示，车辆的最大载重量是 25 吨，每条线路都是当天发货当天到达。目前，公司有 15 个订单需要安排送货，客户的需求量、最早发货日期和最迟发货日期如表 5.12所示。请建立优化模型，回答以下管理决策问题。

表 5.11　X 公司网络节点之间运输费用表

路线编号	路线详情	费用/（欧元/车）
1	巴里 → 马赛	1600
2	巴里 → 米兰	1500
3	巴里 → 安科纳	800
4	巴里 → 安科纳 → 米兰	1560
5	巴里 → 安科纳 → 马赛	1660
6	巴里 → 米兰 → 马赛	1660
7	巴里 → 安科纳 → 米兰 → 马赛	1720

表 5.12　X 公司送货订单信息

订单编号	客户地址	最早发货日期	最迟发货日期	需求量/千克
1	马赛	6 月 11 日	6 月 15 日	20 734
2	马赛	6 月 11 日	6 月 16 日	1 905
3	马赛	6 月 11 日	6 月 16 日	1 959
4	马赛	6 月 11 日	6 月 16 日	3 523
5	马赛	6 月 11 日	6 月 16 日	6 154
6	米兰	6 月 11 日	6 月 16 日	3 831
7	米兰	6 月 13 日	6 月 14 日	10 046
8	马赛	6 月 13 日	6 月 15 日	5 689
9	马赛	6 月 13 日	6 月 16 日	3 955
10	安科纳	6 月 14 日	6 月 15 日	20 265
11	安科纳	6 月 14 日	6 月 16 日	10 254
12	马赛	6 月 14 日	6 月 16 日	15 479
13	马赛	6 月 14 日	6 月 17 日	7 853
14	马赛	6 月 14 日	6 月 17 日	4 542
15	马赛	6 月 16 日	6 月 18 日	1 544

（a）假设客户订单可以分拆，即一个订单可以分多次送货，X 公司应该如何安排运输计划？需要送货多少车次？对应的总运费是多少？

（b）假设客户订单不能分拆，即每个订单只能单次送达，X 公司应该如何安排运输计划？需要送货多少车次？对应的总运费是多少？

（c）假设 X 公司还可以租用另一种更大的车型，载重量是 30 吨，每条路线的运费都是比 25 吨的车型多 300 欧元。考虑订单不能分拆的情形，X 公司应该如何安排运输计划？两种车型各需要送货多少车次？对应的总运费是多少？

3. T 公司是某汽车公司下属物流公司，负责汽车整车运输业务。汽车公司有两个工厂，产品销往 3 个市场。未来几天，T 公司需要为 10 个运输任务安排车辆，这些任务都采用同一种拖车车型完成。始发地、任务开始时间、目的地、任务完成时间如表 5.13 所示，汽车工厂与销售市场之间的行驶时间如表 5.14 所示（假设返程时间相同）。以任务 3 为例，表 5.13 中数据是指，任务 3 要求车辆从工厂 2 运到市场 3，车辆从工厂 2 出发的最早时间是第 3 天，最晚到达市场 3 的时间是第 7 天。根据表 5.14，工厂 2 到市场 3 的行驶时间是 2 天，因此，可以安排车辆在第 3 天、第 4 天，或者第 5 天从工厂 2 出发来完成该任务。问：至少需要多少辆拖车才能完成这 10 项运输任务？

表 5.13　任务起止地点（汽车工厂或销售市场）及起止时间

任务编号	始发地	任务开始时间	目的地	任务完成时间
1	工厂 2	1	市场 3	3
2	工厂 1	2	市场 1	5
3	工厂 2	3	市场 3	7
4	工厂 1	3	市场 2	5
5	工厂 2	5	市场 2	8
6	工厂 1	5	市场 1	8
7	工厂 2	8	市场 3	10
8	工厂 2	9	市场 1	12
9	工厂 1	10	市场 2	12
10	工厂 2	10	市场 3	13

表 5.14　汽车工厂与销售市场之间的行驶时间表（单位：天）

地点	工厂 1	工厂 2
市场 1	2	2
市场 2	2	1
市场 3	1	2

第 6 章　车辆路径问题

本章内容：

1. 引例：Z 公司车辆路径问题。
2. 各种类型的车辆路径问题建模。
3. 车辆路径问题的列生成模型及算法。
4. 求解车辆路径问题的启发式算法。
5. Z 公司车辆路径问题案例求解。
6. J 物流公司城市配送车辆智能调度问题案例。

6.1　引例：Z 公司车辆路径问题

6.1.1　案例背景

Z 公司是广东快递行业最大的运营服务商之一。依托特有的优势，公司网络通达全球 200 多个国家（地区）和国内近 685 个城市，在国内拥有专职员工 14000 多人，专用快递车辆 15000 余辆，在中国设有 200 多个处理中心，其中，北京 30000 余平方米，上海 20000 余平方米，广州 37000 平方米。本案例考虑 Z 公司珠海市香洲区的收、派件车辆路线问题，该问题是 Z 公司各区域配送中心普遍面临的问题，有很强的代表性。公司在珠海香洲区的配送网络包含一个配送中心（用字母 A 表示），以及 10 个营业网点（用字母 B～K 表示），各点之间的距离如表 6.1所示。公司每天早上 7:00 将前一天到达的货物从配送中心 A 配送至各个营业网点（送货），傍晚 6:00 将各个网点当天收集的货物集中到配送中心，根据目的地分拣后发往上一级配送中心（集货）。集货和送货流程相反，但在车辆路线安排方式上类似，为简单起见，这里只考虑早上送货的情况，送货完成后车辆回到配送中心。每天集货的路线与送货路线完全一致。

表 6.1　Z 公司香洲区物流配送网络点对点距离（单位：公里）

网点	A	B	C	D	E	F	G	H	I	J	K
A	0	14.5	12.6	12.7	13.1	15.9	15.6	18.1	18.5	18.8	18.7
B	14.5	0	12.2	14.1	16.0	12.5	11.2	16.0	17.1	18.2	18.0
C	12.6	12.2	0	12.3	13.9	15.0	12.4	15.9	16.2	16.5	15.8
D	12.7	14.1	12.3	0	11.6	15.7	12.6	14.5	16.3	16.1	15.3
E	13.1	16.0	13.9	11.6	0	17.5	14.8	13.0	15.8	16.9	15.5
F	15.9	12.5	15.0	15.7	17.5	0	14.9	19.5	14.5	17.0	18.0
G	15.6	11.2	12.4	12.6	14.8	14.9	0	15.0	15.4	16.7	16.8
H	18.1	16.0	15.9	14.5	13.0	19.5	15.0	0	14.0	14.2	12.2
I	18.5	17.1	16.2	16.3	15.8	14.5	15.4	14.0	0	11.7	12.7

续表

网点	A	B	C	D	E	F	G	H	I	J	K
J	18.8	18.2	16.5	16.1	16.9	17.0	16.7	14.2	11.7	0	12.7
K	18.7	18.0	15.8	15.3	15.5	18.0	16.8	12.2	12.7	12.7	0

6.1.2 需求数据

公司各个网点的业务量有较大差异，同时，同一网点不同日期的业务量也有较大差异，但以周为单位，每周的总体相对平稳。集货量总体来说较配送货量少，因此，路线规划仅考虑配送货量即可。表6.2列举了该公司在具有代表性的一天的配送货量。

表 6.2 Z 公司香洲区各个网点具有代表性的一天的配送货量（单位：千克）

网点	B	C	D	E	F	G	H	I	J	K
配送货量	2300	400	440	450	820	650	1200	750	350	1400

6.1.3 成本数据

该配送中心目前配备厢式货车 3 辆、轻型卡车 2 辆，共 5 辆车。厢式货车车厢长 5.1 米，宽 2.33 米，理论载重 3 吨，实际载重率为 85%，轻型卡车车厢长 7 米，宽 2.33 米，理论载重 5 吨，实际载重率为 85%。公司的运营费用主要是固定费用（车辆折旧费、车辆保险费用、司机员工工资），以及车辆使用过程中的变动费用（车辆燃油费及车辆磨损费）。每辆车配备 1 个司机，1 个送货员，司机工资平均 6000 元/（人 · 月），送货员工资平均 5000 元/（人 · 月）。运输车辆一般按 5 年进行折旧，每月折旧费及车辆其他相关费用如表 6.3所示。

表 6.3 车辆相关费用

汽车类型	额定载荷 /千克	车辆折旧费 /（元/月）	车辆保险费 /（元/月）	车辆燃油费 /（元/公里）	车辆磨损费 /（元/公里）
厢式货车	3000	2167	1500	2.2	0.6
轻型卡车	5000	2833	1500	2.8	0.8

6.1.4 运营数据

该配送中心在目前实际操作中将车辆全部投入运营，共有五条配送路线，路线 1 采用厢式货车，配送网点包括 F、G、C 三个网点，路线 2 也是采用厢式货车，配送网点包括 I、J、H 三个网点，路线 3 也是采用厢式货车，配送网点包括 D、E 两个网点。另外两条路线采用轻型卡车，配送网点各一个，分别是网点 B 和网点 K，具体安排如表6.4所示。

表 6.4 当前车辆路线安排

路线序号	汽车型号	路线途经网点
1	厢式货车	A→F→G→C→A
2	厢式货车	A→I→J→H→A
3	厢式货车	A→D→E→A
4	轻型卡车	A→B→A
5	轻型卡车	A→K→A

6.1.5　管理决策问题

由于快递行业竞争越来越激烈，公司需要不断优化运营以降低成本。管理层意识到公司配送车辆利用率不太高，存在优化空间，因此想回答如下问题。

（1）按目前的路线规划方式，公司每月的运营费用（含人工费用和折旧费）是多少？

（2）为方便管理，公司考虑只使用一种车型。如果只使用厢式货车，公司需要多少辆车？每月运营费用是多少？如果只使用轻型卡车，公司需要多少辆车？每月运营费用是多少？

（3）如果维持使用两种车型，厢式货车和轻型卡车各需多少辆？每月运营费用是多少？

6.2　车辆路径问题建模

车辆路径问题最早由 Dantzig 和 Ramser[1] 于 1959 年提出，主要研究如何基于一些给定的客户需求，为车队的车辆安排合理的配送路线，以最小的成本将货品从配送中心送到网点或客户手中，或从客户端运回货品，如图6.1所示。

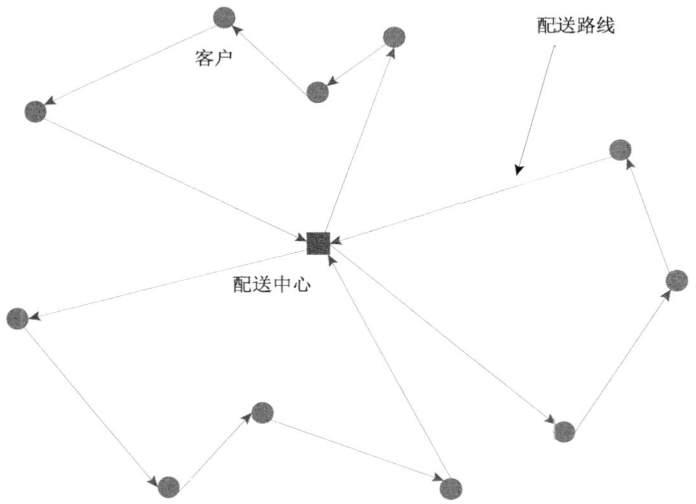

图 6.1　车辆路径问题示意图

在企业实际运营中，制定车辆配送路线时，往往还有更多需要考虑的因素，如以下几点。

（1）有些企业，可用的车辆数量是固定的，因此会限定使用的车辆数；另外也有一些企业，采用外包的车辆，因此可用的车辆数量可以看作不受限制。

（2）每条运输路线的行驶时间或路程长度有限制，例如，有些企业采用新能源车辆配送，由于新能源车行驶路程有限，通常要求每条路线的长度不能超过某个最大值。

（3）客户服务有时间窗要求。在这类问题中，每个客户 i 有一个服务的时间窗口 $[a_i, b_i]$，要求车辆必须在时间 b_i 之前到达客户 i，并且，如果车辆在时间 a_i 之前到达客户 i，也只能等到时间 a_i 才能开始配送货物，服务完客户 i 之后才离开。

（4）在有些情形下，会同时存在送货和取货两类客户，在安排车辆路线时，要求车辆先完成所有配送任务后才可以提取回程货物。

6.2.1 基本的车辆路径问题模型

我们首先讨论基本的车辆路径问题，这类问题只考虑车辆容量（装载体积）限制，也称为 capacitated VRP 或 CVRP。在该问题中，假定所有车辆的类型相同（有相同的容量），数量不限，客户的配送需求量是已知的、不可分拆的（也就是说，每个客户只能由同一辆车配送）。同时，我们假定任何单个客户的需求量都不超过车辆的最大容量，否则问题将不存在可行的配送方案。假定只有一个配送中心，所有的配送车辆路线都必须从配送中心出发，最后回到配送中心。问题的优化目标是使得所有配送路线的费用总和最小。

考虑该问题的一般性模型，用节点 0 表示配送中心，节点 $i=1,2,\cdots,n$ 表示 n 个客户。为简化描述，我们假定运输网络是完备的，即从任何一个节点 i 都存在一条边 (i,j) 到另一节点 j（$j\neq i$），并且，任何一个节点到自身是没有边的。如果运输网络不是完备的，我们可以虚拟不存在的边，并使其成本非常大，从而补全成完备网络。当然，我们也可以不补全网络，而是用另外一组符号 $G=(\mathcal{N},\mathcal{A})$ 表示运输网络图，其中 $\mathcal{N}=\{0,1,2,\cdots,n\}$ 是节点集，$\mathcal{A}$ 是所有可行边的集合，在模型中适当调整表达式就可以，这里不深入解释。符号定义如下。

c_{ij} 为节点 i 到节点 j 的成本，$i=0,1,2,\cdots,n$，$j=0,1,2,\cdots,n$。

V 为车辆的最大容量（体积）。

v_i 为客户 i 的需求量（体积），$i=1,2,\cdots,n$。

x_{ij}（决策变量）为是否有车辆从节点 i 到节点 j，也就是说，$x_{ij}=1$ 表示在配送路线中有一条路线经过 (i,j)。

V_i 为（决策变量）配送车辆到达客户 i 卸货前的装载量，$i=1,2,\cdots,n$。

CVRP 模型可以表示如下：

$$\min\sum_{i=0}^{n}\sum_{j=0}^{n}c_{ij}\cdot x_{ij} \tag{6.1}$$

s.t.

$$\sum_{i=0}^{n}x_{ij}=1,\quad j=1,2,\cdots,n \tag{6.2}$$

$$\sum_{j=0}^{n}x_{ij}=1,\quad i=1,2,\cdots,n \tag{6.3}$$

$$V_i-v_i+(1-x_{ij})\cdot V\geqslant V_j,\quad i=1,2,\cdots,n,\quad j=1,2,\cdots,n \tag{6.4}$$

$$V\geqslant V_j\geqslant v_j,\quad j=1,2,\cdots,n \tag{6.5}$$

$$x_{ij}\in\{0,1\},\quad i=0,1,2,\cdots,n,\quad j=0,1,2,\cdots,n \tag{6.6}$$

该模型是 CVRP 的整数规划模型。目标函数（6.1）使得总费用最小，注意，在目标函数的求和中，应该有“$i\neq j$”（任何节点不存在自身到自身的边），但为了简化表达式，我们不明确写出，后面涉及同时对 i 和 j 求和的地方也是同样要求，我们不再重复说明。约束条件（6.2）和约束条件（6.3）要求只有一条路线服务一个客户，约束条件（6.4）和约束条件（6.5）

是车辆容量约束。约束条件（6.4）表示如果车辆是从客户 i 直接到客户 j 的，即 $x_{ij}=1$，则车辆在到达客户 i 时的装载量 V_i 减去配送给客户 i 的量 v_i 要等于（不少于）车辆到达客户 j 时的装载量 V_j。约束条件（6.5）的左边表示车辆到达每个客户时的装载量都不超过 V，从而保证了车辆容量的限制得到满足，约束的右边保证车辆到达每个客户时的装载量都不少于客户的需求量 v_i，从而保证了客户的配送量可以得到满足。

例题 6.1　假设某配送中心为周边 15 个客户送货，配送中心和客户的位置坐标以及给各个客户的送货量如表6.5所示。送货车辆最大载货量为 100，每公里行驶费用为 5.0 元。问应该如何安排送货路线，可使总送货成本最小？

表 6.5　配送中心和客户的位置坐标以及给各个客户的送货量

节点编号	X 坐标	Y 坐标	送货量
0	50	50	—
1	50	68	30
2	67	3	20
3	14	73	15
4	28	39	10
5	75	40	15
6	35	85	30
7	60	6	25
8	27	5	40
9	76	75	40
10	46	30	10
11	3	50	50
12	81	13	25
13	5	1	40
14	79	4	20
15	11	55	10

分析：要求解例题 6.1，我们首先可以根据表6.5中各个节点的位置坐标，计算出各节点之间的行驶距离（直线距离），如表 6.6所示。然后根据模型（6.1）～模型（6.6）写出该问题的决策模型，由于节点数量不多，我们可以利用 Excel 的 OpenSolver 对模型进行求解。求解可得，最优的路线方案为四条路线，分别为：$0\to5\to9\to1\to0$，$0\to11\to3\to6\to0$，$0\to12\to14\to2\to7\to10\to0$，$0\to15\to13\to8\to4\to0$，如图6.2所示，方案对应的送货成本为 2707.89 元。

6.2.2　其他车辆路径问题模型

6.2.1 的模型只考虑了车辆装载体积的限制，如果除了体积限制，还有装载重量的限制，我们也可以类似地处理。定义如下。

W 为车辆的最大装载重量。

w_i 为客户 i 的需求重量，$i=1,2,\cdots,n$。

W_i（决策变量）为配送车辆到达客户 i 卸货前的装载量，$i=1,2,\cdots,n$。

对应要同时考虑车辆装载重量限制的情形，我们只需在 CVRP 模型中再添加如下两个

表 6.6 配送中心及客户之间的距离（单位：公里）

节点	0	1	2	3	4	5	6	7	8	9	10	11	12	13	14	15
0	0	18.0	50.0	42.7	24.6	26.9	38.1	45.1	50.5	36.1	20.4	47.0	48.3	66.5	54.4	39.3
1	18.0	0	67.2	36.3	36.4	37.5	22.7	62.8	67.1	26.9	38.2	50.3	63.1	80.7	70.3	41.1
2	50.0	67.2	0	87.8	53.1	37.9	88.0	7.6	40.0	72.6	34.2	79.4	17.2	62.0	12.0	76.4
3	42.7	36.3	87.8	0	36.8	69.4	24.2	81.3	69.2	62.0	53.6	25.5	89.9	72.6	94.8	18.2
4	24.6	36.4	53.1	36.8	0	47.0	46.5	46.0	34.0	60.0	20.1	27.3	59.0	44.4	61.9	23.3
5	26.9	37.5	37.9	69.4	47.0	0	60.2	37.2	59.4	35.0	30.7	72.7	27.7	80.1	36.2	65.7
6	38.1	22.7	88.0	24.2	46.5	60.2	0	82.9	80.4	42.2	56.1	47.4	85.4	89.2	92.2	38.4
7	45.1	62.8	7.6	81.3	46.0	37.2	82.9	0	33.0	70.8	27.8	72.0	22.1	55.2	19.1	69.3
8	50.5	67.1	40.0	69.2	34.0	59.4	80.4	33.0	0	85.4	31.4	51.0	54.6	22.4	52.0	52.5
9	36.1	26.9	72.6	62.0	60.0	35.0	42.2	70.8	85.4	0	54.1	77.2	62.2	102.6	71.1	68.0
10	20.4	38.2	34.2	53.6	20.1	30.7	56.1	27.8	31.4	54.1	0	47.4	38.9	50.2	42.0	43.0
11	47.0	50.3	79.4	25.5	27.3	72.7	47.4	72.0	51.0	77.2	47.4	0	86.3	49.0	88.8	9.4
12	48.3	63.1	17.2	89.9	59.0	27.7	85.4	22.1	54.6	62.2	38.9	86.3	0	76.9	9.2	81.6
13	66.5	80.7	62.0	72.6	44.4	80.1	89.2	55.2	22.4	102.6	50.2	49.0	76.9	0	74.1	54.3
14	54.4	70.3	12.0	94.8	61.9	36.2	92.2	19.1	52.0	71.1	42.0	88.8	9.2	74.1	0	85.0
15	39.3	41.1	76.4	18.2	23.3	65.7	38.4	69.3	52.5	68.0	43.0	9.4	81.6	54.3	85.0	0

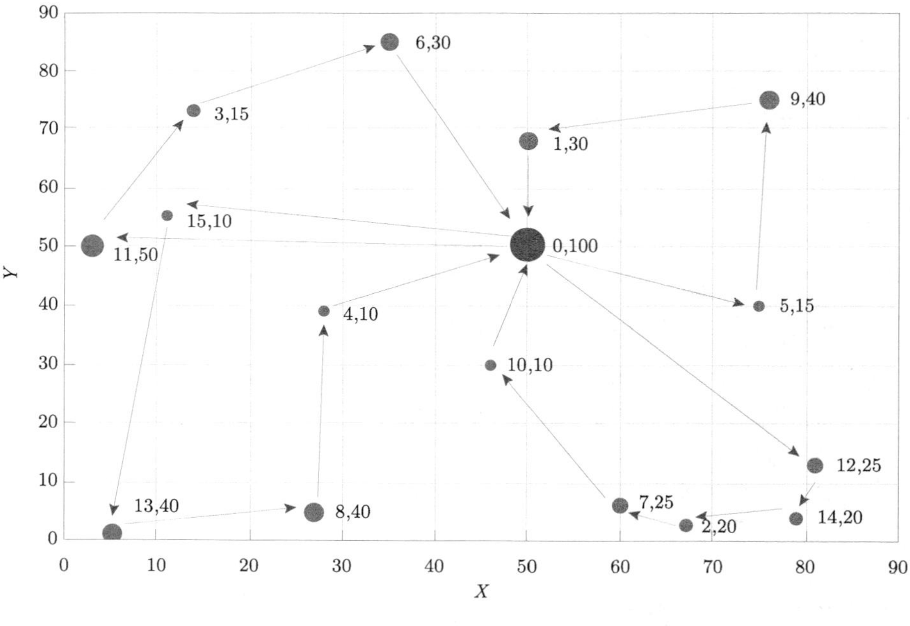

图 6.2 例题6.1的最优送货路线方案

约束：

$$W_i - w_i + (1 - x_{ij}) \cdot W \geqslant W_j,\ i = 1, 2, \cdots, n,\ j = 1, 2, \cdots, n \tag{6.7}$$

$$W \geqslant W_j \geqslant w_j,\ j = 1, 2, \cdots, n \tag{6.8}$$

约束条件（6.7）表示如果车辆是从客户 i 直接到客户 j 的，即 $x_{ij} = 1$，则车辆在到达客

户 i 时的装载重量 W_i 减去配送给客户 i 的量 w_i 要等于（不少于）车辆到达客户 j 时的装载重量 W_j。约束条件（6.8）的左边表示车辆到达每个客户时的装载重量都不超过 W，从而保证了车辆装载重量的限制得到满足，约束的右边保证车辆到达每个客户时的装载重量都不少于客户的需求重量 w_j，从而保证了客户的配送量可以得到满足。

如果对每条配送路线的长度有限制，例如，用电动汽车进行配送的情况，我们也可以增加类似的约束，定义如下。

D 为每条路线的最大行驶路程。

d_{ij} 为节点 i 到节点 j 的路程，$i=0,1,2,\cdots,n$，$j=0,1,2,\cdots,n$。

D_i（决策变量）为配送车辆到达节点 i 时的剩余可行驶路程，$i=1,2,\cdots,n$。

对应要考虑车辆配送路线长度限制的情形，我们只需在 CVRP 模型中再添加如下两个约束：

$$D_i - d_{ij} + (1 - x_{ij}) \cdot D \geqslant D_j，i=1,2,\cdots,n，j=1,2,\cdots,n \tag{6.9}$$

$$D - d_{0j} \geqslant D_j \geqslant d_{j0}，j=1,2,\cdots,n \tag{6.10}$$

约束条件（6.9）表示如果车辆是从客户 i 直接到客户 j 的，即 $x_{ij}=1$，则车辆在到达客户 j 时剩余的可行驶路程 D_j 不超过车辆到达客户 i 时剩余的可行驶路程 D_i 减去 i 到 j 的距离 d_{ij}。约束条件（6.10）的左边表示车辆到达客户 j 时剩余的可行驶路程不超过直接从配送中心出发到该客户时剩余的可行驶路程，约束右边表示车辆到达每个客户时剩余的可行驶路程足以保证车辆可以回到配送中心。

另外，在 CVRP 模型中，我们只考虑了车辆的行驶费用，没有考虑车辆的固定费用。假设每辆车每天只能按一条路线进行配送，每车每天的固定费用为 f。如果要考虑车辆的固定费用，我们只需要修改模型的目标函数（6.1），将目标函数改为

$$\min \sum_{i=0}^{n}\sum_{j=0}^{n} c_{ij} \cdot x_{ij} + f \cdot \sum_{j=1}^{n} x_{0,j} \tag{6.11}$$

很明显，目标函数（6.11）中，$\sum\limits_{j=1}^{n} x_{0,j}$ 是总的规划路线的条数，即车辆数。

例题 6.2　重新考虑例题6.1的配送问题，假设还需要考虑车辆最大装载重量的限制，每辆车的最大载重量为 5000 千克，客户货物的重量如表6.7所示。这种情况下，应该如何安排送货路线，使总送货费用最小？

表 6.7　客户货物的重量表（单位：千克）

客户编号	1	2	3	4	5	6	7	8	9	10	11	12
货物重量	1400	1200	800	600	600	1000	800	2000	1800	500	3000	2000
客户编号	13	14	15									
货物重量	1900	1000	600									

例题 6.3　重新考虑例题6.1的配送问题，假设采用新能源车辆进行配送，中途不能充电，因此每条配送路线的长度不能超过 120 公里。这种情况下，应该如何安排送货路线，使总送货费用最小？

6.2.3 多车型的车辆路径问题模型

在6.2.1节中，我们考虑的是单一车型的模型，现假设有多种车型可以用，每种车型的行驶费用和固定费用都不一样，为简化起见，我们假定只有车辆装载容量（体积）的约束，不考虑装载重量和行驶路程的限制。我们用角标 k 表示车型，假设一共有 K 种车型，定义如下。

c_{ij}^k 为类型 k 车辆从节点 i 到节点 j 的成本，$i=0,1,2,\cdots,n$，$j=0,1,2,\cdots,n$，$k=1,2,\cdots,K$。

V^k 为类型 k 车辆的最大容量（体积），$k=1,2,\cdots,K$。

f^k 为类型 k 车辆的固定费用，$k=1,2,\cdots,K$。

v_i 为客户 i 的需求量（体积），$i=1,2,\cdots,n$。

x_{ij}^k 为 0-1 变量，表示是否有类型 k 的车辆从节点 i 到节点 j，$i=0,1,2,\cdots,n$，$j=0,1,2,\cdots,n$，$k=1,2,\cdots,K$。

V_i^k（决策变量）为类型 k 车辆到达客户 i 卸货前的装载量，$i=1,2,\cdots,n$，$k=1,2,\cdots,K$。

多车型的车辆路径问题（multi-type vehicle routing problem, MVRP）模型可以表示如下：

$$\min \sum_{k=1}^{K}\sum_{i=0}^{n}\sum_{j=0}^{n} c_{ij}^k \cdot x_{ij}^k + \sum_{k=1}^{K} f^k \cdot \sum_{j=1}^{n} x_{0j}^k \tag{6.12}$$

s.t.

$$\sum_{k=1}^{K}\sum_{i=0}^{n} x_{ij}^k = 1,\ j=1,2,\cdots,n \tag{6.13}$$

$$\sum_{i=0}^{n} x_{ij}^k - \sum_{i=0}^{n} x_{ji}^k = 0,\ j=1,2,\cdots,n,\ k=1,2,\cdots,K \tag{6.14}$$

$$V_i^k - v_i + (1-x_{ij}^k)\cdot M \geqslant V_j^k,\ i=1,2,\cdots,n,\ j=1,2,\cdots,n,\ k=1,2,\cdots,K \tag{6.15}$$

$$V^k \geqslant V_j^k \geqslant v_j \cdot x_{j0}^k,\ j=1,2,\cdots,n,\ k=1,2,\cdots,K \tag{6.16}$$

$$x_{ij}^k \in \{0,1\},\ i=0,1,\cdots,n,\ j=0,1,\cdots,n,\ k=1,2,\cdots,K \tag{6.17}$$

在 MVRP 模型中，目标函数（6.12）包含行驶费用和固定费用两部分，约束条件（6.13）要求每个客户都需要有一辆车去服务，约束条件（6.14）使得到达每个客户和离开该客户的必须是同一种车型（同一辆车）。约束条件（6.15）和约束条件（6.16）是车辆容量约束，这里 M 是一个足够大的数（如所有车型中最大的容量，即取 $M=\max\{V^k:k=1,2,\cdots,K\}$）。

例题 6.4 重新考虑例题6.1的配送问题，假设有两种车型可以使用：车型 1 的最大载货量为 100，每公里行驶费用为 5.0 元，每趟固定费用为 150 元；车型 2 最大载货量为 150，每公里行驶费用为 6.0 元，每趟固定费用为 200 元。这种情况下，应该如何安排送货路线，使总送货费用最小？

6.2.4 带有时间窗的车辆路径问题模型

在有些情形下，客户会有服务时间的要求，例如，只能在上午 9:00～12:00 配送，如果配送车辆在 9:00 之前到达客户，则只能等待到 9:00 才能配送，若在 12:00 之后到达，有些企业是不允许的，有些企业虽然允许这种情形，但会给这种情况加一个惩罚，以尽量减少这种情况的发生。这个问题称为带有时间窗的车辆路径问题（vehicle routing problem with time window, VRPTW）。若不允许车辆晚于客户时间窗的最晚时间到达，称为硬时间窗（hard time window）；若允许车辆晚于客户时间窗的最晚时间到达，但会有一个额外惩罚，称为软时间窗（soft time window）。这一节我们考虑该问题的决策模型。为简化起见，这里只考虑单一车型的情形。我们沿用6.2.1节中定义的参数和变量符号，并增加以下几个参数和变量符号。

t_{ij} 为节点 i 到节点 j 的行驶时间，$i=0,1,2,\cdots,n$，$j=0,1,2,\cdots,n$。

τ_i 为客户 i 的服务时间，$i=1,2,\cdots,n$。

$[a_i,b_i]$ 为客户 i 的服务时间窗，$i=0,1,2,\cdots,n$，其中 $[a_0,b_0]$ 表示配送中心的最早出发时间和最晚回程时间。

g 为单位时间的惩罚成本（软时间窗情形）。

T_i（决策变量）为配送车辆到达客户 i 的时间，$i=0,1,2,\cdots,n$，其中 T_0 为所有路线离开配送中心的最早时间。

t_i（决策变量）为配送车辆在客户 i 的迟到时间（软时间窗情形），$i=1,2,\cdots,n$。

对于硬时间窗问题的模型，VRPTW 模型如下：

$$\min\sum_{i=0}^{n}\sum_{j=0}^{n}c_{ij}\cdot x_{ij} \tag{6.18}$$

$$\sum_{i=0}^{n}x_{ij}=1,\ j=1,2,\cdots,n \tag{6.19}$$

$$\sum_{j=0}^{n}x_{ij}=1,\ i=1,2,\cdots,n \tag{6.20}$$

$$V_i-v_i+(1-x_{ij})\cdot V\geqslant V_j,\ i=1,2,\cdots,n,\ j=1,2,\cdots,n \tag{6.21}$$

$$v_j\leqslant V_j\leqslant V,\ j=1,2,\cdots,n \tag{6.22}$$

$$T_i+\tau_i+t_{ij}+(x_{ij}-1)\cdot M\leqslant T_j,\ i=0,1,\cdots,n,\ j=1,2,\cdots,n \tag{6.23}$$

$$a_i\leqslant T_i\leqslant b_i,\ i=0,1,2,\cdots,n \tag{6.24}$$

$$T_i+\tau_i+t_{i0}\leqslant b_0,\ i=1,2,\cdots,n \tag{6.25}$$

$$x_{ij}\in\{0,1\},\ i=0,1,\cdots,n,\ j=0,1,\cdots,n \tag{6.26}$$

模型（6.18）～模型（6.26）中，目标函数是总运输费用最少，约束条件（6.19）～约束条件（6.22）的含义如6.2.1节的解释，这里不重复。约束条件（6.23）表示车辆到达客户 j 的时间，不早于车辆到达前续节点的时间与在前续节点的服务时间与行驶时间之和。约束条件（6.24）是硬时间窗约束，约束条件（6.25）保证任何车辆都可以在不晚于 b_0 的时间回到配送中心。

软时间窗情形的模型与上述硬时间窗要求的模型相似，只是目标函数要加上惩罚成本，表示如下：

$$\min\sum_{i=0}^{n}\sum_{j=0}^{n}c_{ij}\cdot x_{ij}+\sum_{i=1}^{n}g\cdot t_i \tag{6.27}$$

同时，约束条件（6.24）改为

$$a_i\leqslant T_i\leqslant b_i+t_i,\ i=1,2,\cdots,n \tag{6.28}$$

例题 6.5 重新考虑例题6.1的配送问题，假设客户有送货时间窗要求，如表6.8所示。车辆最早 8:00 从配送中心出发，平均行驶速度为 30 公里/小时。这种情况下，应该如何安排送货路线，使总送货费用最小？

表 6.8 客户送货时间要求表（有时间窗）

客户 i	1	2	3	4	5	6	7	8
a_i	8：00	8：00	8：00	10：00	9：00	9：00	8：00	10：00
b_i	10：00	12：00	12：00	12：00	12：00	12：00	12：00	14：00
客户 i	9	10	11	12	13	14	15	
a_i	10：00	10：00	8：00	8：00	8：00	8：00	8：00	
b_i	14：00	14：00	12：00	12：00	10：00	10：00	10：00	

例题 6.6 重新考虑例题6.5的配送问题，若允许车辆晚于客户的最晚送达时间，但有惩罚成本，惩罚成本为每小时 50 元。这种情况下，应该如何安排送货路线，使总送货费用最小？

6.2.5 多行程带时间窗的车辆路径问题模型

6.2.5节我们考虑一个更为复杂的车辆路径情形，也是用电动汽车配送时经常会面临的情形：多行程带时间窗的车辆路径问题（multiple trip vehicle routing problem with time window, MTVRPTW）。我们先考虑一个相对简单的情形，假设只有一种电动车型，最大行程是 D，在配送过程中，车辆不允许去充电，即单趟配送行程的距离不能超过 D，但车辆配送完一个行程后可以回到配送中心充电和装货，充电及装货的时间一共为 τ_0，充满电后可以开始另一个行程，行程的最大距离同样是 D，依次重复。每辆车每天的行程个数不限，但须在配送中心营业时间结束前回到配送中心，客户要求的时间窗是硬时间窗。我们沿用6.2.1节、6.2.2 节和6.2.4节的符号定义，同时增加如下符号的定义。

f 为每辆车每天的固定费用。

y_{ij} 为 0-1 变量，$y_{ij}=1$ 表示某一辆车的某个行程最后一个客户为 i，并且紧接着下一个行程的第一个客户为 j，$i=1,2,\cdots,n$，$j=1,2,\cdots,n$。

因此，MTVRPTW 模型可以表示如下：

$$\min\sum_{i=0}^{n}\sum_{j=0}^{n}c_{ij}\cdot x_{ij}+f\cdot\left(\sum_{j=1}^{n}x_{0j}-\sum_{i=1}^{n}\sum_{j=1}^{n}y_{ij}\right) \tag{6.29}$$

$$\sum_{i=0}^{n}x_{ij}=1,\ j=1,2,\cdots,n \tag{6.30}$$

$$\sum_{j=0}^{n}x_{ij}=1,\ i=1,2,\cdots,n \tag{6.31}$$

$$V_i-v_i+(1-x_{ij})\cdot V\geqslant V_j,\ i=1,2,\cdots,n,\ j=1,2,\cdots,n \tag{6.32}$$

$$v_j\leqslant V_j\leqslant V,\ j=1,2,\cdots,n \tag{6.33}$$

$$T_i+\tau_i+t_{ij}+(x_{ij}-1)\cdot M\leqslant T_j,\ i=0,1,\cdots,n,\ j=1,2,\cdots,n \tag{6.34}$$

$$T_i+\tau_i+t_{i0}+\tau_0+t_{0j}+(y_{ij}-1)\cdot M\leqslant T_j,\ i=1,2,\cdots,n,\ j=1,2,\cdots,n \tag{6.35}$$

$$a_i \leqslant T_i \leqslant b_i,\ i = 0, 1, 2, \cdots, n \tag{6.36}$$

$$T_i + \tau_i + t_{i0} \leqslant b_0,\ i = 1, 2, \cdots, n \tag{6.37}$$

$$\sum_{j=1}^{n} y_{ij} \leqslant x_{i0},\ i = 1, 2, \cdots, n \tag{6.38}$$

$$\sum_{i=1}^{n} y_{ij} \leqslant x_{0j},\ j = 1, 2, \cdots, n \tag{6.39}$$

$$D_i - d_{ij} + (1 - x_{ij}) \cdot D \geqslant D_j,\ i = 1, 2, \cdots, n,\ j = 1, 2, \cdots, n \tag{6.40}$$

$$D - d_{0j} \geqslant D_j \geqslant d_{j0},\ j = 1, 2, \cdots, n \tag{6.41}$$

$$x_{ij} \in \{0, 1\},\ i = 0, 1, 2, \cdots, n,\ j = 0, 1, 2, \cdots, n \tag{6.42}$$

$$D_i, V_i, T_i, t_i \geqslant 0,\ i = 0, 1, \cdots, n \tag{6.43}$$

在 MTVRPTW 模型中，目标函数（6.29）包含行驶费用和与车辆数相关的固定费用，其中（$\sum_{j=1}^{n} x_{0j} - \sum_{i=1}^{n}\sum_{j=1}^{n} y_{ij}$）为使用的车辆数量。约束条件（6.30）和约束条件（6.31）表示每个客户都要配送；约束条件（6.32）和约束条件（6.33）表示车辆容量限制；约束条件（6.34）～约束条件（6.36）表示服务时间窗及配送中心时间的限制；约束条件（6.37）表示车辆回到配送中心的时间不能晚于 b_0；约束条件（6.38）和约束条件（6.39）表示两个行程相连接的限制；约束条件（6.40）和约束条件（6.41）表示每个行程最大路程长度的限制。

例题 6.7　重新考虑例题6.1的配送问题，假设采用新能源车辆进行配送，中途不能充电，因此每条配送路线的长度不能超过 120 公里，每辆车每天固定费用为 500 元，每公里行驶费用为 3.0 元。客户有送货时间窗要求，如表6.9所示。车辆在配送中心充满电时间为 2 小时，装货时间忽略不计。车辆最早 8:00 从配送中心出发，最晚 18:00 需回到配送中心，平均行驶速度为 30 公里/小时。这种情况下，应该如何安排送货路线，使总送货费用最小？

表 6.9　客户送货时间要求表（单位：小时）

客户 i	1	2	3	4	5	6	7	8	9	10	11	12	13	14	15
a_i	8	8	8	10	9	9	8	10	10	10	8	8	8	8	8
b_i	10	18	12	15	18	18	18	18	18	18	12	12	18	18	18

6.2.6　多行程带时间窗的车辆路径问题模型

本节我们考虑电动汽车多行程带时间窗的车辆路径问题（electric multiple trip vehicle routing problem with time window，EMTVRPTW）。这一问题的模型比 6.2.5 节的模型更为复杂，与 6.2.5 节的区别是，这里采用的是纯电动汽车进行配送，因此需要考虑电动汽车的续航里程及充电问题。此外，我们假设电动汽车除了可以在配送中心充电外，还可以在配送途中去就近的充电桩（充电站）充电。我们沿用 6.2.5 节的参数和变量符号，把充电桩看成一个虚拟的客户，其需求量是 0，服务时间即是充电时间，假定有 m 个充电站，用节点 $n+1, n+2, \cdots, n+m$ 表示。为简化起见，我们假定每个充电桩只能服务一辆车，并且每次充电都会把电充满。对于一个充电桩可以服务多辆车的情形，我们可以把该充电桩虚拟成多个充电桩节点，这里不再讨论。其他符号定义如下。

τ_i 为车辆在充电桩 i 的充电时间，$i = n+1, n+2, \cdots, n+m$。

c_i 为车辆在充电桩 i 的充电费用，$i = n+1, n+2, \cdots, n+m$。

EMTVRPTW 模型可以表示如下：

$$\min \sum_{i=0}^{n+m}\sum_{j=0}^{n+m} c_{ij}\cdot x_{ij} + f\cdot\left(\sum_{j=1}^{n} x_{0j} - \sum_{i=1}^{n}\sum_{j=1}^{n} y_{ij}\right) + \sum_{j=n+1}^{n+m} c_j\cdot\sum_{i=1}^{n} x_{ij} \tag{6.44}$$

$$\sum_{i=0}^{n+m} x_{ij} = 1,\ j = 1,2,\cdots,n \tag{6.45}$$

$$\sum_{j=0}^{n+m} x_{ij} = 1,\ i = 1,2,\cdots,n \tag{6.46}$$

$$\sum_{i=1}^{n} x_{ij} \leqslant 1,\ j = n+1, n+2, \cdots, n+m \tag{6.47}$$

$$\sum_{j=1}^{n} x_{ij} - \sum_{j=1}^{n} x_{ji} = 0,\ i = n+1, n+2, \cdots, n+m \tag{6.48}$$

$$V_i - v_i + (1 - x_{ij})\cdot V \geqslant V_j,\ i = 1,2,\cdots,n+m,\ j = 1,2,\cdots,n+m \tag{6.49}$$

$$V \geqslant V_j \geqslant v_j,\ j = 1,2,\cdots,n+m \tag{6.50}$$

$$T_i + \tau_i + t_{ij} + (x_{ij} - 1)\cdot M \leqslant T_j,\ i = 0,1,\cdots,n+m,\ j = 1,2,\cdots,n+m \tag{6.51}$$

$$T_i + \tau_i + t_{i0} + \tau_0 + t_{0j} + (y_{ij} - 1)\cdot M \leqslant T_j,\ i = 1,2,\cdots,n,\ j = 1,2,\cdots,n \tag{6.52}$$

$$a_i \leqslant T_i \leqslant b_i,\ i = 0,1,2,\cdots,n \tag{6.53}$$

$$T_i + \tau_i + t_{i0} \leqslant b_0,\ i = 1,2,\cdots,n+m \tag{6.54}$$

$$\sum_{j=1}^{n} y_{ij} \leqslant x_{i0},\ i = 1,2,\cdots,n \tag{6.55}$$

$$\sum_{i=1}^{n} y_{ij} \leqslant x_{0j},\ j = 1,2,\cdots,n \tag{6.56}$$

$$D_i - d_{ij} + (1 - x_{ij})\cdot D \geqslant D_j,\ i = 1,2,\cdots,n,\ j = 0,1,2,\cdots,n+m \tag{6.57}$$

$$D - \sum_{i=0}^{n+m} d_{ij}\cdot x_{ij} \geqslant D_j \geqslant 0,\ j = 1,2,\cdots,n \tag{6.58}$$

$$x_{ij} \in \{0,1\},\ D_i, V_i, T_i, t_i \geqslant 0,\ i = 0,1,\cdots,n+m,\ j = 0,1,\cdots,n+m \tag{6.59}$$

在 EMTVRPTW 模型中，目标函数（6.44）包含行驶费用、与车辆数相关的固定费用以及在充电桩的充电费用，其中 $\sum_{j=n+1}^{n+m}\sum_{i=1}^{n} x_{ij}$ 为使用充电桩的车辆数量。约束条件（6.45）～约束条件（6.46）表示每个客户都要配送；约束条件（6.47）～约束条件（6.48）表示每个充电桩最多给一辆车充电，且离开充电桩的车辆数与到达充电桩的车辆数相同；约束条件（6.49）～约束条件（6.50）表示车辆容量限制；约束条件（6.51）～约束条件（6.54）表示服务时间窗及配送中心时间的限制；约束条件（6.55）～约束条件（6.56）表示两个行程相连接的限制；约束条件（6.57）～约束条件（6.58）表示每个行程最大续航里程的限制。

6.2.7　回程取货的车辆路径问题模型

在 6.2.1 节～6.2.6 节的模型中，我们考虑了只有配送（或只有取货）的情形。在本节我们讨论既有送货又有取货任务的路线规划问题。考虑实际运作的限制，有些公司会要求车辆先完成全部送货任务后才能开始取货任务（避免送货与取货货物的操作失误导致货物丢失），因此，这一节我们考虑送货完成后回程取货的路线规划问题（vehicle routing problem with backhauls，VRPB）。

假设有 n 个送货需求的客户，用节点 $1,2,\cdots,n$ 表示，有 m 个取货需求的客户，用节点 $n+1,n+2,\cdots,n+m$ 表示。如果同一客户既有送货需求，又有取货需求，由于车辆先完成全部送货任务后才能开始取货任务，因此须把该客户当作两个节点（一个为送货需求，另一个为取货需求）来处理，节点 0 表示配送中心。定义如下。

$\mathcal{A}_1$ 为 $\{(i,j)\in\mathcal{A}, i=0,1,2,\cdots,n，j=0,1,2,\cdots,n\}$，表示配送中心到所有配送客户以及配送客户到配送客户之间的边的集合。

$\mathcal{A}_2$ 为 $\{(i,j)\in\mathcal{A}, i=n+1，n+2,\cdots,n+m；j=0,n+1,n+2,\cdots,n+m\}$，表示所有取货客户到配送中心以及取货客户到取货客户之间的边的集合。

$\mathcal{A}_3$ 为 $\{(i,j)\in\mathcal{A}, i=0,1,2,\cdots,n，j=0,n+1，n+2,\cdots,n+m\}$，表示所有配送客户到所有取货客户或配送中心之间的边的集合。

$\mathcal{A}$ 为 $\mathcal{A}_1\cup\mathcal{A}_2\cup\mathcal{A}_3$，表示所有边的集合。

v_i 为客户 i 的送货量（体积），$i=1,2,\cdots,n$。

v_i 为客户 i 的取货量（体积），$i=n+1,n+2,\cdots,n+m$。

V_i 为车辆到达送货客户 i 卸货前的装载量，$i=1,2,\cdots,n$。

V_i 为车辆到达取货客户 i 装货后的装载量，$i=n+1,n+2,\cdots,n+m$。

f 为车辆每趟行程的固定费用。

V 为车辆的最大装载量（体积）。

通过该问题的定义，我们可以看出运输网络的路线中有三种情况。一种是连接配送中心及有配送要求的客户的边，一种是连接配送中心及有取货要求的客户的边，一种是连接配送客户到取货客户或配送中心的边。通过这样的定义，新形成的网络图就是一个从起始配送中心只能到有配送要求的客户，再到达有取货要求的客户或者配送中心的有向网络，车辆到达有取货要求的客户后就不可能再回到有配送要求的客户。这就保证了车辆先完成配送要求再完成取货要求，最后回到配送中心或者完成配送要求后直接回到配送中心的假设。

VRPB 模型如下：

$$\min \sum_{(i,j)\in\mathcal{A}} c_{ij}\cdot x_{ij} + f\cdot \sum_{(0,j)\in\mathcal{A}} x_{0j} \tag{6.60}$$

$$\sum_{(i,j)\in\mathcal{A}_1} x_{ij} = \sum_{(j,i)\in\mathcal{A}_1\cup\mathcal{A}_3} x_{ji} = 1，\ j=1,2,\cdots,n \tag{6.61}$$

$$\sum_{(i,j)\in\mathcal{A}_2\cup\mathcal{A}_3} x_{ij} = \sum_{(j,i)\in\mathcal{A}_2} x_{ji} = 1，\ j=n+1,n+2,\cdots,n+m \tag{6.62}$$

$$V_i - v_i + (1-x_{ij})\cdot V \geqslant V_j，\ i=1,2,\cdots,n，\ j=1,2,\cdots,n \tag{6.63}$$

$$V_i + v_j + (x_{ij} - 1) \cdot V \leqslant V_j, \ i = n+1, n+2, \cdots, n+m, \ j = n+1, n+2, \cdots, n+m \tag{6.64}$$

$$V \geqslant V_j \geqslant v_j, \ j = 1, 2, \cdots, n+m \tag{6.65}$$

$$x_{ij} \in \{0, 1\}, \ \forall (i, j) \in \mathcal{A} \tag{6.66}$$

在 VRPB 模型中，目标函数(6.60)是总费用最小。约束条件(6.61)和约束条件(6.62)分别要求每一个配送客户与取货客户都要被服务，其中，约束条件（6.61）中求和项限定 $(i,j) \in \mathcal{A}_1$ 保证了对于每个送货任务的节点 j，其前续节点只能是配送中心 0 或者其他送货节点，约束条件（6.62）中求和项限定 $(j,i) \in \mathcal{A}_2$ 保证了对于每个取货任务的节点 j，离开该节点后，其后续节点只能是其他取货节点或配送中心 0。因此，这样就保证了模型的可行路线一定是先送货再取货，不会有混合的情形出现。约束条件（6.63）～约束条件（6.65）是车辆容量约束。约束条件（6.63）表示，如果车辆是从配送客户 i 直接到配送客户 j 的，即 $x_{ij} = 1$，则车辆在到达配送客户 i 时的装载量 V_i 减去配送给客户 i 的量 v_i 要等于（不少于）车辆到达客户 j 时的装载量 V_j；约束条件（6.64）表示，如果车辆是从取货客户 i 直接到取货客户 j 的，即 $x_{ij} = 1$，则车辆在到达取货客户 j 且装完客户 j 的货量之后的装载量 V_j 应该不少于车辆到达客户 i 时的装载量 V_i 加上客户 j 的取货量 v_j。约束条件（6.65）的左边表示车辆在每个客户时的装载量都不超过 V，从而保证了车辆容量的限制得到满足，约束的右边保证车辆到达每个客户时的装载量都不少于客户的需求量，从而保证了客户的配送量或取货量可以得到满足。

例题 6.8 重新考虑例题6.1的配送问题，假设前 10 个客户为送货客户，后 5 个客户为取货客户。车辆每公里行驶费用为 5.0 元，每趟行程固定费用为 500 元。这种情况下，应该如何安排送货和取货路线，使总费用最小？

6.3 车辆路径问题的列生成模型及算法

本节我们考虑另外一种思路对车辆路径问题进行建模，这个模型叫集合覆盖模型。用这种方法建模，可以很方便地用列生成算法（column generation，CG）来求解。我们考虑 CVRP。假设我们事先已经构造出了所有可行的配送路线，用集合 $\mathcal{R}$ 表示。每条路线配送的客户和配送距离已知，其对应的配送费用也已知。我们的决策目标是从这些可行的配送路线中选出若干条，使得总费用最少，并且每个客户都会有一条路线服务，定义如下。

c_r 为路线 r 的成本，$r \in \mathcal{R}$。

σ_{ir} 为 0-1 变量，$\sigma_{ir} = 1$ 表示路线 r 会覆盖（服务）客户 i，$i = 1, 2, \cdots, n$，$r \in \mathcal{R}$。

x_r（决策变量）为是否选用路线 r，即 $x_r = 1$ 表示选用路线 r，否则为 0，$r \in \mathcal{R}$。

因此，CVRP 模型变为选择哪些路线，使得总费用最小，CVRP-CG 模型可以表示如下：

$$\min \sum_{r \in \mathcal{R}} c_r \cdot x_r \tag{6.67}$$

$$\sigma_{ir} \cdot x_r \geqslant 1, \ i = 1, 2, \cdots, n \tag{6.68}$$

$$x_r \geqslant 0, \ r \in \mathcal{R} \tag{6.69}$$

CVRP-CG 模型比较简单，我们只需在给定的可行路线集中选择合适的路线，使得约束条件（6.68）得到满足，即每个客户都有路线覆盖。理论上，如果我们能列举出所有可行的路线集，便可以通过模型求出最优解。然而，根据线性规划模型的性质，模型只有 n 个约束，因此，最优解最多只有 n 个非零变量，即最多选用 n 条路线。我们称最终选用的路线为"有效"路线，理论上来说，我们不必把所有可行路线都列举出来，而可以采用列生成算法的思想，逐步"生成"可能有效的路线，具体思路如下。

首先，我们构造 n 条路线，每条路线只服务一个客户，然后解这个限制主问题（CG-masterproblem）模型。

$$\min \sum_{r=1}^{n} c_r \cdot x_r \tag{6.70}$$

$$\sum_{i=1}^{n} x_i \geqslant 1,\ i=1,2,\cdots,n \tag{6.71}$$

$$x_r \geqslant 0,\ r=1,2,\cdots,n \tag{6.72}$$

这个模型被称为限制主问题模型，是因为我们把可选的路线集合限制为 n 条，且每条路线只服务一个客户。很明显，这个问题的最优解是 $x_i^*=1$，$i=1,2,\cdots,n$。令 μ_i 为约束条件（6.71）第 i 行对应的对偶解，则我们的目标是要找一条路线 r，使得 $\tilde{c}_r = c_r - \sum_{i=1}^{n} \sigma_{ir} \cdot \mu_i < 0$。如果存在这样一条路线，则我们把这条路线加入主问题 CVRP-CG 模型中，重新求解，目标函数值可以减少，如果不存在任何路线满足 $\tilde{c}_r < 0$，则说明当前解就是最优解。这一过程称为求解子问题，子问题也称为"pricing"问题。我们用节点 $n+1$ 表示配送中心终点，则子问题即是求一条从节点 0 出发，经过 $1,2,\cdots,n$ 中若干个客户，最后回到节点 $n+1$ 的路线，使得对应的费用小于 0，并且路线上经过的客户的需求总和不超过车辆的最大容量 V。这个问题可以用子问题模型（CG-subproblem）描述，定义如下。

z_i 为 0-1 变量，$z_i=1$ 表示路线包含客户 i，$i=1,2,\cdots,n$。

y_{ij} 为变量，$y_{ij}=1$ 表示路线包含边 (i,j)，$i=0,1,2,\cdots,n$，$j=1,2,\cdots,n+1$。

CG-subproblem 模型如下：

$$\min \sum_{i=0}^{n}\sum_{j=1}^{n+1} c_{ij}\cdot y_{ij} - \sum_{i=1}^{n} \mu_i \cdot z_i \tag{6.73}$$

$$\sum_{j=1}^{n} y_{0j} = 1 \tag{6.74}$$

$$\sum_{i=0}^{n} y_{ij} = \sum_{i=1}^{n+1} y_{ji} = z_j,\ j=1,2,\cdots,n \tag{6.75}$$

$$\sum_{i=1}^{n} y_{i,n+1} = 1 \tag{6.76}$$

$$\sum_{i=1}^{n} v_i \cdot z_i \leqslant V \tag{6.77}$$

$$z_i \in \{0,1\},\ y_{ij} \geqslant 0,\ i=0,1,2,\cdots,n,\ j=1,2,\cdots,n+1 \tag{6.78}$$

归纳以上过程，CVRP 的列生成算法的步骤如下。

步骤 1：构建 n 条可行的路线，求解 CG-masterproblem 模型，其中 $\mathcal{R}=\{1,2,\cdots,n\}$。

步骤 2：令 μ_i 为 CG-masterproblem 模型最优解中约束 i 的对偶值，$i=1,2,\cdots,n$，求解 CG-subproblem 模型。

步骤 3：如果子问题的最优值大于等于 0，转到步骤 4；否则，令 $(z_1^*,z_2^*,\cdots,z_n^*)$ 为子问题最优解，将方案 $\sigma_{ir}=z_i^*$（$i=1,2,\cdots,n$）作为新的路线加入 $\mathcal{R}$，并重新求解 CG-masterproblem 模型，转到步骤 2。

步骤 4：当前限制主问题的最优解就是 $\mathcal{R}$ 为所有可行路线数时 CVRP-CG 模型的最优解。

列生成算法是一个迭代算法，在列生成算法中，CG-subproblem 模型需要求解很多次，因此，该子问题的求解速度会直接影响到列生成算法的求解效率。除了可以直接求解整数规划模型即 CG-subproblem 模型外，我们还可以把子问题转化为一个有资源约束的初等最短路径问题（elementary shortest path problem with resource constraints，ESPPRC），然后通过标号法（label correcting method）进行求解，详见参考文献 [9]、[10]。

6.4 求解 CVRP 的启发式算法

车辆路径问题以及该问题的各种变形都是整数规划问题，当问题规模较大时，很难得到最优解。因此，对于规模较大的问题，通常用启发式算法来求解。车辆路径问题的启发式算法可以分为两大类：构造算法（constructive heuristics）和两阶段算法（two-phase heuristics）。构造算法主要是逐步构造可行的配送路线，并使得成本尽可能得小。然而，构造算法通常不包含改进路线方案的步骤。两阶段算法是指把求解过程分成两阶段来做。根据具体操作又可分为两类：一是先将客户分组再安排路线；二是先安排路线再分组，即先将所有客户安排在一条路线中再根据容量限制将路线分段。当然，在实际应用中，这些分类的界限有时会很模糊，多数情况下是综合应用这些算法以得到更好的调配方案。下面我们分别介绍几个常见的启发式算法。

6.4.1 扫描算法

扫描算法（sweep algorithm）最早由 Gillett 和 Miller [11]1974 年提出，是车辆路径问题中的一个很著名的路径构造算法。该方法首先采用极坐标来表示各需求点的位置，然后取任一需求点为起始点，定义其角度为零度，按照顺时针或逆时针方向，以车辆最大载货量为限制条件进行区域分割，把不同的需求点分成组，每一组再用旅行商问题（traveling salesman problem，TSP）的求解算法进行路线安排，求解各组需求点的最佳送货路线，如图6.3所示。

扫描算法步骤如下。

步骤 1：以配送中心为坐标原点，任意选择一方向定义为零角度，建立极坐标系。

步骤 2：建立一个新组，按逆时针方向将客户加入组中，直到添加下一客户的需求会超出车辆的最大载货量。

步骤 3：重复步骤 2，直到所有客户都被加入某一组。

步骤 4：运用旅行商问题求解算法，对每组客户的配送路线进行优化。

步骤 5：运用节点交换算法，将需求点在不同组之间进行交换，从而对配送路线进行优化。

扫描算法的前三个步骤比较简单，可以得到一个初始的路线方案，后面两个步骤比较复杂，详细见参考文献 [11]。

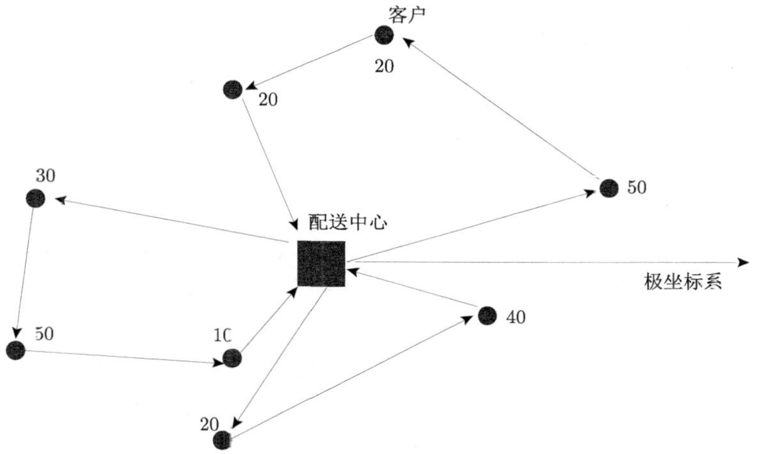

图 6.3　扫描算法示意图

例题 6.9　考虑例题6.1的配送问题，用扫描算法进行求解。

6.4.2　最近邻点法

最近邻点法（nearest neighbor algorithm）也是车辆路径问题中的一个很常用的路径构造算法，其算法思想很简单，就是每次添加离当前位置最近的客户，直到不满足车辆的最大载货量约束，如图6.4所示。

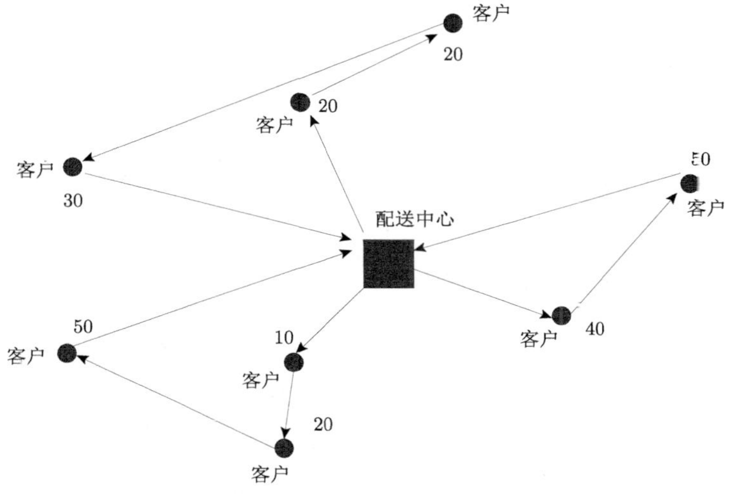

图 6.4　最近邻点法示意图

最近邻点法步骤如下。

步骤 1：从配送中心出发，作为路线的起点。

步骤 2：在未被安排配送路线的客户中，找到离刚刚加入路线上的点最近的一个客户，如果添加该客户后仍满足车辆最大载货量约束，则把客户加入路线，否则，跳到步骤 4。

步骤 3：重复步骤 2，直到不满足车辆最大载货量约束。

步骤 4：若所有需求点都已安排配送路线，算法结束；否则，转到步骤 1。

例题 6.10 考虑例题6.1的配送问题，用最近邻点法进行求解。

6.4.3 节约里程法

节约里程法（saving algorithm）最早由 Clarke 和 Wright [12] 于 1964 年提出，是车辆路径问题中的一个很著名的算法。节约里程法核心思想是通过不断地对路线进行合并重组来降低成本。假定节点间的距离对称，考虑两个节点 i 和节点 j，不妨假设这两个节点分别在两条不同的配送路线上（若这两个节点在同一条路线上，情形更简单），如图6.5所示。记 i 和 j 的两个相邻节点分别为 $i \pm 1$ 和 $j \pm 1$。若把两个节点合并，即 x_{ij} 的值由 0 变为 1（相当于边 (i, j) 在某条路线中），则共有四种可能的方案，如图6.6所示。

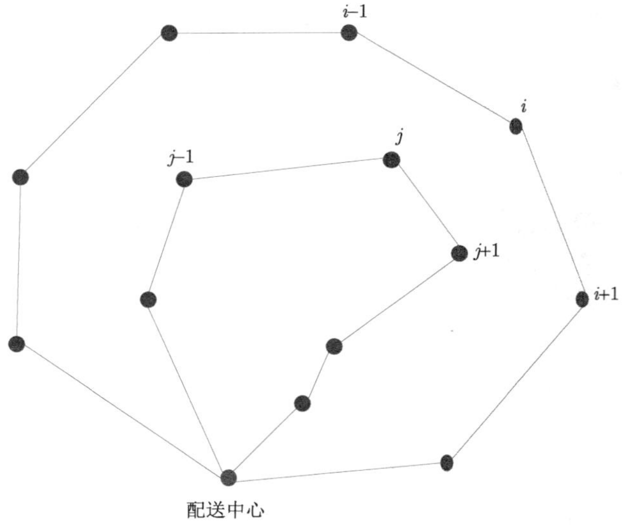

图 6.5 节约里程法示意图

这四种可能的方案，对应的成本节约分别为

$$s_{ij}^A = c_{i,i+1} + c_{j-1,j} - c_{ij} - c_{j-1,0} - c_{0,i+1} \tag{6.79}$$

$$s_{ij}^B = c_{i-1,i} + c_{j,j+1} - c_{ij} - c_{i-1,0} - c_{0,j+1} \tag{6.80}$$

$$s_{ij}^C = c_{i-1,i} + c_{j-1,j} - c_{ij} - c_{j-1,0} - c_{0,i-1} \tag{6.81}$$

$$s_{ij}^D = c_{i,i+1} + c_{j,j+1} - c_{ij} - c_{j+1,0} - c_{0,i+1} \tag{6.82}$$

式（6.79）～式（6.82）是计算把两条路线以节点 i 和节点 j 相连进行合并时的里程节约

值，若节点 i 或节点 j 与配送中心相邻，公式中有些项 $(c_{0,0})$ 的取值为 0；若节点 i 和节点 j 在同一条路线中，则里程节约值只有 s_{ij}^C 一种方案。

取上述四种方案中的最大值作为节点 i 和节点 j 相连进行合并时的里程节约值，记为 s_{ij}，即

$$s_{ij} = \max\{s_{ij}^A, s_{ij}^B, s_{ij}^C, s_{ij}^D\} \tag{6.33}$$

给定一个路线集，节约里程法的思想是首先计算任意两组节点 i 和节点 j 相连进行合并时的里程节约值 s_{ij}，然后选择里程节约值最大且可行的两条进行合并，依次循环。算法的具体步骤如下。

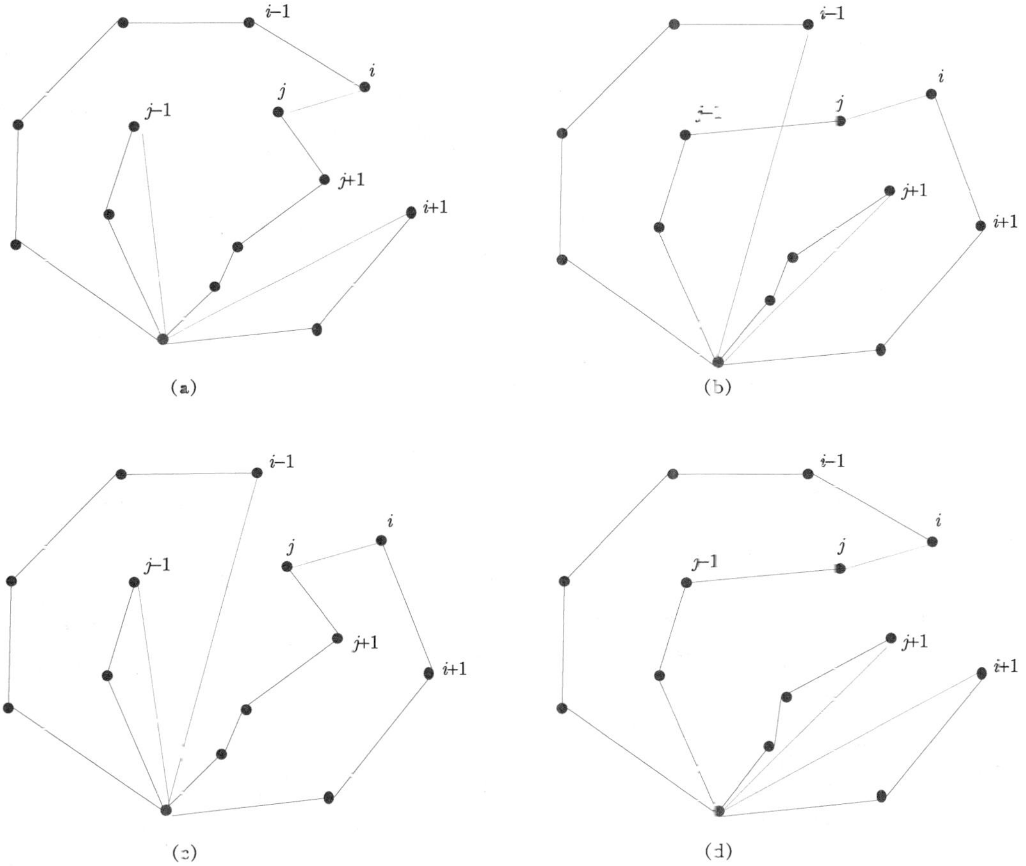

图 6.6　节约里程法示意图（四种可能的方案）

步骤 1：（初始化）构造 n 条车辆路径 $(0,i,0)$，$i=1,2,\cdots,n$，将这 n 条路径加入路径集 $\mathcal{R}$。

步骤 2：（计算里程节约值）根据路径集 $\mathcal{R}$，计算任意两组节点 i 和节点 j 的里程节约值 s_{ij}，并将这些里程节约值按照降序排列。

步骤 3：（优化组合）从节约里程值排序的第一组元素开始，检查其对应的路径是否满足合并条件（如合并后是否满足车辆最大载货量约束等）。若这两条路径可以合并，则进行合并

操作，并更新路径集 $\mathcal{R}$。

步骤 4：（终止条件）若步骤 3 中有路径更新，则返回步骤 2，否则，算法结束。

例题 6.11 重新考虑例题6.1的配送问题，用节约里程法进行求解。

基本的节约里程法的缺点是合并成新路线后没有考虑路线中节点顺序的重新优化。对此，Altinkemer 和 Gavish[13] 提出了一个改进算法。其思想如下：在每一步合并路线 p 和 q 的里程节约 s_{pq} 为 $s_{pq}=t(S_p)+t(S_q)-t(S_p\cup S_q)$，其中 S_k 是路径 k 的顶点集合，$t(S_k)$ 是路径 S_k 解一个旅行商问题的最优路线的长度。我们用 s_{pq} 中的长度作为组合权重来解 S_k 中的一个最大权重组合问题，符合最优组合的路径组合在一起。

6.4.4 插入法

插入法（insertion algorithm）也是车辆路径问题中的一个很常用的路径构造算法，最早由 Mole 和 Jameson[14] 于 1976 年提出。算法的思想是，通过计算将某个客户添加到一条配送路线时，不同的添加方案对应的成本增加值，然后选择成本增加最小的方案执行。我们把待添加的客户记为 k，若把客户 k 添加到现有路线的节点 i 到节点 j 之间，则增加的成本为

$$\alpha(i,k,j)=c_{ik}+c_{kj}-c_{ij}$$

即会增加边 (i,k) 和 (k,j) 的成本，同时会减少边 (i,j) 的成本，配送路线总成本会增加 $\alpha(i,k,j)$。

插入法步骤如下。

步骤 1：从配送中心出发，寻找未被服务的客户中离配送中心距离最近的一个客户，构成一条到该客户的配送路线，记为当前配送路线。

步骤 2：在未被安排配送路线的客户中，找到离当前配送路线最近的一个客户，记为客户 k。如果添加客户 k 后仍满足车辆最大载货量约束，则计算把客户 k 加入当前配送路线时不同方案对应的成本增加值，选择成本增加最小的方案执行；若添加客户 k 后不满足车辆最大载货量约束，则跳到步骤 4。

步骤 3：重复步骤 2，直到不满足车辆最大载货量约束。

步骤 4：若所有需求点都已安排配送路线，算法结束；否则，转到步骤 1。

例题 6.12 考虑例题6.1的配送问题，用插入法进行求解。

6.4.5 路线重组算法

6.4.1 节～6.4.4 节中，我们介绍了几种常见的路线构造算法，通过这些算法，我们可以得到一些可行的配送路线规划方案。本节我们讨论如何通过对现有的配送路线进行重组，从而进一步优化配送方案。

配送路线的重组，本质上就是配送路线上的节点在同一路线或不同路线上进行移动、交换等操作。绝大部分路线重组算法都是基于 Lin[15] 的研究提出的，也就是说，在原路线中移动或交换 γ 个节点，然后将其他边重新连接。如果新路线比原来的短，则表示有改进。很明

显，γ 越大，改进的可能性越大，但需要的计算量也大。实际应用中，通常取 γ 等于 1 或者 2，最多不超过 4，否则计算量非常大。下面用几个图来描述这类算法的思想。

先考虑移动一个节点的情形，假设在现有的某条路线中，节点 i 的前序节点是 $i-1$，后续节点是 $i+1$，如果将节点 i 移动到同一路线的节点 k 和节点 l 之间，如图6.7所示，则新路线与当前路线的成本变化为

$$\delta = c_{k,i} + c_{i,l} + c_{i-1,i+1} - c_{i-1,i} - c_{i,i+1} - c_{k,l} \tag{6.84}$$

如果 $\delta < 0$，说明新路线成本更优，把节点 i 移动到同一路线的节点 k 和节点 l 之间，重组路线后，可以降低配送成本。如果 $\delta \geqslant 0$，则这个节点移动方案不可行。

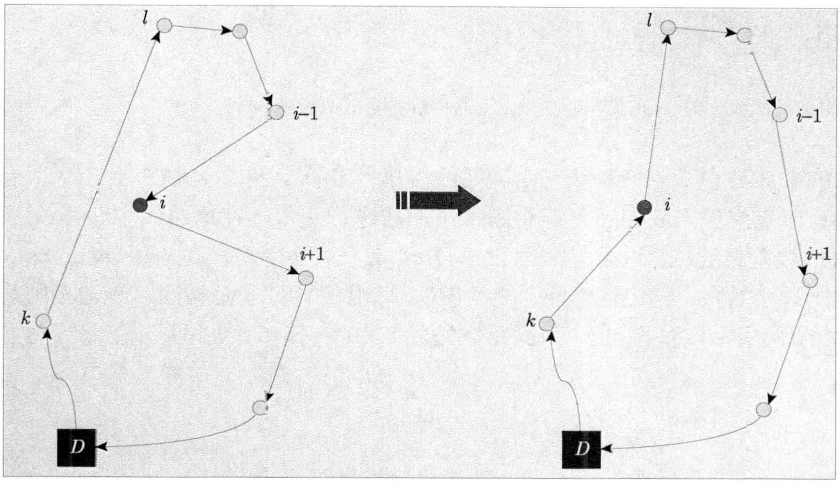

图 6.7　1-0 节点移动法（相同路线）

如图6.8所示，如果节点 i 和节点 k、l 不在同一条配送路线，若把节点 i 移动到另一条路线的节点 k 和节点 l 之间，则新路线与当前路线的成本变化为

$$\delta = c_{k,i} + c_{i,l} + c_{i-1,i+1} - c_{i-1,i} - c_{i,i+1} - c_{k,l} \tag{6.85}$$

与同一路线中节点移动的计算公式相同。如果 $\delta < 0$，说明新路线成本更优，把节点 i 移动到另一路线的节点 k 和节点 l 之间，重组路线后，可以降低配送成本。如果 $\delta \geqslant 0$，则这个节点移动方案不可行。

下面考虑节点交换的情形，假设节点 i 的前序节点是 $i-1$，后续节点是 $i+1$，节点 j 的前序节点是 $j-1$，后续节点是 $j+1$。如果将节点 i 和节点 j 进行交换，则新路线与当前路线的成本变化为

$$\delta = c_{i-1,j} + c_{j,i+1} + c_{j-1,i} + c_{i,j+1} - c_{i-1,i} - c_{i,i+1} - c_{j-1,j} - c_{j,j+1} \tag{6.86}$$

如果 $\delta < 0$，说明新路线方案成本更优，把节点 i 和节点 j 进行交换，重组路线后，可以降低配送成本。如果 $\delta \geqslant 0$，则这个节点交换方案不可行。

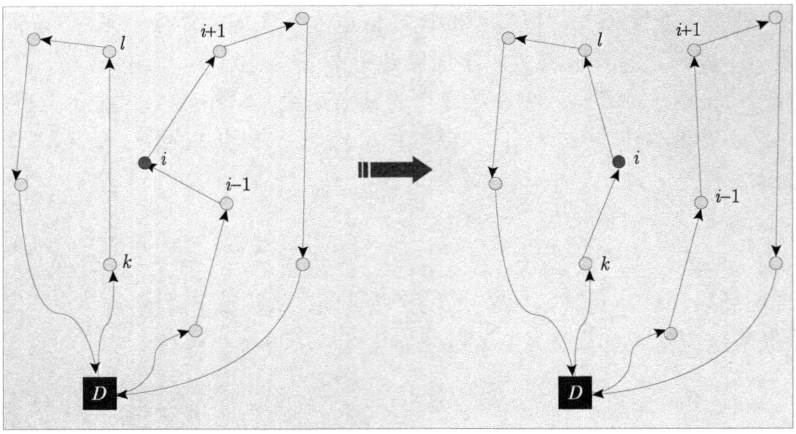

图 6.8　1-0 节点移动法（不同路线）

图6.9和图6.10分别是相同路线与不同路线中进行节点交换的示意图。

除了进行节点交换，我们还可以将路线中的边进行重组，在原路线中去掉 γ 条边，同时添加 γ 条其他边重新连接。这类算法称为 γ-OPT 算法，其中 OPT 代表 optimization（最优）如果新路线比原来的短，则进行路线重组。图6.11和图6.12分别是相同路线与不同路线中进行 2-OPT 操作的示意图。可以看出，相同路线进行 2-OPT 操作，重组后，新路线与当前路线的成本变化为

$$\delta = c_{i,j} + c_{i+1,j+1} - c_{i,i+1} - c_{j,j+1} \tag{6.87}$$

不相同路线进行 2-OPT 操作，重组后，新路线与当前路线的成本变化为

$$\delta = c_{i,j+1} + c_{j,i+1} - c_{i,i+1} - c_{j,j+1} \tag{6.88}$$

如果 $\delta < 0$，说明新路线方案成本更优，否则不进行路线重组。

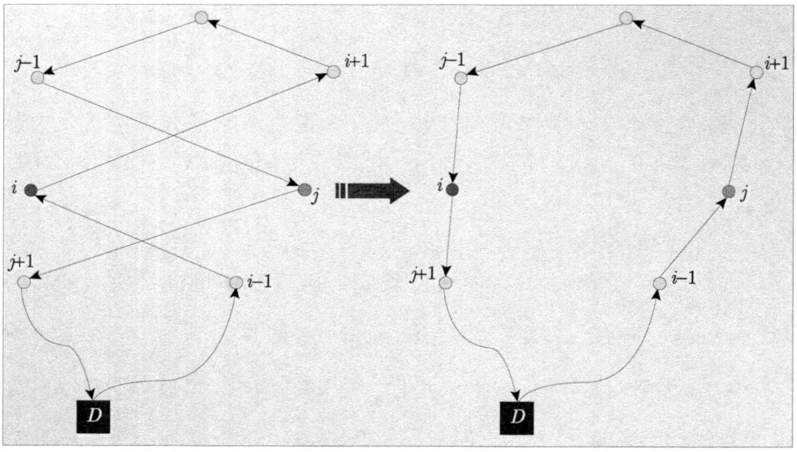

图 6.9　1-1 节点交换法（相同路线）

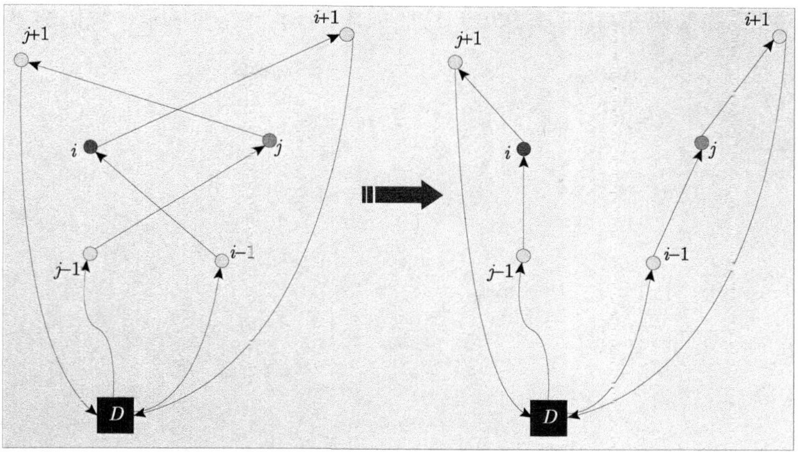

图 6.10　1-1 节点交换法（不同路线）

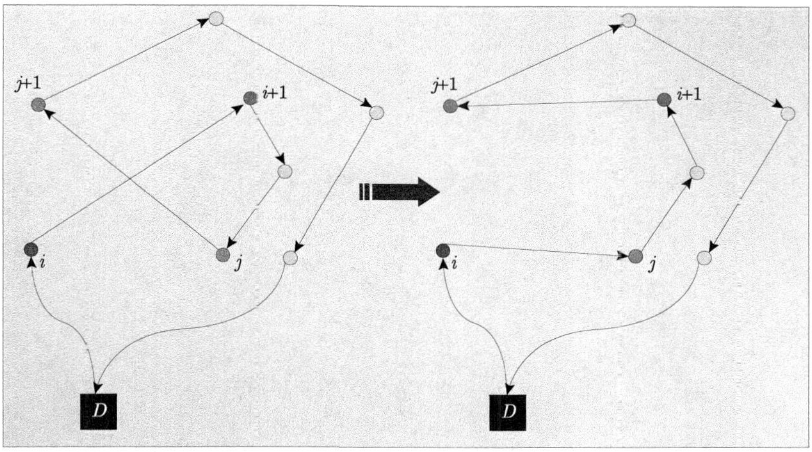

图 6.11　2-OPT 算法（相同路线）

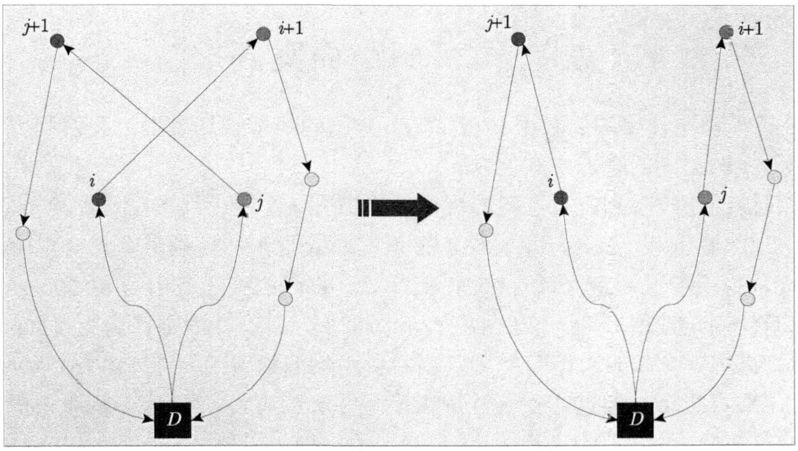

图 6.12　2-OPT 算法（不同路线）

此外，3-OPT 操作和 4-OPT 操作的示意图如图6.13与图6.14所示，我们这里不进行详细描述。

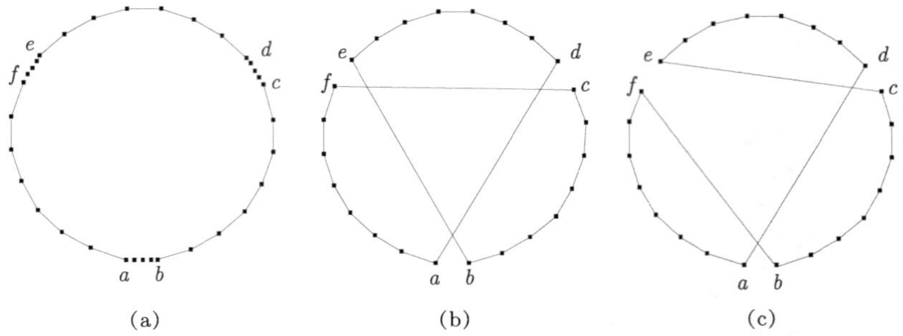

图 6.13　3-OPT 算法（相同路线）

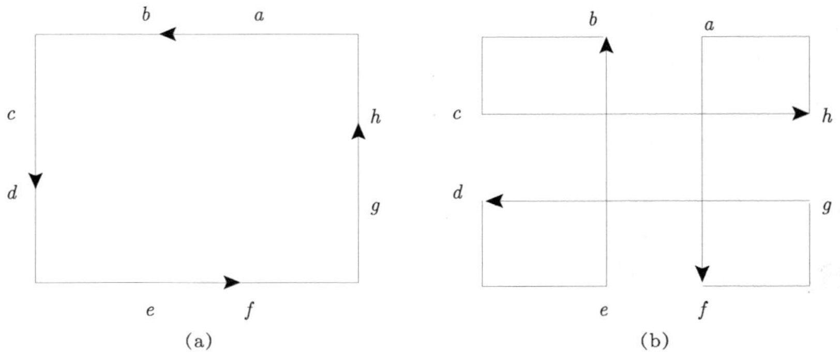

图 6.14　4-OPT 算法（相同路线）

值得注意的是，进行上述路线重组优化的另一个前提是，新路线的方案是可行的，也就是说，新路线方案仍需满足车辆最大载货量及其他约束条件（若有）。

6.5　Z 公司车辆路径案例求解

根据 Z 公司车辆路径案例的数据和前面几节介绍的线性规划模型，我们利用 Excel 规划求解来回答前面案例提到的管理决策问题。

首先，按目前的路线规划方式，我们可以计算出五条配送路线的配送距离分别为 55.8 公里、62.5 公里、37.4 公里、29 公里和 37.4 公里，厢式货车和轻型卡车每公里配送费分别为 2.8 元与 3.6 元，每天配送两趟，每月按 30 天计算，每月的配送费用为 40 500 元。厢式货车和轻型卡车每月的固定费用分别为 14 667 元与 15 333 元，合计固定费用为 74 667 元。因此，按目前的路线规划方式，每月总运营费用（固定费用加配送费用）为 115 167 元。

如果只使用厢式货车，通过建立线性规划模型并求解可得，需要 4 辆厢式货车，配送路线分别为：A→B→A、A→D→H→E→A、A→F→G→C→A 和、A→I→J→K→A，每月配送费用为 33 549.6 元，固定费用为 58 668 元，总运营费用为 92 217.6 元，比当前运营费用下降约 20%。

如果只使用轻型卡车，通过建立线性规划模型并求解可得，需要 3 辆轻型卡车，配送路线分别为：A→D→C→A、A→G→B→F→A 和 A→I→J→K→H→E→A，每月配送费用为 36 979.2 元，固定费用为 45 999 元，总运营费用为 82 978.2 元，比当前运营费用下降约 28%。

如果维持使用两种车型，通过建立线性规划模型并求解可得，需要 2 辆厢式货车和 1 辆轻型卡车，厢式货车的配送路线为：A→B→A、A→D→J→I→F→A；轻型卡车的配送路线为：A→E→H→K→G→C→A，每月配送费用为 33 528 元，固定费用为 44 667 元，总运营费用为 78 195 元，比当前运营费用下降约 32%。

6.6　J 物流公司城市配送车辆智能调度问题案例

6.6.1　案例背景

智慧物流对提升消费体验和运营效率的作用越来越显著，而人们不断增长的需求和企业运营压力也给智慧物流发展提出更高的要求。以 J 物流公司为例，J 物流公司在北京的城配物流中心平均每天为分布在本城区的 1000 余个客户提供城市配送服务，服务对象为 B2B（business-to-business，企业对企业）或者大宗商品客户，每个服务对象有时效（时间窗）要求，每个车辆有容积和载重限制。车辆还需要充电，可往返配送中心，每天 8 点从城市配送中心出发，24 点前返回本配送中心等。服务对象为 B2B 或者大宗商品客户，运力资源充足，期望综合各种因素使得综合成本（包括运输成本、等待成本、充电成本和固定使用成本）最低。

6.6.2　问题假设

根据下述假设，设计算法，求解最优结果，实现总成本最小。

（1）车辆从配送中心出发，服务完客户后须返回配送中心，车辆可多次往返循环配送，发车时间为早晨 8:00 后（含），回配送中心最晚时间为当日 24:00。

（2）车辆到达客户时间必须在客户要求的最晚时间前到达（含），同时，先于客户要求的最早到达时间则有等待成本；配送中心首次发车不计等待成本，其余等待均计算成本；车辆如果未被使用（即未访问客户）则不花费任何成本，车辆数不限。

（3）配送中心出发的车辆（包括多次往返配送中心场景）为满电状态，不计充电费用和充电时间，但对于多次往返配送中心场景，第二次起从配送中心出发需要在配送中心等待 1 小时，计算等待成本。

（4）配送中心、充电站、客户之间的距离（米）和车辆行驶时间（分钟）以距离时间表形式体现。

（5）每辆货车在行驶中的车载质量和装货体积不超过该车型的质量及体积限制。

（6）客户都要被服务，且每个客户一天只能被一辆车服务，卸货时间恒定为 0.5 小时，装车时间不计。

（7）充电站充电费用为 100 元/小时。

（8）充电站的充电桩无限制，车辆需要在可持续里程到达前在充电站充电，车辆一次充满，每次充电时间恒定为 0.5 小时。

（9）上述等待成本的成本系数为 24 元/小时。

6.6.3 数据说明

表 6.10～表 6.12 分别说明了车型运力数据、距离时间样本和商家派送数据样本，详细数据可发邮件向作者索取。

表 6.10 车型运力数据

车型编号	车型名称	最高装载容积 / 米 ^{3}	核定载重 / 吨	车辆数量 / 台	持续里程 / 米	充电时间 / 小时	每公里运输成本 / 元	车辆使用成本 / （元 / 天）
1	IVECO	12	2.0	不限	100 000	0.5	12	200
2	TRUCK	16	2.5	不限	120 000	0.5	14	300

表 6.11 距离时间样本

序号	起始节点	目的节点	里程 / 米	耗时 / 分钟
1	0	1	58 418	71
2	0	2	119 786	144
3	0	3	14 814	18
⋮	⋮	⋮	⋮	⋮
1211100	0	5	77 869	94

表 6.12 商家配送数据样本

序号	类型	经度	纬度	包裹总重量 / 吨	包裹总体积 / 米 ^{3}	商家最早收货时间	商家最晚收货时间
0	1 配送中心	116.217 828 1	39.828 476 8	—	—	—	—
1	2 商家	116.227 744 4	39.808 201 9	0.2	2	9：00	13：00
2	2 商家	116.154 746 3	39.919 032 5	0.3	4	13：00	15：00
⋮	⋮	⋮	⋮	⋮	⋮	⋮	⋮
1000	2 商家	116.259 676 2	39.866 601 4	0.6	5	9：00	11：00
1001	3 充电站	116.227 944 4	39.891 376 1	—	—	—	—
1002	3 充电站	116.200 131 7	39.857 033 9	—	—	—	—
1003	3 充电站	116.228 062 1	39.814 424 2	—	—	—	—
1004	3 充电站	116.181 785 7	39.877 878 3	—	—	—	—
⋮	⋮	⋮	⋮	⋮	⋮	⋮	⋮
1100	3 充电站	116.185 878 7	39.928 444 1	—	—	—	—

表6.10给出了 IVECO 和 TRUCK 两种车型的最高装载容积、核定载重、车辆数量、持续里程、充电时间、每公里运输成本和车辆使用成本。

表6.11给出了任意两个节点之间的里程（单位：米）和耗时（单位：分钟）。表6.12给出了配送中心以及各个商家的位置坐标（经度和纬度坐标）、配送给商家的包裹总重量、包裹总体

积，以及商家的服务时间窗（商家最早收货时间和商家最晚收货时间）。表6.12还给出了各个充电站的位置坐标。

6.6.4 管理问题

建立决策模型，利用优化算法或启发式算法求解，回答以下问题。

（1）如果不考虑中途充电，不考虑客户服务时间窗要求，每车每天只配送一趟，要求只用一种车型配送，请问应选用 IVECO 车型还是 TRUCK 车型？对应的总费用如何？

（2）如果不考虑中途充电，不考虑客户服务时间窗要求，每车每天只配送一趟，两种车型都可以使用，请问 IVECO 车型和 TRUCK 车型各需多少辆车？对应的总费用如何？

（3）如果不考虑中途充电，但要满足客户服务时间窗要求，在时间允许范围内每车每天可配送多趟，两种车型都可以使用，请问 IVECO 车型和 TRUCK 车型各需多少辆车？对应的总费用如何？

（4）考虑所有约束和要求，车辆在配送途中允许去充电桩充电，且每天可以配送多趟，请问 IVECO 车型和 TRUCK 车型各需多少辆车？对应的总费用如何？

6.7 本章习题

1. 假设车辆载重量限制为 1 吨，客户需求量及配送中心与客户及客户之间的距离见表6.13，求如何规划路线可使总行驶路程最短。

表 6.13　客户需求量、配送中心与客户及客户之间的距离表（一）

项目	距离/公里								
	配送中心	客户 1	客户 2	客户 3	客户 4	客户 5	客户 6	客户 7	客户 8
配送中心	0	9	14	21	23	32	42	50	52
客户 1	9	0	5	12	22	31	41	49	51
客户 2	14	5	0	7	17	26	36	44	46
客户 3	21	12	7	0	10	27	31	37	39
客户 4	23	22	17	10	0	25	29	31	29
客户 5	32	31	26	27	25	0	10	18	20
客户 6	42	41	36	31	29	10	0	8	10
客户 7	50	49	44	37	31	18	8	0	10
客户 8	52	51	46	39	29	20	10	10	0
需求量/吨	—	0.30	0.35	0.30	0.20	0.60	0.30	0.50	0.40

2. 假设车辆载重量限制为 3 吨，客户需求量、配送中心与客户及客户之间的距离见表6.14，求如何规划路线可使总行驶路程最短。

3. 考虑题 1 中的配送问题，现假设客户有送货时间窗要求，客户的送货时间窗要求见表6.15。假设车辆最早 8 点从配送中心出发（也可晚于 8 点出发），车辆的平均行驶速度是 30 公里/小时。问：应该如何安排送货路线，可使总费用最少？写出该问题的决策模型，并求解最优方案。

表 6.14　客户需求量、配送中心与客户及客户之间的距离表（二）

项目	距离/公里										
	配送中心	客户 1	客户 2	客户 3	客户 4	客户 5	客户 6	客户 7	客户 8	客户 9	客户 10
配送中心	0	46.0	42.0	20.0	8.5	53.2	29.4	20.1	31.9	33.2	21.9
客户 1	46.0	0	81.7	33.1	42.8	99.2	59.7	43.1	15.7	76.3	56.8
客户 2	42.0	81.7	0	62.0	50.1	36.1	24.1	60.8	70.8	46.7	55.2
客户 3	20.0	33.1	62.0	0	12.7	70.0	46.8	10.2	17.5	43.9	23.7
客户 4	8.5	42.8	50.1	12.7	0	57.7	37.7	11.7	27.6	33.6	17.0
客户 5	53.2	99.2	36.1	70.0	57.7	0	54.4	63.6	84.8	31.1	51.2
客户 6	29.4	59.7	24.1	46.8	37.7	54.4	0	49.4	51.0	51.2	49.6
客户 7	20.1	43.1	60.8	10.2	11.7	63.6	49.4	0	27.5	35.5	14.2
客户 8	31.9	15.7	70.8	17.5	27.6	84.8	51.0	27.5	0	60.8	41.2
客户 9	33.2	76.3	46.7	43.9	33.6	31.1	51.2	35.5	60.8	0	21.6
客户 10	21.9	56.8	55.2	23.7	17.0	51.2	49.6	14.2	41.2	21.6	0
需求量/吨	—	1.15	1.34	0.53	1.39	1.27	0.01	0.95	0.26	1.21	0.69

表 6.15　客户送货时间窗要求表（一）

时间窗	客户 1	客户 2	客户 3	客户 4	客户 5	客户 6	客户 7	客户 8
最早送达时间/时	8	9	8	8	8	8	8	8
最晚送达时间/时	12	10	12	10	10	10	10	12

4. 某仓库为周边 12 个客户送货，仓库与客户之间的距离以及各个客户的需求量如表6.16所示。送货车辆最大载货量为 10 立方米，每公里成本为 5.0 元。问应该如何安排送货路线，可使总送货成本最小。

表 6.16　客户需求量及仓库与客户及客户之间的距离表

项目	距离/公里												
	仓库	客户 1	客户 2	客户 3	客户 4	客户 5	客户 6	客户 7	客户 8	客户 9	客户 10	客户 11	客户 12
仓库	0	40	69	79	64	60	70	71	55	72	45	80	71
客户 1	40	0	106	64	86	72	30	110	84	53	82	89	76
客户 2	69	106	0	144	101	112	134	16	85	111	58	129	125
客户 3	79	64	144	0	68	46	68	142	78	116	97	49	36
客户 4	64	86	101	68	0	22	110	92	16	133	44	30	34
客户 5	60	72	112	46	22	0	92	105	33	123	57	20	14
客户 6	70	30	134	68	110	92	0	139	110	56	112	106	92
客户 7	71	110	16	142	92	105	139	0	76	122	49	121	119
客户 8	55	84	85	78	16	33	110	76	0	127	28	45	47
客户 9	72	53	111	116	133	123	56	122	127	0	115	141	128
客户 10	45	82	58	97	44	57	112	49	28	115	0	72	71
客户 11	80	89	129	49	30	20	106	121	45	141	72	0	14
客户 12	71	76	125	36	34	14	92	119	47	128	71	14	0
需求量/米^3	–	2.5	1.5	2.0	2.0	1.5	2.5	2.5	3.0	2.5	2.0	4.0	1.5

5. 考虑题 4 中的配送问题，现假设客户有送货时间窗要求，客户的送货时间窗要求见表6.17。假设车辆最早 8 点从仓库出发（也可晚于 8 点出发），车辆的平均行驶速度是 40 公里/小时，若车辆晚于最晚送达时间到达客户，惩罚成本为每小时 100 元。问：应该如何安排送货路线，可使总费用最少？写出该问题的决策模型，并求解最优方案。

表 6.17 客户送货时间窗要求表（二）

时间窗	客户 1	客户 2	客户 3	客户 4	客户 5	客户 6	客户 7	客户 8	客户 9	客户 10	客户 11	客户 12
最早送达时间/时	8	9	8	8	14	8	8	8	14	13	10	14
最晚送达时间/时	12	12	17	18	18	12	12	12	18	17	12	17

6. 考虑题 4 中的配送问题，已知配送中心及需求点的位置坐标如表6.18所示，分别运用扫描算法、最近邻点法、节约里程法、插入法进行求解，构造可行配送方案。然后运用路线重组算法进行优化，将这些算法的结果与线性规划模型的最优解进行比较（对比算法运行时间及配送成本）。

表 6.18 配送中心及需求点的位置坐标表

坐标	节点编号												
	0	1	2	3	4	5	6	7	8	9	10	11	12
X 坐标	50	50	67	18	20	20	50	60	27	76	40	10	15
Y 坐标	50	70	20	73	39	50	85	16	35	75	30	50	55

第 7 章　库存管理问题

本章内容：

1. 库存管理的基本概念。
2. 订货点与安全库存计算模型。
3. 经济订货批量模型。
4. 经济生产批量模型。
5. 有折扣的经济订货批量模型。
6. 多货品联合订货的经济订货批量模型。

7.1　引例：D 公司库存管理问题

本章沿用第3章和第4章 D 公司的案例背景，考虑 D 公司的库存管理问题。库存管理问题也是 D 公司日常运营中所经常面临的决策问题。D 公司在中国有 3 个工厂、5 个中央仓库，以及 20 个区域仓库。产品在工厂生产之后，先运到某个中央仓库，再由中央仓库运输到区域仓库，然后由区域仓库负责配送到当地的销售点（包括经销商、批发商、大卖场等）。以江西市场为例，供应江西市场的产品来自 D 公司广东工厂，产品在广东工厂生产后存储在广州中央仓库，再由广州中央仓库通过公路运输的方式运到南昌区域仓库，再由南昌区域仓库负责江西市场的配送，如图7.1所示。

图 7.1　D 公司产品从工厂到江西市场的物流过程

D 公司在中国有 20 个区域仓库，南昌区域仓库是其中之一，我们以南昌区域仓库为例，考虑其库存管理决策问题。南昌区域仓库负责江西市场，市场需求相对稳定，表7.1统计出江西市场在一个典型月的日需求量情况。由统计表 7.1 可以看出，江西市场的日需求量在 500 件上下波动。由于规模效应，中央仓库的单位存储费用低于区域仓库的单位存储费用，以南昌区域仓库为例，经财务部门测算，广州中央仓库的单位存储费用为 11 元/（件 · 年），南昌区域仓库的单位存储费用为 25 元/（件 · 年），比广州中央仓库要高。所以，公司产品主要存储在中央仓库，只有当南昌区域仓库的仓管员发现产品库存不足时，才会在公司的库存管理系统下一个补货单，向广州中央仓库申请补货。广州中央仓库收到补货单后，会安排产品出库和运输，通常来说，从南昌区域仓库申请补货日算起，经过四天时间，产品可以到达南昌区域仓库并完成入库。

产品从广州中央仓库到南昌区域仓库的运输采用公路运输，物流公司提供了两种车型可以选择，车型 A 满载可装 6000 件，每车费用为 3000 元，车型 B 满载可装 9000 件，每车费用为 4000 元。

表 7.1　D 公司江西市场的需求量情况表

日期	1	2	3	4	5	6	7	8	9	10	11	12	13
需求量/件	449	394	360	469	637	585	398	581	642	528	481	502	644
日期	14	15	16	17	18	19	20	21	22	23	24	25	26
需求量/件	549	650	544	600	400	562	503	501	427	380	360	315	511
日期	27	28	29	30									
需求量/件	640	397	408	597									

除了考虑经济性外，作为南昌区域仓库的仓库管理者，还需要考虑江西市场的服务水平。公司规定，市场（销售点）下订单时，区域仓库的现货满足率不能低于 98%。在此背景下，仓库管理者需考虑如下决策问题。

（1）在满足公司对服务水平的要求下，为使相关费用最少，南昌区域仓库应在库存量降到多少的时候向广州中央仓库下补货单？

（2）为使相关费用最少，南昌区域仓库每次补货的时候应该补货多少？应采用哪种车型运输？

7.2　库存管理介绍

7.2.1　库存管理基本概念

库存就是在企业生产和物流渠道中各个节点存储的原材料、零部件、半成品与成品等。持有这些库存每年耗费的成本约合其价值的 20%～40%。在企业运营中，库存是必需的，因为库存能起到以下作用：①通过库存，企业能将不同的经营活动隔离开来，因此，在企业运营中，库存可以起缓冲作用；②通过库存，企业可以批量订购、批量生产，从而使运营成本更具规模效应；③通过库存，企业可以协调供应和需求的波动，保持生产平稳；④通过库存，企业可以采用批量运输，从而降低单位运费，提高运输的经济性；⑤通过库存，企业可以提高订单的现货满足率，从而提高客户服务水平。然而，虽然库存能够在供应链的不同环节起缓冲作用，提高产品的市场反应能力，形成订购、生产和运输的规模效应，但过量的库存也会给企业带来成本负担。有人把企业里的各种各样的问题比作海底的礁石，把库存比作海水，过高的库存会掩盖企业中的各种各样的问题，使企业经营活动表面上顺利进行。但是，企业中的各种问题还是存在的，公司的顺利运营是以高成本的库存为代价的。假如采取紧约的库存策略，压低库存，这些企业管理问题就会暴露出来，就像海水退潮时，底下的礁石就露出水面了。因此，企业只有在根本上修正这些问题，才能使企业在更低库存水平下顺利运营。

基于这些考虑，库存管理对企业而言就显得特别重要。库存管理是指与库存物料的计划与控制有关的业务。具体包括：①如何优化降低库存成本；②怎样平衡生产与销售计划，来满足客户的交货要求；③怎样避免浪费，避免不必要的库存；④怎样避免需求损失和利润损失等。

具体来说，企业的库存管理工作需解决三个主要决策问题。

（1）确定补货策略，即库存降到什么时候需要补货。确定这个问题，需确定安全库存与再订货点，满足企业的服务水平。

（2）确定每次补货的数量（也叫订货批量）。确定这个问题，需要考虑库存成本与订货（运输）成本的平衡。

（3）确定补货周期，即隔多久补充一次库存。通常，需求稳定的情形下，确定了每次补货的数量，也就相当于确定了补货的间隔周期。

成本是库存管理的一个重要经济指标，库存系统必须按最经济的原则运行。库存决策模型就是以库存系统经济性为目标，科学地回答上面三个决策问题。因此，为了建立库存模型，就必须了解成本与库存管理决策相关的各个方面，我们称之为库存系统相关的成本。通常来说，库存系统相关的成本包括以下主要组成部分。

（1）购买成本：指按照某个价格向上游或供应商购入库存产品的成本，如果购买单价与订货批量相关，则确定最佳订货批量时，必须考虑这部分成本。当然，如果不存在向上游购买（如引例中 D 公司的情形），或者购买价格是基于一份长期合约，与每次的订货批量无关，则确定最佳订货批量时，就不需要考虑这部分成本的影响。

（2）订货成本：也叫交易成本，指向外部供应商发出采购订单过程中发生的交易成本，包括提出订购单、分析供应商、填写采购订货单、来料验收、跟踪订单以及完成交易所必需的业务等各项费用。假定每次订货的成本是固定的，则每年订货的总交易成本将受到一年中订货次数（交易次数）的影响，也就是受到每次订货规模的影响。随着交易次数的减少，年总订货成本将会下降。

（3）运输成本：若运输成本由买方（订购方）负责，则这部分成本也需要在进行库存管理决策时考虑。如引例中 D 公司的例子，公司采用整车运输，每趟费用固定。因此，若车辆装载越满，则产品的单位运费会越低。

（4）库存持有成本：指为保持存货而发生的成本，它可以分为固定成本和变动成本。固定成本与库存数量的多少无关，如仓库折旧、仓库职工的固定月工资等；变动成本与库存数量的多少有关，主要包括资金占用成本、存储空间成本、存货服务成本和存货风险成本四项内容。

第一，资金占用成本：该成本反映库存产品所占用资金的隐含价值。如果资金投入其他地方，就会要求取得投资报偿，因此，资金占用成本就是计算这种尚未获得的报偿费用，通常用库存商品的货币价值的百分比表示。

第二，存储空间成本：包括与商品运入、运出仓库有关的搬运成本以及存储场地的成本，如租金、取暖、照明费等，即实物存储与搬运成本。该成本仅随库存水平的提高或降低而增加或减少。如果利用的是公共仓库，有关搬运及仓储的所有成本将直接随库存的数量而变化，是进行库存决策时必须考虑的费用；如果利用自有仓库，大部分存储空间成本是固定的，不包括在存货存储成本中。因此，对存储空间成本，应该考虑其固定成本及变动成本。

第三，存货服务成本：主要指保险及税金。保险金的高低与产品的价值和类型直接相关，而在许多国家，都将存货列入应税的财产，高水平存货导致高税收。

第四，存货风险成本：这一成本反映了一个非常现实的可能性，即由于企业无法控制，如陈旧过时，造成存货的货币价值降低。

（5）缺货成本：也叫缺货损失，是指库存不足时，导致供应中断或不能现货满足客户需求所产生的损失。缺货成本取决于对缺货状况的反应。缺货成本包括延期交货成本、当前利润损失（潜在销售量的损失）和未来利润损失（商誉受损）等。

7.2.2　库存控制策略

根据库存管理所采用的指标，我们可以将库存控制策略分为定量控制策略、定期控制策略和综合控制策略三种。在介绍具体库存控制策略之前，我们先简略介绍库存控制策略中几个常用的名词。

订货批量：用符号 Q 表示，指库存系统根据需求，为补充仓库的存储量而向供货商（或上游仓库）一次订货或采购的数量。

订货提前期：用符号 L 表示，也叫到货滞后期，是指仓库向供货商（或上游仓库）下达订货单的时间与货品到货的时间之差。仓库管理员若希望在某一天收到货品，则应提前 L 天向供货商（或上游仓库）下订货单，因此，称 L 为订货提前期。

再订货点：用符号 R 表示，是指当仓库的库存量下降到 R 时，必须立即向供货商（或上游仓库）下订货单，以补充库存。当所订的货物尚未到达并入库之前，仓库存储量应该保证能够以既定的服务水平满足订货提前期 L 天内的客户需求。

安全库存：用符号 s 表示。由于在订货提前期内的需求量是随机变量，其波动幅度可能大大超过其平均值，为了预防和减少这种随机性造成的缺货，必须准备一部分库存，这部分库存量称为安全库存量。

目标库存量：用符号 S 表示。在提前订货时间可以忽略不计的存储模型中，S 是指每次到货后所达到的库存量。当存在提前订货时，S 指发出订货要求后库存应该达到的数量，由于此时并未实际到货，所以目标库存量又称名义库存量。

订货周期：用符号 T 表示，指两次订货的时间间隔。

定量控制策略：定量控制策略以库存量为指标，每当库存量降到再订货点 R 时，按预先设定好的订货批量进行订货的库存控制策略。定量控制策略下的库存量随时间变化如图7.2所示。

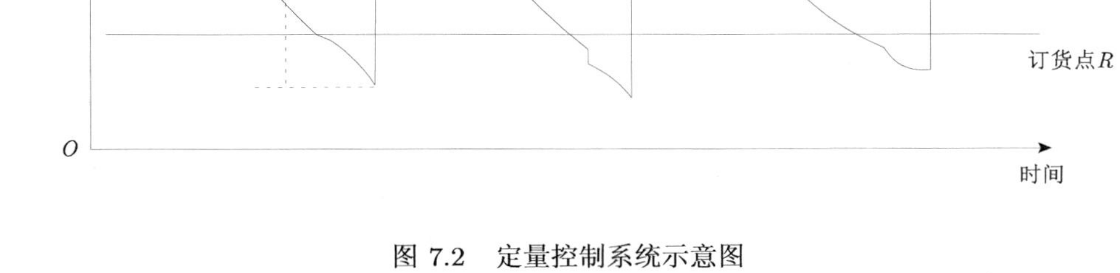

图 7.2　定量控制系统示意图

定量控制策略还可以分为 (R,Q) 策略和 (R,S) 策略两种。其中，(R,Q) 策略是指对库存量进行实时监测，当库存量降低到订货水平 R 时，即发一个订货，每次订货量保持不变，都为 Q。(R,Q) 策略的特点是每次订货量 Q 保持不变，因此在实际操作中比较简单，被企业广泛采用。(R,S) 策略与 (R,Q) 策略类似，也是对库存进行连续性检查，当库存降低到订货水平 R 时，即发一个订货。订货后使最大库存保持不变，即为常量 S。例如，若发出订单时库存量为 I，则订货数量即为 $S-I$。(R,S) 策略的特点是使得订货后最大库存保持不变，而每次的订货量则根据订货时的实际库存量进行调整。定量控制策略的核心是要合理设定订货点 R 和订货批量 Q，既满足服务水平的要求，又具有较优的库存成本（经济性），我们在7.3节和7.4节进行讨论。

定期控制策略：定期控制策略是指定期检查库存量，并随即将库存补充到目标库存量，其主要控制参数为检查订货周期 T 和目标库存量 S。定期控制策略下库存量随时间变化如图7.3所示。定期控制策略不需要对库存量进行实时监测，只需定期进行检查，因此，不需要库存管理信息系统的支持，执行成本比较低。

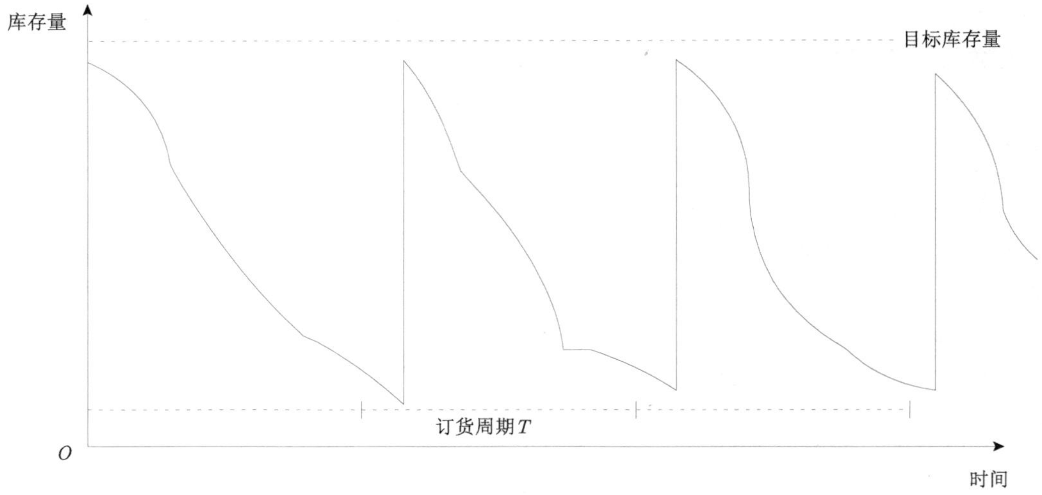

图 7.3 定期控制系统示意图

定期控制策略还可以分为 (T,Q) 和 (T,S) 两种控制策略。其中，(T,Q) 策略每隔一定时期 T 检查一次库存，并补充 Q 数量的库存，其特点是每次订货量的间隔 T 保持不变，因此，在实践操作中比较简单。(T,S) 策略与 (T,Q) 策略类似，是指每隔一定时期 T 检查一次库存，并发出一次订货，把库存量补充到目标库存量 S。如果检查时的库存量为 I，则订货量为 $S-I$。(T,S) 策略和 (R,S) 策略的特点一样，都是使得订货后最大库存保持不变，而每次的订货量则根据订货时的实际库存量进行调整。

综合控制策略：综合控制策略是定量控制策略与定期控制策略的结合，其思想是利用时间和库存量两个指标同时控制订货决策，主要具体策略为 (T,R,S) 策略。该策略是 (T,S) 策略和 (R,S) 策略的综合。当经过一定的检查周期 T 后，若库存低于订货点 R，则发出订货，否则，不订货。订货量的大小等于目标库存量减去检查时的库存量。

7.2.3 ABC 库存分类法

前文讨论的是单个物品的库存管理策略。在实际中，一个仓库中通常同时有几百个甚至上万个产品，是否所有的产品都应该采用同一种库存管理策略呢？答案是否定的。由于不同的库存管理策略的执行成本相差很大，因此，根据产品的重要性不同，对不同的产品我们应该采用对应的管理策略，这就是库存管理的 ABC 库存分类法。ABC 库存分类法又叫帕累托（Pareto）法，是把库存产品按品种和占用库存资金大小分类，根据各类重要程度的不同分别进行管理。统计研究表明，占总数比例不大的少数库存产品，占据整个库存资金成本的大部分，而占总数数量比例很大的大部分库存产品，却只占有库存资金成本总成本的小部分，如图7.4所示。

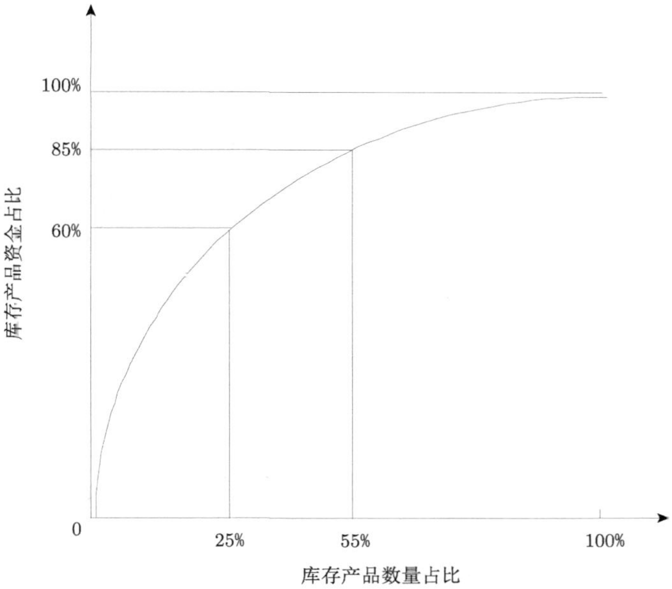

图 7.4　ABC 库存分类示意图

在 ABC 库存分类法中，我们将有约 25%数量的存货货品，其价值占全部库存资金价值的 60%，此类货品称为 A 类货品；另外约有 30%数量的货品，其价值占全部库存价值的 25%左右，此类货品称为 B 类货品。剩余约 45%数量的货品，其价值占全部库存资金价值的 15%，此类货品称为 C 类货品。

在实际操作中，ABC 三类货品可按如下步骤确定。

（1）根据出入库资料与货品价值资料，制作 ABC 分析表。

（2）计算各个库存产品每年耗用金额，年耗用金额＝单价 × 年预计使用量。

（3）库存产品的年耗用金额按照由大至小顺序排列。

（4）计算各个库存产品的年累计使用金额及其所占百分比。

（5）计算各个库存产品占全部品项的百分比。

（6）根据累计百分比，按实际情形分类，分类等级按实际需要确定。

（7）制作 ABC 分析图。

采用 ABC库存分类法对库存产品进行分类的目的是对这些库存产品进行分类管理，具体来说，对这三类库存产品的库存管理原则如下。

A 类货品：通常 A 类货品属于重点物资，这类物资品种数量不多，但消耗量大，占资金比例高。在订购和库存控制中，应该采用连续的检查方式；在仓库管理中，对货品的存放、盘点、领发料都要实行严格控制。

B 类货品：B 类货品属于次重点物资，这类物资品种较多，占资金比例较 A 类货品少。在订购和库存控制中，可采用连续检查与周期性检查的库存管理方式。

C 类货品：C 类货品属于一般物资，这类物资品种繁多，占资金比例少，消耗量不大。在订购和库存控制中，应采用粗放的管理方法（如定期检查策略），减少采购次数，增加单次采购的数量。

7.3 再订货点与安全库存计算模型

本节我们考虑如何确定合理的再订货点及安全库存量。如前面所述，确定再订货点 R 时，关键是要保证库存量能够以一定的服务水平（概率）满足订货提前期内的客户需求。用 L 表示订货提前期，D_L表示订货提前期期间客户的总需求量。D_L 是一个随机变量，用 μ_L 表示其均值，σ_L表示其标准差。用 p 表示服务水平，即提前期内库存量能够满足客户需求的概率。因此，要确定再订货点 R，就是要使得

$$\Pr(D_L \leqslant R) \geqslant p \tag{7.1}$$

其中，$\Pr(D_L \leqslant R)$ 为 D_L 不超过 R 的概率；p 为服务水平。若 D_L 是一个连续随机变量，则式（7.1）中的“$\geqslant$”可改为“$=$”。

例题 7.1 考虑某仓库的再订货点决策问题，假定该仓库向上游供应商订货的提前期是三天，根据历史数据统计，提前期内该仓库所负责的市场需求量服从正态分布，均值为 1000，标准差为 250。假定要求该仓库服务水平为 98%，求该仓库的再订货点 R。

分析：用 μ_L 和 σ_L 分别表示 D_L 的均值与标准差，即 $\mu_L = 1000$，$\sigma_L = 250$。根据假设，D_L 服从正态分布，即 $D_L \sim N(1000, 250)$，D_L 的概率分布如图7.5所示。用 p 表示服务水平，即 $p = 0.98$，再订货点R 是满足式（7.1）的最小值，根据概率论知识，若 D_L 服从正态分布，则有

$$R = \Phi^{-1}(p, \mu_L, \sigma_L) \tag{7.2}$$

$$= \Phi^{-1}(0.98, 1000, 250) \tag{7.3}$$

其中，$\Phi^{-1}(p, \mu_L, \sigma_L)$ 表示均值为 μ_L、标准差为 σ_L 的标准正态分布累积分布函数的逆函数。在 Excel 中，$\Phi^{-1}(p, \mu_L, \sigma_L)$ 对应的公式为“NORM.INV(probability,mean,standard_dev)”。利用 Excel输入公式，可求得 R =NORM.INV(0.98,1000,250)=1514，即当再订货点为 1514 或以上时，可保证服务水平不低于 98%。

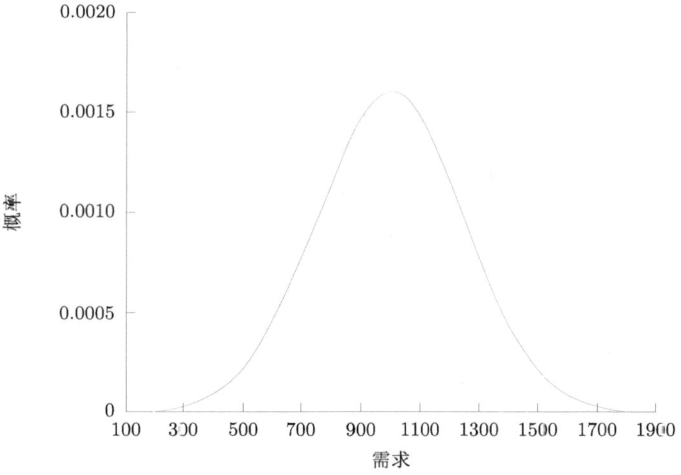

图 7.5　均值为 1000、标准差为 250 的正态分布概率图

例题 7.2　*考虑引例的问题，根据表7.1计算提前期内需求量的均值和标准差，假设提前期内需求量服从正态分布，计算服务水平为 98%时，再订货点 R 应该是多少？*

分析：根据表7.1，订货提前期为 4 天，可得连续 4 天的需求量如表7.2所示，计算可得均值 $\mu_L = 2020.6$，标准差 $\sigma_L = 236.9$，根据式（7.2）计算可得，订货点 $R = 2507.2$，也就是说，为满足公司要求的 98%的服务水平（现货满足率），南昌区域仓库应该在库存降到 2508 的时候进行补货。

表 7.2　D 公司江西市场订货提前期 4 天的需求量情况表

日期	1	2	3	4	5	6	7	8	9	10
提前期需求量/件	1672	1860	2051	2089	2201	2206	2149	2232	2153	2155
日期	11	12	13	14	15	16	17	18	19	20
提前期需求量/件	2176	2345	2387	2343	2194	2106	2065	1966	1993	1811
日期	21	22	23	24	25	26	27	28	29	30
提前期需求量/件	1668	1482	1566	1826	1863	1956	2042	—	—	—

由式（7.1）可知：① 服务水平要求越高，订货点越高，图7.6给出了再订货点 R 与服务水平 p 的变化关系；②提前期内需求波动越大，即 σ_L 越大，再订货点越高。

由概率论知识可知，若 D_L 服从均值为 μ_L、标准差为 σ_L 的正态分布，则 $\dfrac{D_L-\mu_L}{\sigma_L}$ 是服从均值为 0、标准差为 1 的标准正态分布，因此，再订货点 R 还可以表示为

$$R = \Phi^{-1}(p, \mu_L, \sigma_L) \tag{7.4}$$

$$= \mu_L + \Phi^{-1}(p) \cdot \sigma_L \tag{7.5}$$

$$\triangleq \mu_L + k \cdot \sigma_L \tag{7.6}$$

其中，$\Phi^{-1}(p, \mu_L, \sigma_L)$ 是标准正态分布累积分布函数的逆函数，$k \triangleq \Phi^{-1}(p)$ 也称为安全系数。

若假定提前期内每天的需求量是独立且同分布的随机变量，则我们还可以对再订货点 R

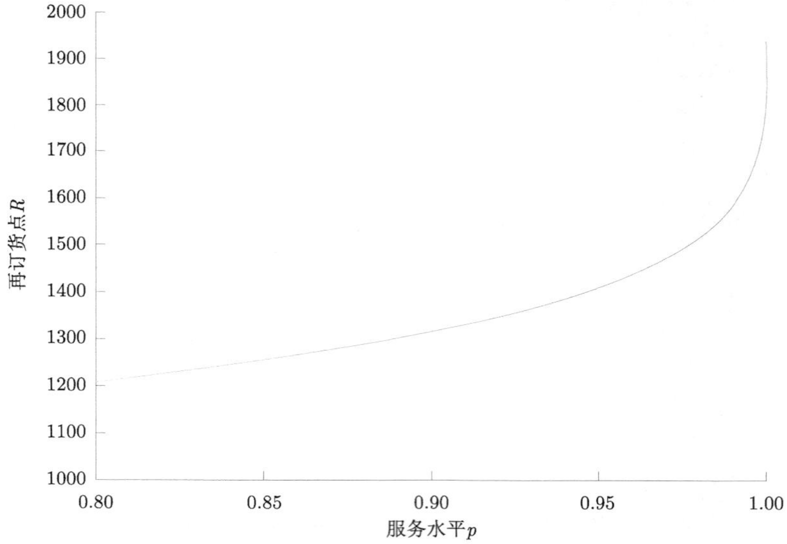

图 7.6 再订货点 R 与服务水平 p 的变化关系图（均值为 1000、标准差为 250）

的计算公式做一些变形。用符号 D 表示每天需求量，假定随机变量 D 服从均值为 μ、标准差为 σ 的正态分布，并且假定提前期 L 是常数（不是随机变量），由概率论知识，可知：

$$\mu_L = L \cdot \mu \tag{7.7}$$

$$\sigma_L = \sqrt{L} \cdot \sigma \tag{7.8}$$

并且，提前期内的需求量 D_L 服从均值为 μ_L、标准差为 σ_L 的正态分布，因此，由式（7.5）和式（7.6），可得此时 R 的计算公式如下：

$$R = L \cdot \mu + \Phi^{-1}(p) \cdot \sqrt{L} \cdot \sigma \tag{7.9}$$

$$= L \cdot \mu + k \cdot \sqrt{L} \cdot \sigma \tag{7.10}$$

例题 7.3 重新考虑引例的问题，假设江西市场每天的需求量相互独立且服从相同的正态分布。根据表7.1计算每天需求量的均值和标准差，再根据式（7.7）和式（7.8）计算提前期内需求量的均值与标准差，然后计算服务水平为 98%时再订货点 R 应该是多少。

分析：根据表7.1的数据，可得每天需求量的均值为 $\mu = 500.5$，标准差为 $\sigma = 100.3$，由式（7.7）和式（7.8）得，提前期内需求量的均值为 $\mu_L = 2002$，标准差为 $\sigma = 200.6$，因此，服务水平为 98%时，再订货点 $R = 2414$。

例题7.2和例题7.3中计算的订货点 R 的值有些差异，这是因为对需求的假设不同，例题7.3中假设每天的需求服从独立同分布，而例题7.2中并没有做此假设。在实践中，需求数据是否服从独立同分布，需要做更严格的数据分析和检测，要用到更深入的统计分析的方法，这里不深入讨论。

接下来我们讨论安全库存的计算。由上面的例题（例题 7.1～例题 7.3）可以看到，通常情况下（服务水平大于 50%），再订货点 R 都会大于提前期的平均需求 μ_L，我们把再订货点

R 超过提前期平均需求的部分称为安全库存，用 s 表示，即

$$s = R - \mu_L \tag{7.11}$$

根据式（7.11），在例题7.1中，安全库存为 514，例题7.2中，安全库存为 487，例题7.3中，安全库存为 412。

此外，由以上的分析可以看出，再订货点 R 或安全库存 s 与服务水平 p 是一一对应的，给定服务水平 p，可以计算出相应的再订货点 R 和安全库存量 s，反过来，给定再订货点 R 或安全库存 s，也可以计算出对应的服务水平 p。以正态分布为例，假设 D_L 服从均值为 μ_L、标准差为 σ_L 的正态分布，给定 R，有

$$p = \Phi(R, \mu_L, \sigma_L) \tag{7.12}$$

或者

$$p = \Phi(\mu_L + s, \mu_L, \sigma_L) \tag{7.13}$$

其中，$\Phi(\cdot, \mu_L, \sigma_L)$ 是均值为 μ_L、标准差为 σ_L 的正态分布累积分布函数，在 Excel 中对应的公式为“NORMDIST(x,mean,standard_dev,true)”。

7.4　经济订货批量模型

库存控制策略的另外一个关键决策是确定订货批量 Q 的大小，我们称最佳的订货批量为经济订货批量（economic order quantity，EOQ）。因此，确定最佳订货批量的决策模型也称为经济订货批量模型。该模型属于单级静态确定型多周期存储模型，适用于需求量相对稳定的情形。经济订货批量模型又可以分为无价格折扣的经济订货批量模型和有价格折扣的经济订货批量模型，本节我们讨论无价格折扣的经济订货批量模型。7.6节讨论有价格折扣的经济订货批量模型。

给定订货批量 Q，假定需求相对稳定，我们可以得到，订货批量为 Q 时仓库的库存水平随时间的变化关系如图7.7所示。

由图7.7分析可知，订货批量为 Q 时，当货物入库时，库存量增加 Q，当这批货物消耗完时，又有另一批量 Q 的货物入库，因此，订货批量 Q 的货物产生的平均库存为 $\dfrac{Q}{2}$。库存持有成本包括资金占用成本、存储空间成本、存货服务成本和存货风险成本，为简化起见，我们用 h 表示单位产品在仓库存放一年的库存持有成本，即年单位库存持有成本。因此，有

$$\text{年库存持有成本} = \text{年单位库存持有成本} \times \text{年平均库存} = h\ \frac{Q}{2}$$

我们再考虑与订货次数相关的订货成本或运输成本。假定每次订货会有固定的交易成本或运输成本，用 c 表示订货一次的总固定成本。假设年需求量为 D，则一年的订货次数为 $\dfrac{D}{Q}$，因此，与 Q 相关的年订货费用计算公式如下：

$$\text{年订货成本} = \text{单次订货成本} \times \text{年订货次数} = c \cdot \frac{D}{Q}$$

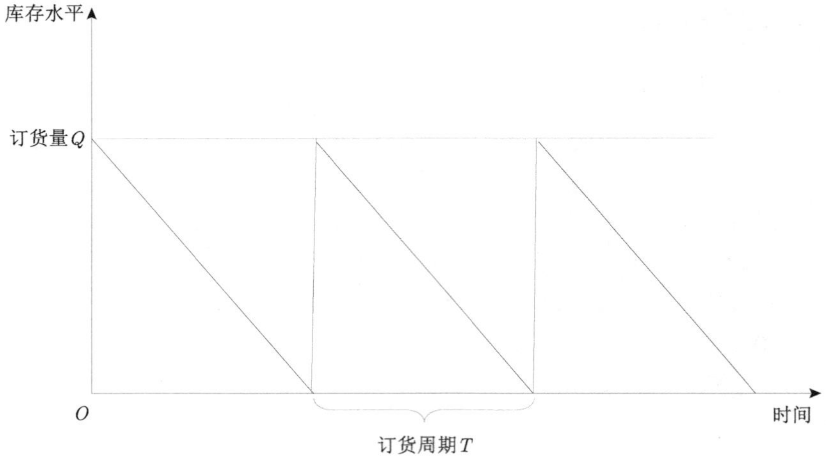

图 7.7 订货批量为 Q 时仓库库存水平随时间变化图

考虑无价格折扣的情形，即购买价格与订货批量 Q 无关，那么，在做 Q 的决策时不用考虑购买成本。

用 $\mathrm{TC}(Q)$ 表示与订货决策 Q 相关的年总费用，则有

$$\mathrm{TC}(Q)=h\cdot\frac{Q}{2}+c\cdot\frac{D}{Q} \tag{7.14}$$

从年总费用函数（7.14）可以看出，每次的订货批量 Q 越大，仓库的平均库存越高，相应的年库存持有成本也越多；每次的订货批量 Q 越大，每年的订货次数则越少，相应的年订货成本也越小。因此，必须找到一个合适的订货批量 Q（不能太大，也不能太小），才能使得年总费用 $\mathrm{TC}(Q)$ 最小。年总费用函数随订货批量 Q 的变化如图7.8所示。

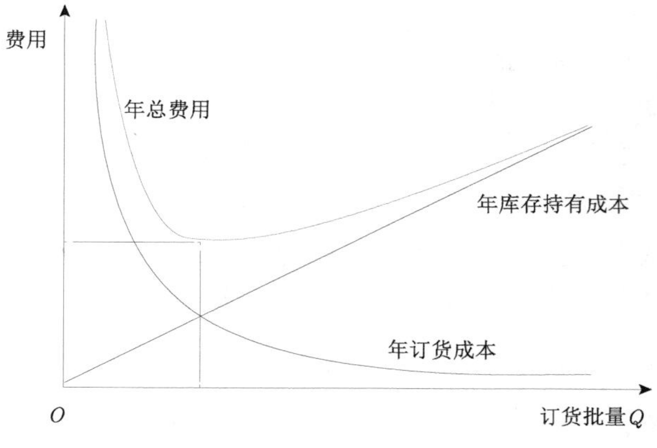

图 7.8 经济订货批量模型中年总费用随订货批量 Q 变化图

由图7.8不难看出，年总费用 $\mathrm{TC}(Q)$ 是关于订货批量 Q 的凸函数。因此，要寻找使 $\mathrm{TC}(Q)$ 最小的订货批量 Q，我们可以将函数 $\mathrm{TC}(Q)$ 对 Q 进行求导并令其值为零。因此，可以

得到：

$$\mathrm{TC}'(Q)=\frac{h}{2}-\frac{c\cdot D}{Q^2}=0 \tag{7.15}$$

$$\Rightarrow\quad Q^*=\sqrt{\frac{2\cdot D\cdot c}{h}} \tag{7.16}$$

Q^* 就是最佳订货批量，也即“经济订货批量”。相应的年总费用为 $\mathrm{TC}(Q^*)=\frac{h\cdot Q^*}{2}+\frac{c\cdot D}{Q^*}$，其中年库存持有成本为 $\frac{h\cdot Q^*}{2}$，年订货成本为 $\frac{c\cdot D}{Q^*}$。

例题 7.4　某食品批发部为附近 200 多家食品零售店提供某品牌方便面的货源。为了满足顾客的需求，批发部一般是每月进一次货并存入仓库，当发现货物快售完时，及时调整进货。据统计，方便面的需求量近似常数为 3000（箱/周），每箱的购买价格是 30 元。存储费用大概为价值的 15%(包含占用资金利息 7 %，仓库、保险、损耗、管理费用 8%)。每次订货的固定费用为 250 元（包含手续费、电话费、交通费 130 元，采购人员劳务费 120 元）。如此每年需花费在存储和订货的费用约 3 万元。负责人考虑如何使这笔费用下降，达到最好的运营效果。

分析：根据题目信息，年需求量为 $D=3000\times52=156\,000$（箱），年单位库存持成本 $h=30\times15\%=4.5$[元／（年·箱）]，单次订货成本 $c=250$（元／次）。

若每月订货一次，则 $Q=3\,000\times4=12\,000$（箱），根据式（7.14），当 $Q=12\,000$ 箱，有

$$\begin{aligned}\mathrm{TC}(12\,000)&=4.5\times\frac{12\,000}{2}+250\times\frac{156\,000}{12\,000}\\&=30\,250\ (\text{元})\end{aligned}$$

因此，若每月订货一次，年总费用为 30 250 元。

现考虑最佳订货批量，根据式（7.16），最佳订货批量为

$$\begin{aligned}Q^*&=\sqrt{\frac{2\cdot D\cdot c}{h}}\\&=4163\ (\text{箱})\end{aligned}$$

若每次订货量为 4163 箱，根据式（7.14），当 $Q=4163$ 箱，有

$$\begin{aligned}\mathrm{TC}(4163)&=4.5\times\frac{4163}{2}+250\times\frac{156\,000}{4163}\\&=18\,735\ (\text{元})\end{aligned}$$

因此，最佳方案是按照经济订货批量，每次订货 4163 箱，年总费用为 18 735 元，比当前每月订货一次对应的年总费用下降 38%。

当订货批量确定后，订货时间间隔也就随之确定了。以天为订货时间间隔的单位，显然有

$$\text{订货时间间隔}=\frac{\text{订货批量}}{\text{日均需求量}}$$

用 T^* 表示最佳订货时间间隔（天），则有

$$T^*=\frac{Q^*}{d} \tag{7.17}$$

其中，d 为日均需求量。

例题7.4中，采用经济订货批量，则平均订货时间间隔为

$$T^* = \frac{Q^*}{d} = \frac{4163}{3000/7} = 9.7\ (天)$$

例题 7.5 考虑引例的问题，根据表7.1计算得江西市场平均每天需求为 500.5 件，为简化计算，假设市场平均每天需求为 500 件，年需求为 $500 \times 365 = 182\,500$（件），南昌区域仓库的库存持有成本比广州中央仓库高 14 元/（件 · 年）。产品从广州中央仓库到南昌区域仓库的运输采用公路运输，物流公司提供了两种车型可以选择，车型 A 满载可装 6000 件，每车费用为 3000 元，车型 B 满载可装 9000 件，每车费用为 4000 元。为使相关费用最少，南昌区域仓库每次补货的时候应该补货多少？应采用哪种车型运输？

分析：根据经济订货批量模型，若采用车型 A，每次运费 3000 元，则有

$$Q^* = \sqrt{\frac{2 \cdot D \cdot c}{h}} = \sqrt{\frac{2 \times 182\,500 \times 3000}{14}} = 8844\,(件)$$

由于车型 A 满载最多可装 6000 件，因此，订货批量取为 6000 件，对应的年总费用为

$$\mathrm{TC}(6000) = 14 \times \frac{6000}{2} + 3000 \times \frac{182\,500}{6000} = 133\,250\,(元)$$

再考虑车型 B，若采用车型 B，每次运费 4000 元，则有

$$Q^* = \sqrt{\frac{2 \cdot D \cdot c}{h}} = \sqrt{\frac{2 \times 182\,500 \times 4000}{14}} = 10\,212\,(件)$$

由于车型 B 满载最多可装 9000 件，因此，订货批量取为 9000 件，对应的年总费用为

$$\mathrm{TC}(9000) = 14 \times \frac{9000}{2} + 4000 \times \frac{182\,500}{9000} = 144\,111\,(元)$$

根据上述分析，显然采用车型 A 运输，每次订货批量为 6000 件，年总费用更优。

7.5 经济生产批量模型

在 7.4 节中，我们考虑的情形是补货过程是瞬间完成的，即假设上游厂家（仓库）有足够的库存，收到补货单后即可发货。本节我们考虑另外一种情形：工厂的生产速度恒定，且工厂一边生产一边进行补货。也就是说，从生产开始的一段时间内，生产过程和产品出库的过程是同时进行的，由于生产速度大于需求速度，库存量保持上升。当库存量上升到一定水平后，

暂停生产，然后货品库存因为需求的产生逐渐减少，直到库存降为零，此时启动另一个生产补货周期，如图7.9所示。在这种情形中，我们需要确定每个生产补货周期的生产量，这个模型我们称为经济生产批量模型，定义如下。

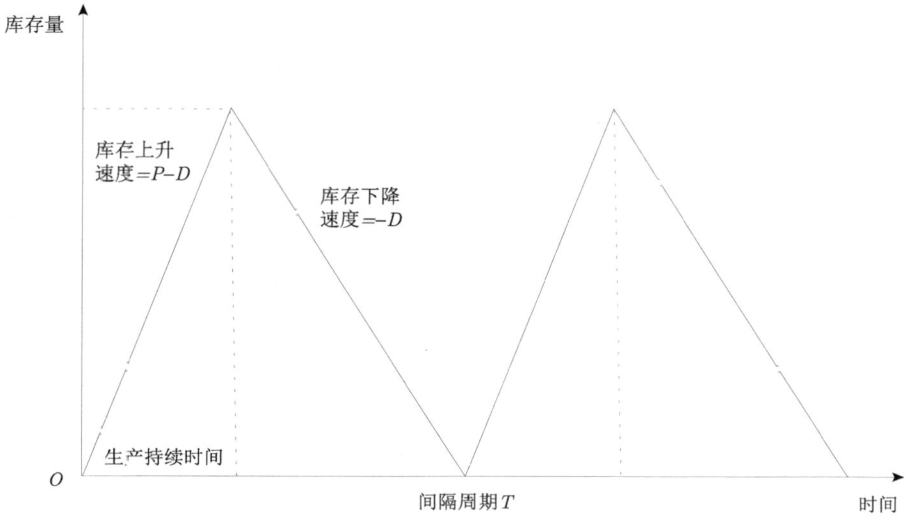

图 7.9　生产速度恒定情形下库存状态随时间变化图

T_p 为生产持续时间。

P 为生产速度。

D 为需求速度，且 $D < P$。

T 为一个生产补货周期（决策变量）。

C_1 为单位时间单位产品的库存费用。

C_2 为启动一次生产的固定成本。

与经济订货批量模型的基本思路相似，我们仍然要分析经济生产批量模型的成本组成，然后将总费用最小化来求得 T。经济生产批量模型的成本组成包括库存费用和每次启动生产的固定成本。下面我们将分别讨论单位时间内的库存费用和生产固定成本，然后表示出单位时间内的总费用，并通过总费用的最小化来确定经济生产批量模型的生产补货周期 T 以及其他参数的大小。

从图7.9可以看出，在每个生产补货周期的生产阶段，单位时间内生产 P 单位产品，出货 D 单位产品，所以生产阶段的库存量以 $(P-D)$ 的速率上升。工厂在 T_p 时间后停止生产，这时库存量达到最高点，这一点的库存量是 $(P-D)\cdot T_p$。因为每个订货周期内的补货量刚好满足这个周期的货物需求量，所以我们有 $P\cdot T_p = D\cdot T$。所以：

$$T_p = \frac{D\cdot T}{P}$$

每个订货周期内的平均库存量是图7.9中最大库存量的一半，即

$$平均库存量 = \frac{1}{2}(P-D)\cdot T_p \tag{7.18}$$

$$= \frac{(P-D)\cdot D\cdot T}{2\cdot P} \tag{7.19}$$

因此，单位时间的存储成本是

$$\text{单位时间的存储成本} = C_1\frac{(P-D)\cdot D\cdot T}{2\cdot P} \tag{7.20}$$

下面考虑单位时间分摊的固定费用。每个生产补货周期的固定订货成本是 C_2，所以单位时间的订货成本是 $\frac{C_2}{T}$。

用 $F(T)$ 表示单位时间内的总费用，则有

$$F(T) = C_1\frac{(P-D)\cdot D\cdot T}{2\cdot P} + \frac{C_2}{T} \tag{7.21}$$

可以发现单位时间内的总费用函数 $F(T)$ 是关于生产补货周期 T 的凹函数，对此函数关于 T 求导并令导数为零，可以得到使单位时间总费用最小的生产补货周期 T。

$$F'(T) = C_1\frac{(P-D)\cdot D}{2\cdot P} - \frac{C_2}{T^2} \tag{7.22}$$

令 $F'(T)=0$，可得到最佳生产补货周期：

$$T^* = \sqrt{\frac{2\cdot C_2\cdot P}{C_1\cdot D\cdot(P-D)}}$$

相应地，最佳生产批量是

$$Q^* = D\cdot T^* = \sqrt{\frac{2\cdot C_2\cdot P\cdot D}{C_1\cdot(P-D)}}$$

最小单位时间总费用是

$$F_{\min} = \sqrt{\frac{2\cdot C_1\cdot C_2\cdot D\cdot(P-D)}{P}}$$

对应的生产持续时间为

$$T_p = \frac{D\cdot T^*}{P} = \sqrt{\frac{2\cdot C_2\cdot D}{C_1\cdot P\cdot(P-D)}}$$

我们可以将经济生产批量模型的结论与经济订货批量模型的结论做一下对比。当 $P\to\infty$ 时（瞬时补货），$\lim_{n\to\infty}\sqrt{\frac{P-D}{P}}\to 1$，这时，经济生产批量模型结论与经济订货批量模型结论相同。

例题 7.6 某工厂生产并销售桶装纯净水。假设每月需求量是 6000 桶，工厂的生产速度是每月 8000 桶，每次生产的准备费用是 1000 元，每月每桶纯净水的存储成本是 3 元，试求经济生产批量多大？生产周期多长？每月最小费用是多少？

分析：以月为单位时间，由题意可以得到，$C_1=3$ 元，$C_2=1000$ 元，$P=8000$ 桶/月，$D=6000$ 桶/月。

所以：

$$Q^* = D \cdot T^* = \sqrt{\frac{2 \cdot C_2 \cdot P \cdot D}{C_1 \cdot (P - D)}} = \sqrt{\frac{2 \times 1000 \times 8000 \times 6000}{3 \times (8000 - 6000)}} = 4000\text{（桶）}$$

$$F_{\min} = \sqrt{\frac{2 \cdot C_1 \cdot C_2 \cdot D \cdot (P - D)}{P}} = \sqrt{\frac{2 \times 1000 \times 3 \times 6000 \times (8000 - 6000)}{8000}} = 3000\text{（元）}$$

$$T^* = \sqrt{\frac{2 \cdot C_2 \cdot P}{C_1 \cdot D \cdot (P - D)}} = \sqrt{\frac{2 \times 1000 \times 8000}{3 \times 6000 \times (8000 - 6000)}} = \frac{2}{3}\text{（月）}$$

$$T_p = \frac{Q^*}{P} = 0.5\text{（月）}$$

每次生产的经济批量是 4000 桶，这 4000 桶桶装纯净水需要 0.5 个月进行生产，相隔 $\frac{1}{6}$ 个月后开始第二个周期的生产。每个周期是 $\frac{2}{3}$ 个月，每个月的总费用是 3000 元。

7.6 有折扣的经济订货批量模型

在有些商业模式中，订货批量较大时，有时可以从供应商拿到一些价格优惠折扣。数量折扣就是供应商为了吸引用户一次性购买更多的商品，规定了对于购买数量达到或超过某一数量标准时给予用户价格上的优惠，这个事先规定的数量标准称为折扣点。在这种有折扣的情况下应该如何确定订货批量呢？我们分全量折扣情形（全部货品都打折）和增量折扣情形（增加的货品打折）两种情形来讨论。

7.6.1 全量折扣情形

全量折扣情形是指当订货批量大于某个折扣点时，全部货品都可以打折。例如：某产品订购单价是 50 元，当订货批量在 500 件以下时不打折，500 件及以上但不足 1000 件时按 48 元/件收费，当订货批量在 1000 件及以上时按 47 元/件收费，如表7.3所示。

表 7.3 全量折扣情形价格表

价格区间 k	订货批量/件	单位价格 p_k/元	打折点 S_k
1	[0, 500)	50	0
2	[500, 1000)	48	500
3	[1000, ∞)	47	1000

定义如下。

p_k 为第 k 个价格区间的产品采购单价，$k = 1, 2, \cdots$。

S_k 为第 k 个价格区间的最少订货批量（折扣点），$k = 1, 2, \cdots$。

订货批量在不同的区间，其采购单价不同，因此，在折扣点会出现总的采购成本不连续的情况，如图7.10所示。

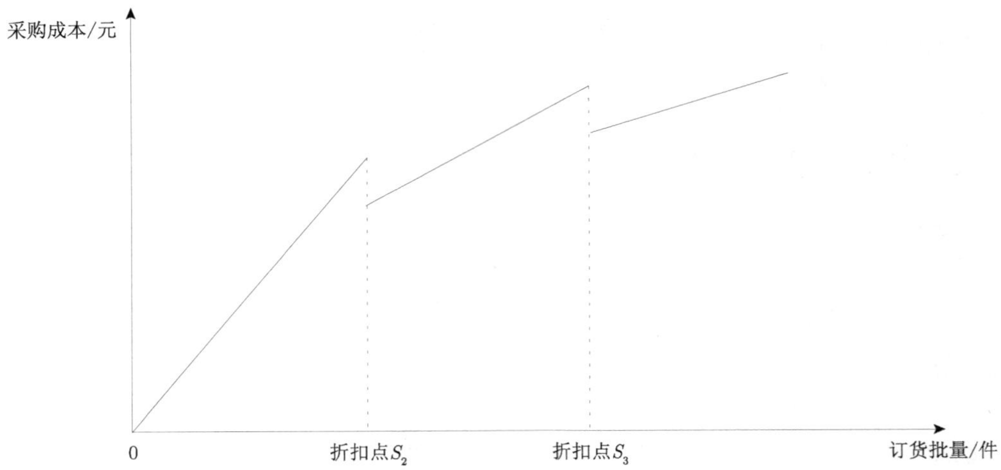

图 7.10 全量折扣情形下采购成本随订货批量变化图

既然成本和购买价格有关，而购买价格又和订货批量有关，我们需要引入采购成本，从而将总费用函数修改为

$$\mathrm{TC}(Q) = h \cdot \frac{Q}{2} + c \cdot \frac{D}{Q} + p_k \cdot D，\ Q \geqslant S_k$$

可以看出，总费用函数 TC(Q) 是一个不连续的函数，如图7.11所示。这时，要寻找最佳订货批量，只需比较原最佳订货批量以及各个打折点的费用函数，选择其中最小者。初始的经济订货批量模型最优解并不一定如图7.11所示出现在价格折扣分界的左边，但其他情况下这种方法仍然有效。下面我们以一个例题来说明。

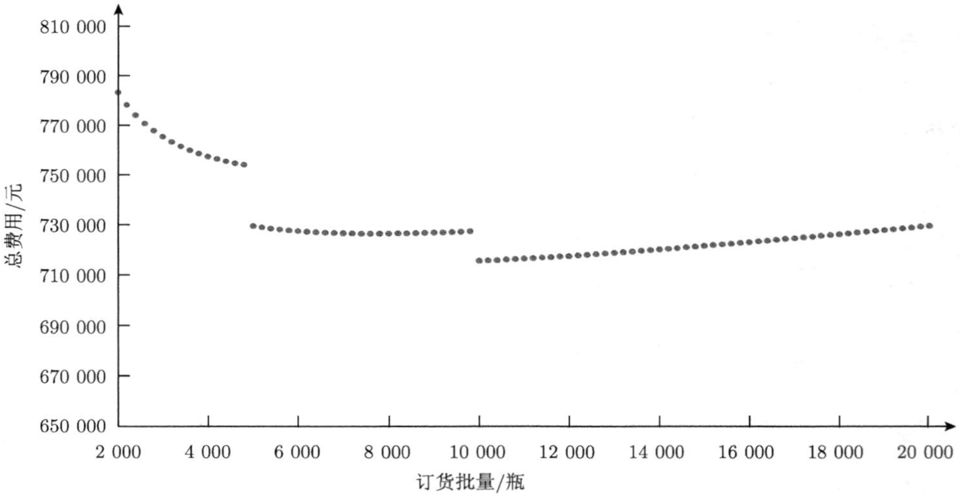

图 7.11 全量折扣情形下总费用随订货批量变化函数图

例题 7.7 某药品公司是一家销售处方药和营养补品的网络零售商。维生素在它的销售

中占有相当比例。各种维生素的月需求量为 10 000 瓶，药品公司每次向制造商订购维生素的固定运输成本是 1000 元。药品公司的库存持有成本是 4.0 元/（瓶 · 年）。供应商的产品报价按照全量折扣形式报价，报价方案如表7.4所示。请计算药品公司每次应该订购多少瓶维生素。

表 7.4　药品公司的价格方案

价格区间 k	订货批量/瓶	单位价格/（元/瓶）
1	[0, 5 000)	6.0
2	[5 000, 10 000)	5.8
3	[10 000, ∞)	5.7

分析：按照题意，根据订购的批量大小，采购价格分为三种情形，S_1=0 瓶，$S_2 = 5000$ 瓶，$S_3 = 10\,000$ 瓶，$p_1 = 6.0$ 元，$p_2 = 5.8$ 元，$p_3 = 5.7$ 元。年总需求 $D = 12 \times 10\,000 = 120\,000$（瓶），单次运输成本 $c = 1000$ 元，库存持有成本为 $h = 4.0$ 元。

首先，我们不考虑订购折扣，计算无折扣情形的经济订货批量。由经济订货批量模型的计算公式可以得到，没有价格折扣时最佳订货批量是

$$Q^* = \sqrt{\frac{2 \cdot D \cdot c}{h}} = 7746\,(\text{瓶})$$

此时，若按照最佳订货批量，对应的各项成本是

$$\text{年库存持有成本} = h \cdot \frac{Q^*}{2} = 15\,492\,(\text{元})$$

$$\text{年运输成本} = c \cdot \frac{D}{Q^*} = 15\,492\,(\text{元})$$

$$\text{年采购成本} = p_2 \cdot D = 696\,000\,(\text{元})$$

年总费用为三项之和，即 $\text{TC}(Q^*) = 726\,984$ 元。

由于没有价格折扣时，经济订货批量为 Q^*，根据7.4节内容我们知道，当订货批量小于 Q^* 时，年库存持有成本与订货成本总和会更大，并且，对于小于 Q^* 的折扣点，采购成本也会更高，因此，我们不需要计算也可以推断出最佳订货批量不会少于 Q^*。在例题 7.7 中，没有订货批量折扣时，最佳订货批量为 $Q^* = 7746$ 瓶，比折扣点 $S_2 = 5000$ 瓶要多，因此，不用通过计算我们也能判断，如果采用 $Q = S_2 = 5000$ 瓶作为订货批量，则总费用一定比采用订货批量 $Q^* = 7746$ 瓶时要大。因此，我们只需要再来计算比 Q^* 大的价格折扣分界点的成本情况，再从中选择成本小的一个即可。取采购批量 $\hat{Q} = S_3 = 10\,000$ 瓶，对应的各项成本为

$$\text{年库存持有成本} = h \cdot \frac{\hat{Q}}{2} = 20\,000\,(\text{元})$$

$$\text{年运输成本} = c \cdot \frac{D}{\hat{Q}} = 12\,000\,(\text{元})$$

$$\text{年采购成本} = p_3 \cdot D = 684\,000\,(\text{元})$$

年总费用为三项之和，即 $\text{TC}(\hat{Q}) = 716\,000$ 元。

比较订货批量为 7746 瓶和 10 000 瓶两种情况下的总费用，发现以 10 000 瓶的批量订货

时的总费用是最低的，因此，对这家药品公司来说，最佳订货批量为 10 000 瓶，每年总费用是 716 000 元。图7.11画出了例题 7.7 中年总费用随着订货批量 Q 变化的函数图。

7.6.2 增量折扣情形

有时候，订货量较大时供应商也会提供打折，但只针对多于一定订购量的货品打折，而不是所有货品都打折，我们称这种情形为增量折扣情形。增量折扣情形的采购成本如图7.12所示。例如：一个服装供应商可能会提出每次订购量高于 200 件时可以打折，如果订购 300 件，则多于 200 件的部分（100 件服装）可以打折。这种打折方式下，采购成本函数与订货批量的关系如图7.12所示。这种情形下，最佳经济订货批量模型又会有所改变。

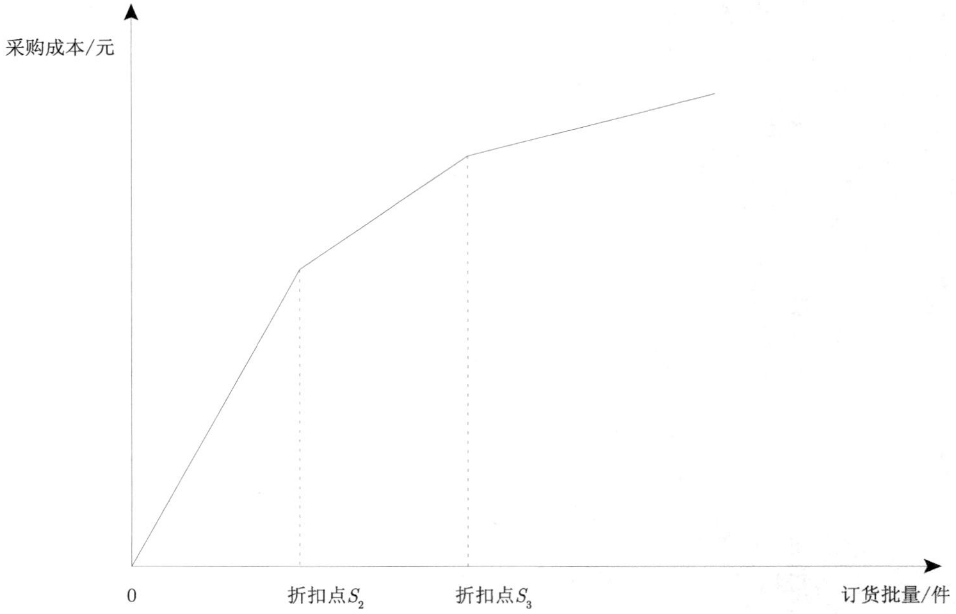

图 7.12 增量折扣情形下采购成本函数图

因为是增量折扣，同一批次订购的货物，其单价可能不同，因此，我们应该将同一订货批次里不同价格区间的货品分开定义，通过模型确定每个价格区间内的订货量。但这组变量又相互关联，只有在前一价格区间内的货量订满后才能订购下一价格区间的货物。与 7.6.1 节相同，定义如下。

p_k 为第 k 个价格区间的产品采购单价，$k=1,2,\cdots$。

S_k 为第 k 个价格区间的最少订货批量（折扣点），$k=1,2,\cdots$。

用 $G(Q)$ 表示订货批量为 Q 时的采购成本。不失一般性地，不妨设最小的折扣点 $S_1=0$，此时，$G(S_1)=G(0)=0$。根据图7.12，我们可以把 $G(Q)$ 表示为如下分段形式，即订货批量 Q 若位于第 k 个价格区间，那么对应的采购成本 $G(Q)$ 为

$$G(Q)=G(S_k)+p_k\cdot(Q-S_k),\quad S_k\leqslant Q<S_{k+1},\quad k=1,2,\cdots \tag{7.23}$$

这里，为方便表达成统一形式，若 S_k 为最后一个折扣点，则取 $S_{k+1}=\infty$。

因此，订货批量为 Q 时，总费用函数 TC(Q) 为

$$\mathrm{TC}(Q)=h\cdot\frac{Q}{2}+c\cdot\frac{D}{Q}+G(Q)\cdot\frac{D}{Q} \tag{7.24}$$

当订货批量 Q 位于价格区间 k 时，即 $S_k\leqslant Q<S_{k+1}$ 时，把式（7.23）代入式（7.24）得

$$\begin{aligned}\mathrm{TC}(Q)&=h\cdot\frac{Q}{2}+c\cdot\frac{D}{Q}+(G(S_k)+p_k\cdot(Q-S_k))\cdot\frac{D}{Q}，\ S_k\leqslant Q\leqslant S_{k+1}\\&=h\cdot\frac{Q}{2}+(c+G(S_k)-p_k\cdot S_k)\cdot\frac{D}{Q}+p_k\cdot D，\ S_k\leqslant Q\leqslant S_{k+1}\end{aligned} \tag{7.25}$$

可以证明，订货批量 Q 位于区间 $[S_k,S_{k+1})$ 时，TC(Q) 都是关于 Q 的凸函数，因此，对每一个订购价格区间，分别对 Q 求导，并令一阶导函数为零，可得到：

$$Q_k^*=\sqrt{\frac{2D[c+G(S_k)-p_k\cdot S_k]}{h}} \tag{7.26}$$

如果求得的 Q_k^* 位于第 k 个折扣点区间 $[S_k,S_{k+1})$，则 Q_k^* 就是此时的最佳订货批量，对应的总费用为 TC(Q_k^*)；若 Q_k^* 不位于第 k 个折扣点区间 $[S_k,S_{k+1})$，即 $Q_k^*\notin[S_k,S_{k+1})$，那么有两种情况：一种是 Q_k^* 位于第 k 个折扣点区间 $[S_k,S_{k+1})$ 的左边，一种是位于区间 $[S_k,S_{k+1})$ 的右边。如图7.13所示。在第一种情况，折扣点区间在最佳订货批量 Q_k^* 的右边的情况下，显然总成本函数 TC(Q) 在区间 $[S_k,S_{k+1})$ 上是递增的函数，该区间内的最小成本应该是刚好在区间的左端点 S_k 处达到。在第二种情况，折扣点区间在最佳订货批量 Q_k^* 的左边的情况下，显然总成本函数 TC(Q) 在区间 $[S_k,S_{k+1})$ 上是递减的函数，该区间内的最小成本应该是刚好在区间的右端点 S_{k+1} 处达到。由于这个点也是另一个折扣点区间的端点，在另一个折扣点区间讨论中也会讨论到，会和其他点进行成本的比较。

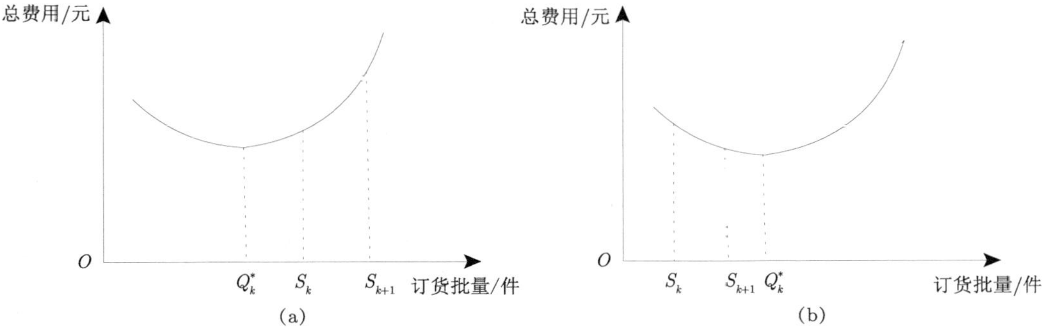

图 7.13　增量货品打折时的两种求解情况

根据假设，最后一个折扣点区间的上限为无穷大，即 $S_{k+1}=\infty$，因此，必然会存在一个 k，满足 $Q_k^*\in[S_k,S_{k+1})$。根据分析，若只有一个折扣点区间 k，使得 $Q_k^*\in[S_k,S_{k+1})$ 成立，则取 $Q^*=Q_k^*$，即为增量折扣情形下的最佳订货批量，对应的 TC(Q^*) 即为最小的总成本；若存在多个折扣点区间，使得 $Q_k^*\in[S_k,S_{k+1})$ 成立，则需要对比每个满足条件的订货批量 Q_k^* 所对应的年总费用，取年总费用最小的订货批量，则为最佳订货批量。

下面我们以一个例题来说明上述分析过程。

例题 7.8 重新考虑例题7.7，假设表7.4对应的是增量折扣，问此时最佳订货批量为多少？对应的年总费用为多少？

分析：根据题目，有 $S_1 = 0$ 瓶，$S_2 = 5000$ 瓶，$S_3 = 10\,000$ 瓶，$S_4 = \infty$，$G(S_1) = 0$ 元，$G(S_2) = 30\,000$ 元，$G(S_3) = 59\,000$ 元。根据式 (7.26)，有

$Q_1^* = \sqrt{\dfrac{2 \times 120\,000 \times (1000 + 0 - 0)}{4}} = 7\,746$（瓶），因此，$Q_1^* \notin [S_1, S_2)$。

$Q_2^* = \sqrt{\dfrac{2 \times 120\,000 \times (1000 + 30\,000 - 29\,000)}{4}} = 10\,954$（瓶），因此，$Q_2^* \notin [S_2, S_3)$。

$Q_3^* = \sqrt{\dfrac{2 \times 120\,000 \times (1000 + 59\,000 - 57\,000)}{4}} = 13\,416$（瓶），因此，$Q_3^* \in [S_3, S_4)$。

综上，由于只有一个折扣点区间，使得 $Q_k^* \in [S_k, S_{k+1})$ 成立，因此，最佳订货批量为 $Q^* = Q_3^* = 13\,416$ 瓶，对应的年总成本 $\mathrm{TC}(Q^*)$ 为 737 665.6 元。图7.14画出了总费用函数 $\mathrm{TC}(Q)$ 随订货批量变化的函数图。

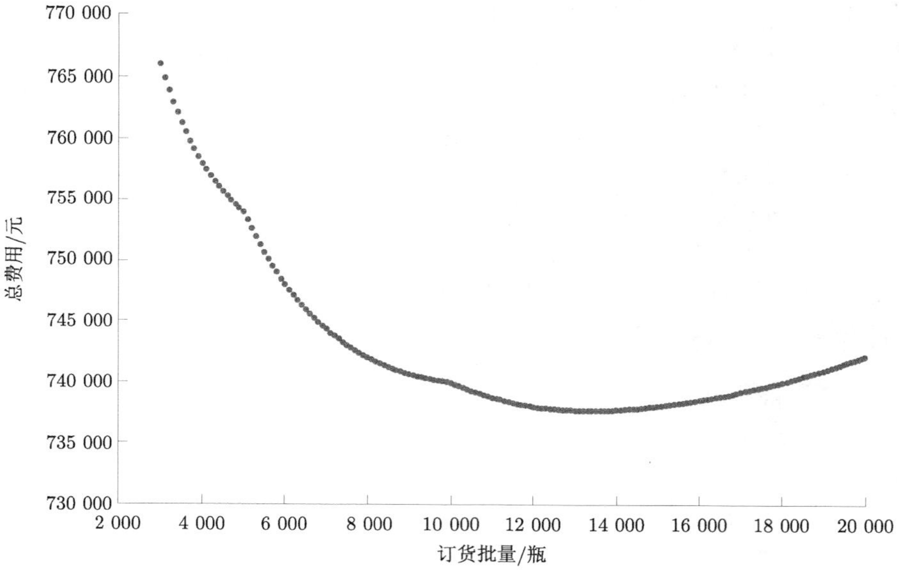

图 7.14 例题7.8年总费用函数随订货批量变化图

例题 7.9 某批发提供某品牌速食产品，需求量为 150 000（箱/年），库存持有成本为 6.0 元/（箱 · 年），每次订货的固定成本为 250 元。若订货批量不超过 5000 箱，每箱的购买价格是 30 元；若订货批量在 5000 箱至 10 000 箱之间，超过 5000 的部分每箱的购买价格是 29.7 元；若订货批量超过 10 000 箱，则超过的部分每箱的购买价格是 29.5 元。在这种情形下，最佳订货批量为多少？对应的年总费用为多少？

分析：根据题目，有 $S_1 = 0$ 箱，$S_2 = 5000$ 箱，$S_3 = 10\,000$ 箱，$S_4 = \infty$，$G(S_1) = 0$ 元，$G(S_2) = 150\,000$ 元，$G(S_3) = 298\,500$ 元。根据式 (7.26)，有

$Q_1^* = \sqrt{\dfrac{2 \times 150\,000 \times (250 + 0 - 0)}{6}} = 3536$（箱），因此，$Q_1^* \in [S_1, S_2)$。

$$Q_2^* = \sqrt{\frac{2\times 150\,000\times(250+150\,000-148\,500)}{6}} = 9354 \text{（箱），因此，} Q_2^* \in [S_2, S_3)\text{。}$$

$$Q_3^* = \sqrt{\frac{2\times 150\,000\times(250+298\,500-295\,000)}{6}} = 13\,693 \text{（箱），因此，} Q_3^* \in [S_3, S_4)\text{。}$$

综上，三个折扣点区间都满足 $Q_k^* \in [S_k, S_{k+1})$，因此，我们需要进一步计算订货批量为 Q_1^*、Q_2^*、Q_3^* 时对应的年总费用，根据式 (7.25)，计算得

$$\mathrm{TC}(Q_1^*) = \mathrm{TC}(3536) = 4\,521\,213\text{（元）}$$

$$\mathrm{TC}(Q_2^*) = \mathrm{TC}(9354) = 4\,511\,125\text{（元）}$$

$$\mathrm{TC}(Q_3^*) = \mathrm{TC}(13\,693) = 4\,507\,158\text{（元）}$$

上述三个批量中，年总费用最低为 4 507 158 元，因此，取最佳订货批量为 $Q^* = Q_3^* =$ 13 693 箱，对应的年总费用 $\mathrm{TC}(Q^*)$ 为 4 507 158 元。图7.15为总费用函数 $\mathrm{TC}(Q)$ 随订货批量变化的函数图。

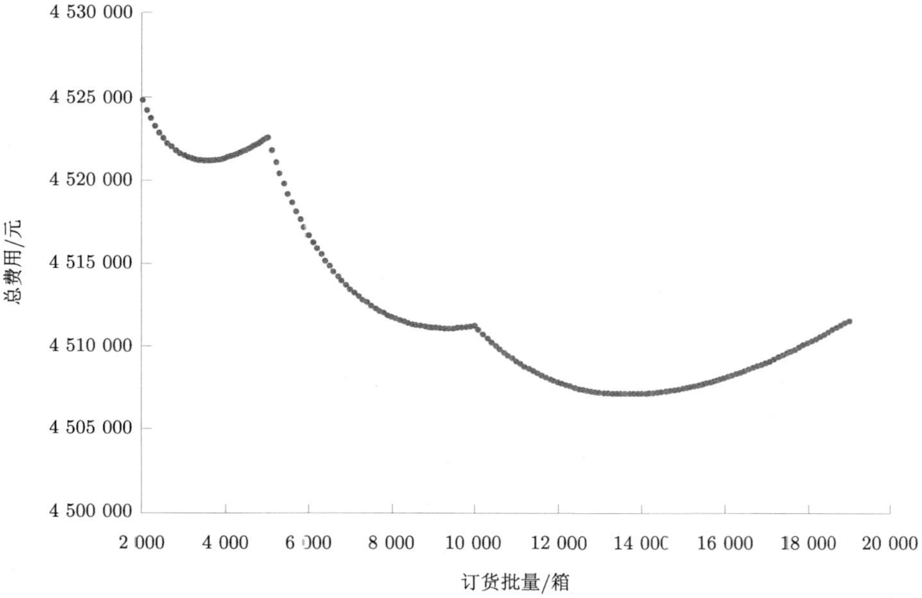

图 7.15　例题7.9年总费用函数随订货批量变化图

7.7　多货品联合订货的经济订货批量模型

前面的经济订货批量模型，我们考虑的是针对一种货品的经济订货批量，但是在很多实际情形中，往往是多种货品联合订货的，所以，在本节我们来讨论多货品联合订货的经济订货批量模型。单货品订货时我们假设固定订货成本（运输成本）只和订货次数有关，而和订货货品的种类无关，在这里，我们仍然保持这样的假设。我们的目标是找到使得总费用最小的订货批量。假设共有 n 种货品，定义如下。

D_i 为第 i 种产品的年需求量，$i = 1, 2, \cdots, n$。

c 为每次订货的固定成本（如运输成本），与订购的货品种类无关。

h_i 为第 i 种产品的年单位库存持有成本，$i = 1, 2, \cdots, n$。

在多货品订货的情况下，订购货品的负责人要决定每次订购时各个货品的数量，有三种订货方式可供选择。

方式 1：每种货品独立订货（非联合订货）。

方式 2：联合订货并且每次订货包含所有产品。

方式 3：联合订货但并非每次订货都包含所有产品。

若采用“方式 1：每种货品独立订货”，则可以对每种货品单独使用经济订货批量模型，得出最佳订货批量。现考虑“方式 2：联合订货并且每次订货包含所有产品”，这时，每种货品的订货周期相同。用 T 表示订货周期，以“年”为单位，那么，年订货次数为：$\dfrac{1}{T}$，每次订货，货品 i 的订货量为 $D_i \cdot T$。因此，货品 i 的平均库存为：$\dfrac{D_i \cdot T}{2}$。我们可以把年总费用表示为 T 的函数：

$$\begin{aligned}\mathrm{TC}(T) &= \text{年库存持有成本} + \text{年订货固定成本} \\ &= \sum_{i=1}^{n} h_i \cdot \frac{D_i \cdot T}{2} + c \cdot \frac{1}{T}\end{aligned} \tag{7.27}$$

其中，n 为货品种类数。通过对 $\mathrm{TC}(T)$ 求导并令其值为零，我们可以求得最佳订货周期 T^*：

$$T^* = \sqrt{\frac{2 \cdot c}{\sum\limits_{i=1}^{n} h_i \cdot D_i}} \tag{7.28}$$

货品 i 的最佳订货批量为 $Q_i^* = D_i \cdot T^*$。

我们以下面的例子为例，说明前两种方式的成本有何差别。

例题 7.10 某家电销售店销售三种计算机产品：产品 1、产品 2 和产品 3。三种产品的年需求量分别是：$D_1 = 12\,000$ 台，$D_2 = 1200$ 台，$D_3 = 120$ 台。假设每次订货的固定运输成本是 800 元，三种产品的年单位库存持有成本分别为 $h_1 = 4$ 元，$h_2 = 3$ 元，$h_3 = 2$ 元。在“每种货品独立订货”和“联合订货并且每次订货包含所有产品”两种订货策略下，销售店分别应该怎样订货？对应的年总费用分别为多少？

分析：首先考虑第一种订货方式，即每种货品独立订货的方式。如果独立订货和运输，那么我们就可以完全将三种产品分开对待，每种产品的订货和运输就与单货品经济订货批量模型完全相同。我们按照单货品的经济订货批量模型来求解。根据题目信息，我们已经知道：需求量 $D_1 = 12\,000$ 台，$D_2 = 1200$ 台，$D_3 = 120$ 台，订货成本 $c = 800$ 元，年单位库存持有成本分别为 $h_1 = 4$ 元，$h_2 = 3$ 元，$h_3 = 2$ 元。

根据单货品经济订货批量模型的结论，得到每种产品的批量订货规模：

$$Q_1 = \sqrt{\frac{2 \cdot D_1 \cdot c}{h_1}} = 2191(\text{台})$$

$$Q_2 = \sqrt{\frac{2 \cdot D_2 \cdot c}{h_2}} = 800(\text{台})$$

$$Q_3=\sqrt{\frac{2\cdot D_3\cdot c}{h_3}}=310(\text{台})$$

每种产品对应的年订货次数是

$$\frac{D_1}{Q_1}=5.48(\text{次})$$
$$\frac{D_2}{Q_2}=1.5(\text{次})$$
$$\frac{D_3}{Q_3}=0.39(\text{次})$$

每种产品对应的年总费用是

$$\mathrm{TC}_1(Q_1)=h_1\cdot\frac{Q_1}{2}+c\cdot\frac{D_1}{Q_1}=8766\,(\text{元})$$

$$\mathrm{TC}_2(Q_2)=h_2\cdot\frac{Q_2}{2}+c\cdot\frac{D_2}{Q_2}=2400\,(\text{元})$$

$$\mathrm{TC}_3(Q_3)=h_3\cdot\frac{Q_3}{2}+c\cdot\frac{D_3}{Q_3}=622\,(\text{元})$$

三种产品的年总费用总和为：$\mathrm{TC}=\mathrm{TC}_1(Q_1)+\mathrm{TC}_2(Q_2)+\mathrm{TC}_3(Q_3)=11783.3$ 元。

接下来考虑第二种订货方式，即三种货品联合订货，那么根据式 (7.28)，可得三种货品的最佳补货周期 T^* 为

$$T^*=\sqrt{\frac{2\cdot c}{\sum\limits_{i=1}^{3}h_i\cdot D_i}}=0.1757\ (\text{年})$$

因此，三种货品的最佳订货批量分别为 $Q_1^*=D_1\cdot T^*=2108$ 台，$Q_2^*=D_2\cdot T^*=211$ 台，$Q_3^*=D_3\cdot T^*=21$ 台，年总费用为 9107.2 元，明显低于第一种订货方式的年总费用。

从这个例子可以看出，与每种产品独立订货相比，联合订货把所有产品简单集中订货，可以降低成本。当然，量身定做的联合订货策略（订货方式 3）将提供一个更低的成本，因为它利用低频率和高频率产品的差别，相应地调整他们的订货频率，但要计算这样的最优订货决策非常复杂，在实践中也不容易实施，我们在这里就不讨论了，有兴趣的读者可参考相关文献。

联合订货时，有时还需要考虑车辆载货量或最大、最小订购数量的限制，从而对订货数量进行等比例调整。考虑下面的例子。

例题 7.11　某零售商从一供应商处订购三种货品，每次用一辆卡车送货，成本为 600 元，卡车最大载货量为 15000 千克。这些货品的年持有成本为其价值的 25%，相关信息如表7.5所示。若三种货品采用相同的订货周期，试问每次订货时各货品的订货量应为多少？

分析：根据问题描述，可得 $c=600$ 元，$h_1=500\times0.25=125$ 元，$h_2=300\times0.25=75$ 元，$h_3=250\times0.25=62.5$ 元。$D_1=100\times12=1200$ 箱，$D_2=300\times12=3600$ 箱，$D_3=200\times12=2400$ 箱。

表 7.5 三种货品的需求信息

货品	货品价值/（元/箱）	货品重量/（千克/箱）	月需求量/箱
1	500	35	100
2	300	30	300
3	250	50	200

根据式（7.28），可得三种货品的最佳补货周期 T^* 为

$$\begin{aligned} T^* &= \sqrt{\frac{2 \cdot c}{\sum_{i=1}^{3} h_i \cdot D_i}} \\ &= \sqrt{\frac{1200}{125 \times 1200 + 75 \times 3600 + 62.5 \times 2400}} \\ &= 0.046\ (\text{年})\ =\ 17\ (\text{天}) \end{aligned}$$

每次订货时，三种货品的订货批量为：$Q_1^* = D_1 \cdot T^* = 55$ 箱，$Q_2^* = D_2 \cdot T^* = 166$ 箱，$Q_3^* = D_3 \cdot T^* = 110$ 箱。

每订货批次的总重量为 $55 \times 35 + 165 \times 30 + 110 \times 50 = 12\,375$ 千克 $< 15\,000$ 千克。

这里，每订货批次的总重量没有超过车辆的最大载货量，因此可以按照最佳订货批量进行订货。若超过车辆的最大载货量，则需要按比例进行缩减。例如，若车辆的最大载货量为 10 000 千克，则三种货品的订货批量应分别为 $55 \times \frac{10\,000}{12\,375} = 44$（箱）、$165 \times \frac{10\,000}{12\,375} = 133$（箱）和 $110 \times \frac{10\,000}{12\,375} = 89$（箱）。

7.8 本章习题

1. W 汽车公司从供应商那里直接购进生产汽车发电机所需要的一种零件。该公司的发电机生产运行平稳, 每个月的零件需求量为 1000 个，即每年 12 000 个。假设订货成本为每次 2500 元，每个零件的购买成本为 300 元，年库存持有成本为购买成本的 20%。W 汽车公司的年工作日为 250 天，提前期为 5 个工作日。写出计算公式并回答下列关于库存策略的问题。

（a）每次采购的订货批量是多大？

（b）平均订货周期是多少个工作日？

（c）根据最佳订货策略，年库存持有成本和订货成本为多少？

2. 某车间需要使用某标准件，不允许缺货，按生产计划，每年需要 10 000 件，每件价格为 100 元，每采购一次，固定成本为 2500 元，年库存持有成本是产品价格的 12.5%, 该元件可以在市场上立即购得，问应该如何组织进货？

3. 前进汽车公司从供应商处采购生产汽车需要的车门，该公司的汽车生产平稳，每个月车门需求量是 1000 个，假设固定订货成本是每次 100 元，每个车门的采购价格是 150 元，年库存持有成本是产品价格的 20%。

（a）每次采购的订货批量是多大？

（b）订货周期是多长？

（c）根据最佳订货策略，年库存持有成本和订货成本为多少？

4. 凤凰自行车生产厂每年需要使用自行车轮胎框架 2000 件，每件的成本是 50 元，每件每年的存储成本是其自身成本的 10%，每次订购的固定成本是 100 元。求最佳库存策略下的订货批量。

5. 苏美电器有限公司是一家新的专卖店，主要经营电视、冰箱、电风扇等家电企业。苏美电器有限公司购买一台冰箱的成本是 600 元，公司的年库存持有成本是 22%。预计订货成本为每次订货 70 元。如果冰箱的需求量稳定，每个月均是 20 台，则订货量应该是多少？该产品的年库存持有成本和订货成本估计各为多少？每年应该订多少次货？该产品的订货周期为多长？

6. 至纯桶装水代理点为一个小区内的居民提供桶装水，已知居民桶装水的月需求量是 500 桶，桶装水代理点向位于郊区的桶装水生产厂进货时的运输、装卸等固定成本是 200 元，每桶水的年库存持有成本是 2 元，不允许缺货。试问桶装水代理点应该采取怎样的库存策略？每年应该订货几次？每次的订货量是多大？

7. 仍然考虑桶装水公司的问题，现在我们把目光移到郊区的桶装水生产厂。已知每个月遍布城区的代理点都会向桶装水生产厂订购桶装水，每月需要满足 3000 桶桶装水订购要求。桶装水的库存成本是每年 2 元/桶。工厂每开动一次生产需要固定成本 300 元，生产速率是 5000 桶/月。假设桶装水厂不允许缺货，那么水厂应该怎样制定生产策略才能使总成本最低？最佳生产策略下的生产周期是多长？最大库存量是多大？

8. 康维鞋业目前正主打一款女士单鞋，其销售量目前稳定在每三个月 500 双。公司现在的进货策略是每次订货 500 双。已知每次的订货成本是 100 元，年单位库存持有成本是 20 元/双。订购的订货量与价格的情况如表7.6所示，表 7.6 中价格表示全量折扣。按照这种情况，康维公司的最佳订货批量是怎样？如果采取最佳订货批量，成本会比现在的情况好吗？

表 7.6　康维公司订货的数量折扣表

订货规模/双	单位成本/元
[0, 99]	36
[100, 199]	32
[200, 299]	30
⩾ 300	28

9. 重新考虑上一题康维鞋业的问题，假设表7.6中的价格为增量折扣，照这种情况，康维公司的最佳订货批量是怎样？对应的年总费用是多少？

10. 某家具厂要从三个供应商处采购产品，从供应商 A 处采购的零配件价格是 10 元/件，家具生产对该零部件的需求是 20 000 件/月，从供应商 B 处采购的零部件价格是 4 元/件，需求速率是 2500 件/月，从供应商 C 处采购的产品价格是 6 元/件，需求速率是 900 件/月。家具厂决定对三种零配件进行联合采购。订购需要的卡车的使用费用是 400 元/次，在供应商处的停车费用是 100 元/次。因此，如果从一个供应商处取货，卡车成本是 500 元，从两个供应商处取货，成本是 600 元，从三个供应商处取货成本是 700 元。每种零配件的年库存持有成本都是 20%。请给出一种年总费用最小的采购策略。

第 8 章 仓储管理问题

本章内容：

1. 货位安排问题。
2. 一维装箱问题。
3. 背包问题。
4. 二维装箱问题。

8.1 引例：T 公司仓储货位安排问题

T 公司是一家生产销售电饭煲、电磁炉、电炖锅、电水壶等产品的小家电制造企业，销售额每年都有 30%以上的增长。T 公司在全国仓库需求量为 35 000 平方米，去年最高峰需求量为 42 000 平方米。但是，单个仓库面积比较大，加上缺乏科学的方法来设定产品的货位安排、拣选路径的选择、托盘的尺寸、仓库的面积等，导致仓库运营效率不高，单次出入库搬运距离较长。公司物流经理决定以广州仓为例，对产品货位进行合理安排，以降低出入库搬运量（搬运距离乘以搬运重量），从而提高仓库的运营效率。T 公司广州仓共 5000 平方米，公司将其分割为 50 个标准库位，仓库出入口共用同一个月台，各个库位到出入口的距离如表8.1所示（出库距离与入库距离相同）。公司的电器产品共 30 种型号，每种型号都堆码成相同规格的托盘，一定数量的托盘再码放成标准库位。各种型号的产品每货位产品的重量如表8.2所示。另外，根据需求量的历史记录，公司也统计出各种型号产品需要用到的标准货位数量。根据表8.1和表8.2的数据，公司应如何安排产品货位，以使出入库搬运量最小？

表 8.1 T 公司广州仓库各货位的出入库搬运距离（单位：米）

货位序号	1	2	3	4	5	6	7	8	9	10	11	12	13
出 (入) 库距离	30	32	34	36	38	40	42	44	46	48	50	52	54
货位序号	14	15	16	17	18	19	20	21	22	23	24	25	26
出 (入) 库距离	56	58	60	62	64	66	68	70	72	74	76	78	80
货位序号	27	28	29	30	31	32	33	34	35	36	37	38	39
出 (入) 库距离	82	84	86	88	90	92	94	96	98	100	102	104	106
货位序号	40	41	42	43	44	45	46	47	48	49	50		
出 (入) 库距离	108	110	112	114	116	118	120	122	124	126	128		

表 8.2　T 公司广州仓库货品信息表

产品代码	产品类别	长/厘米	宽/厘米	高/厘米	包装台数/（台/件）	堆码标准/层	每货位重量/千克	货位需求数量/件
MZD01	电炖锅	57.5	36.0	68.5	4	5	1800	1
MZD02	电炖盅	61.0	54.0	36.5	4	5	2000	2
MZD03	电炖盅	57.5	36.0	68.5	4	5	1800	1
MZD04	电饭煲	65.0	43.0	29.5	2	5	1200	2
MZD05	电饭煲	68.5	45.0	31.0	2	5	1400	2
MZD06	电饭煲	61.6	42.0	60.2	4	5	2100	2
MZD07	电饭锅	63.0	32.5	66.0	4	5	1500	2
MZD08	电饭锅	60.0	30.5	62.5	4	5	1200	2
MZD09	电火锅	68.0	38.5	38.5	4	5	1300	3
MZD10	电火锅	68.5	37.4	37.4	4	5	1400	2
MZD11	慢炖锅	61.0	31.5	57.2	4	5	2000	1
MZD12	慢炖锅	62.0	32.0	59.0	4	5	2200	2
MZD13	慢炖锅	61.0	31.5	57.2	4	5	1800	2
MZD14	慢炖锅	61.0	31.5	61.5	4	5	1900	1
MZD15	慢炖锅	45.5	24.5	40.7	4	5	900	2
MZD16	压力锅	61.1	31.3	72.2	4	5	2100	2
MZD17	压力锅	65.1	33.3	39.0	2	5	1200	1
MZD18	压力锅	65.1	33.3	41.0	2	5	1300	2
MZD19	压力锅	61.1	31.1	68.2	4	5	2000	1
MZD20	压力锅	65.1	31.3	72.2	4	5	2100	2
MZD21	电磁炉	23.5	43.0	45.0	2	5	1500	1
MZD22	电磁炉	46.5	41.8	55.3	8	5	1300	2
MZD23	电磁炉	47.0	34.2	40.2	2	5	1200	2
MZD24	电磁炉	48.0	34.2	40.2	2	5	1500	1
MZD25	电磁炉	49.0	35.5	57.0	4	5	900	2
MZD26	电水壶	48.8	21.7	52.7	6	5	700	1
MZD27	电水壶	51.5	19.3	38.0	6	5	600	1
MZD28	电水壶	59.5	25.5	56.5	6	5	1000	2
MZD29	电水壶	61.5	21.5	60.0	6	5	1200	1
MZD30	电水壶	81.0	21.0	40.0	8	5	900	2

8.2　仓储管理简介

仓储管理是物流管理中的一个重要问题，其关注的重点是如何合理规划仓库的运作，以提高仓库的运营效率。仓储管理问题涉及范围较广，包括仓库的功能区设计、货品货位安排、货品装箱堆码、拣选路径选择、拣选策略安排等。在这里，我们主要介绍货位安排及装箱问题的决策模型。

8.3　货位安排问题

货品货位安排是研究在一个仓库中，怎样将不同的货品安排到不同的货位中而使总的搬运量（成本）最小的问题，这是仓储作业中的一个常见问题。与搬运量（成本）相关的因素很多，包括不同货位距离仓库出入口的距离、不同货位的搬运难度（如立体仓库的高位货位难度比较高）、货物的重量、货物在一段时间内的搬运频率、货物的搬运难度（如周转箱装的货物比专用台车转载的货物要难搬运）等。经过将问题进行适当简化，我们可以通过建立线性规划模型来综合考虑这些因素，将不同货物安排到特定的货位上，以使得总的搬运量（成本）较低。

考虑一个仓库，假设仓库只有一个入库口和一个出库口，为了方便建立模型，我们假定仓库的存储空间可以分为 n 个存货货位，用于存放 m 种货物，每个货位只放置一种货物。定义如下。

i 为货物的种类，$i=1,2,\cdots,m$。

j 为货位的序号，$j=1,2,\cdots,n$。

S_i 为货物 i 需要的货位数，$i=1,2,\cdots,m$。

d_j 为货位 j 到仓库入口的距离，$j=1,2,\cdots,n$。

e_j 为货位 j 到仓库出口的距离，$j=1,2,\cdots,n$。

α_i 为货物 i 的搬运难度系数，$i=1,2,\cdots,m$。

β_j 为货位 j 的搬运难度系数，$j=1,2,\cdots,n$。

w_i 为每次搬运货物 i 的重量，$i=1,2,\cdots,m$。

x_{ij} 为 0-1 变量（决策变量），$x_{ij}=1$ 表示货物 i 放在货位 j，否则为 0；$i=1,2,\cdots,m$，$j=1,2,\cdots,n$。

目标函数是要最小化一段时期内总的搬运量，该问题的线性规划模型如下：

$$\min\sum_{i=1}^{m}\sum_{j=1}^{n}[\alpha_i\cdot\beta_j\cdot(d_j+e_j)\cdot w_i]\cdot x_{ij} \tag{8.1}$$

$$\sum_{i=1}^{m}x_{ij}\leqslant 1，\ j=1,2,\cdots,n \tag{8.2}$$

$$\sum_{j=1}^{n}x_{ij}=S_i，\ i=1,2,\cdots,m \tag{8.3}$$

$$x_{ij}\in\{0,1\}，\ i=1,2,\cdots,m，\ j=1,2,\cdots,n \tag{8.4}$$

其中目标函数（8.1）包含了一段时期内货物搬入仓库和搬出仓库的加权搬运量。目标函数中的参数取不同值时，可以达到不同的优化目标。例如，若参数 α_i 和 β_j 都取 1.0，则模型优化的结果会将重量越大的货物放在离出入库口越近的货位；若货位的搬运难度系数相差较大，如货架上层货位的搬运难度系数 β_j 取值较大，下层货位的搬运难度系数 β_j 取值较小，则模型优化的结果会将货物尽可能放在货架下层。

模型的第一个约束条件（8.2）保证每个货位最多有一种货物，第二个约束条件（8.3）保证了每种货物 i 需要存放 S_i 个货位。这两个约束背后暗含一个潜在的假设，即任何一个货位都可以存放任一货品。若该假设不成立，则需要对约束进行适当修改，定义如下。

$J(i)$ 为可以存放货物 i 的货位序号集合，$i=1,2,\cdots,m$。

$I(j)$ 为货位 j 可以存放的货物的集合，$j=1,2,\cdots,n$。

约束条件（8.2）和约束条件（8.3）可以修改为

$$\sum_{i\in I(j)} x_{ij} \leqslant 1,\ j=1,2,\cdots,n \tag{8.5}$$

$$\sum_{j\in J(i)} x_{ij} = S_i,\ i=1,2,\cdots,m \tag{8.6}$$

线性规划模型（8.1）～模型（8.4）是货位安排问题的一般模型，考虑的因素比较简单，也没有考虑拣选路径的选择，适合仓库货物进出采用整个托盘存取的情形。

例题 8.1　考虑引例中 T 公司广州仓库的货物安排问题，假定各种货物搬运的难度系数和各个货位的搬运难度系数相同，都为 1.0，根据表8.1和表8.2的数据，建立决策模型并求解公司的产品货位安排以及最小出入库搬运量。

分析：该问题决策模型为模型（8.1）～模型（8.4），利用 Excel 规划求解可得，出入库最小搬运量为 10 302 000 千克/米，货位安排如表8.3所示。从表8.3可以看出，最优货物安排方案会把重量越大的货物安排在离出入库越近的货物，其实，这也符合仓库货位安排的一般逻辑。

表 8.3　T 公司广州仓库货位安排方案

货位	产品代码							
	MZD01	MZD02	MZD03	MZD04	MZD05	MZD06	MZD07	MZD08
货位数量	1	2	1	2	2	2	2	2
货位代码	17	11、12	16	39、40	24、25	7、8	20、21	37、38
货位	产品代码							
	MZD09	MZD10	MZD11	MZD12	MZD13	MZD14	MZD15	MZD16
货位数量	3	2	1	2	2	1	2	2
货位代码	28、29、30	22、23	10	1、2	14、15	13	47、48	3、4
货位	产品代码							
	MZD17	MZD18	MZD19	MZD20	MZD21	MZD22	MZD23	MZD24
货位数量	1	2	1	2	1	2	2	1
货位代码	36	26、27	9	5、6	19	31、32	33、34	18
货位	产品代码							
	MZD25	MZD26	MZD27	MZD28	MZD29	MZD30		
货位数量	2	1	1	2	1	2		
货位代码	45、46	49	50	41、42	35	43、44		

8.4　一维装箱问题

装箱问题就是将不同尺寸的物品摆放入有一定容量的容器中，以获得某种最佳的效益。装箱问题广泛地用于机械生产和交通运输等行业当中。根据装箱时考虑因素个数的不同，装箱问题又可以分为一维装箱问题（比如，将沙石装入卡车时只需要考虑沙石的重量和卡车的承重量，只有重量这一个考虑因素）、二维装箱问题（比如，平面仓库的货物摆放既要考虑仓库和货物的长度又要考虑仓库的货物的宽度）、三维装箱问题（比如，将货物装入货柜时要同时考虑货物和货柜的长、宽、高三个因素）等。根据装箱时的待装箱货品到位情况，又可以分为在线装箱问题（一边装箱一边等待装箱货物的到来）和离线装箱问题（所有待装箱货物都已经到位才开始装箱）两种类型。

这里我们讨论的都是离线装箱问题。在本节中，我们首先讨论一维装箱问题的模型和求解算法。一维装箱问题考虑因素少，是装箱问题中最简单的情形。

一维装箱问题根据资源的充足情况又可以分为两类：一种是箱子的数量充足，要求把所有物品都放入箱子内同时尽可能少利用箱子；一种是只有一个箱子，无法把所有物品装入箱子内，选择装入箱子的物品组合使得装入物品的效用最大，这类问题也被称为（旅行）背包问题。背包问题的模型和求解算法我们将在 8.5 节进行讨论。

我们先来讨论第一类装箱问题。问题可以描述为：假设有 m 种货物，要放入一些箱子中，每个箱子都有自己的最大装载体积，应该怎样装箱才能使用最少数量的箱子装完这些货物呢？我们用线性规划模型来描述这个决策问题，定义如下。

v_i 为每件第 i 种货物的体积，$i=1,2,\cdots,m$。

d_i 为第 i 种货物需要装箱的数量，$i=1,2,\cdots,m$。

V 为一个箱子的最大装载体积，假定箱子规格相同。

n 为最多需要用到的箱子数量。

x_{ij} 为第 i 种货物装入第 j 个箱子的件数（决策变量），$i=1,2,\cdots,m$，$j=1,2,\cdots,n$。

y_j 为 0-1 变量（决策变量），$y_j=1$ 表示需要使用第 j 个箱子，否则为 0；$j=1,2,\cdots,n$。

一维装箱问题的线性规划模型为

$$\min\sum_{j=1}^{n} y_j \tag{8.7}$$

$$\sum_{j=1}^{n} x_{ij}=d_i,\ i=1,\cdots,m \tag{8.8}$$

$$\sum_{i=1}^{m} v_i\cdot x_{ij}\leqslant V\cdot y_j,\ j=1,\cdots,n \tag{8.9}$$

$$x_{ij}\in\mathbb{Z}^{+},\ i=1,\cdots,m,\ j=1,\cdots,n \tag{8.10}$$

$$y_j\in\{0,1\},\ j=1,\cdots,n \tag{8.11}$$

这就是一维装箱问题的一般模型，目标函数（8.7）是使用到的箱子数量最小，第一个约束条件（8.8）保证了每件货物都要被装入一个箱子，第二个约束条件（8.9）保证了每个箱子所装的货物总体积不超过箱子的最大装载体积。约束条件（8.10）中“$\mathbb{Z}^{+}$”表示非负整数。

例题 8.2　假设有 4 种货品需要装箱，箱子最大装载体积为 10，每种货品的数量和体积如表8.4所示，请问至少需要多少个箱子才能装下这些货物？

表 8.4　有关待装箱货品的数据

货品种类 i	货品数量 d_i	每件货品的体积 v_i
1	4	1
2	3	3
3	2	4
4	2	7

分析：根据题目信息，4 种物品共有 11 件，因此，最多需要 11 个箱子可以装下这些货物。我们取 $n=11$，建立线性规划模型：

$$\min\sum_{j=1}^{11}y_j$$

$$\sum_{j=1}^{11}x_{ij}=d_i,\ i=1,\cdots,4$$

$$\sum_{i=1}^{m}v_i\cdot x_{ij}\leqslant 10\cdot y_j,\ j=1,\cdots,11$$

$$x_{ij}\in\mathbb{Z}^+,\ i=1,\cdots,4,\ j=1,\cdots,11$$

$$y_j\in\{0,1\},\ j=1,\cdots,11$$

利用 Excel 规划求解，可求解该模型得至少需要四个箱子才可以装下这些货物，当然，装箱的方案不唯一。

在许多应用中，要装入的货物数量往往比较大，采用上述的线性规划模型会产生一个规模非常大（整数决策变量非常多）的整数规划模型，给求解造成困难，所以，求解该问题的很多启发式算法应运而生，来弥补线性规划模型算法的不足。这里介绍四种启发式算法：首次适应算法（first fit，FF）、最佳适应算法（best fit，BF）、首次适应降序算法（first fit decreasing，FFD）、最佳适应降序算法（best fit decreasing，BFD）。下面我们就一一介绍这些算法在一维装箱问题中的应用。

我们用 S 表示待装箱的货物的集合，B 是可用的箱子的集合，U 是已经被使用的箱子的集合。在最初，U 是一个空集。我们假设集合 S、B、U 中的元素是按先后顺序排列的。

首次适应算法的步骤如下。

步骤 1：从集合 S 中拿出第一件货物，将它装入集合 U 中第一个剩余装载能力大于等于该货物体积的箱子中，也就是说，将货物装入 U 中首个适应的箱子；如果 U 中不存在可以装下这件货物的箱子，那么从集合 B 的第一个位置抽出一个新箱子排入集合 U 的最后一个位置，然后将货物装入这个新箱子中。

步骤 2：如果集合 S 为空集，那么货物就已经装完，集合 U 代表用到的箱子的集合，集合 B 代表了未使用箱子的集合；否则重复步骤 1。

下面我们用一个例子来说明算法的装箱过程。

例题 8.3　重新考虑例题8.2的问题，我们将 4 种货品用序号 1～11 进行编号，货物 1～4 的体积为 1，货品 5～7 的体积为 3，货品 8～9 的体积为 4，货品 10～11 的体积为 7。请用首次适应算法求解该问题，问至少需要多少个箱子才能装下这些货物？

分析：算法初始，集合 $S=\{1,2,\cdots,11\}$。然后，从 S 中取出货物 1，装入箱子 1；再从 S 中取出货物 2，仍然可以装入箱子 1；不断重复。算法最终结果是需要用到五个箱子，每个箱子所装货物如表8.5所示。

表 8.5　例题8.3用首次适应算法的装箱结果

箱子编号 i	所装货物编号
1	1、2、3、4、5、6

续表

箱子编号 i	所装货物编号
2	7、8
3	9
4	10
5	11

最佳适应算法和首次适应算法的步骤大致相同，不同在于，最佳适应算法中，当把抽出的货物放入箱子中时，我们选择集合 U 中可以装下这个箱子并且装完这个箱子后剩余装载能力最小的那个箱子（最佳适应的箱子）。

考虑例题8.3，用最佳适应算法，其结果与首次适应算法的结果相同，也是需要用到五个箱子，每个箱子所装货物如表8.5所示。

最佳适应算法看起来比首次适应算法更合理，但对于最差情形，两个算法的效果是一样的。因此有如下定理。

定理 8.1 对任一装箱问题的实例，用 Z^{FF} 表示首次适应算法得到的所需箱子的数量，Z^{BF} 表示最佳适应算法得到的所需箱子的数量，Z^* 表示该装箱问题最优解所需箱子的数量，则有

$$\frac{Z^{\mathrm{FF}}}{Z^*} \leqslant 7/4 \tag{8.12}$$

$$\frac{Z^{\mathrm{BF}}}{Z^*} \leqslant 7/4 \tag{8.13}$$

证明 见参考文献 [16]。

从上述最佳适应算法和首次适应算法的执行过程可以看出，若我们在装箱之前，先将货品根据体积从大到小排序，先装体积大的货物，再装体积小的货物，能提高箱子的利用效率。首次适应降序算法和最佳适应降序算法就是根据这个思想提出的，这两个算法步骤与首次适应算法和最佳适应算法步骤相似，不同之处在于装箱之前，是否先将集合 S 中的货物按体积递减的顺序排列，然后再进行后面的装箱操作。

例题 8.4 分别应用首次适应降序算法和最佳适应降序算法求解例题8.2的问题。

分析：按照体积从大到小排列，货品编号如表8.6所示。根据首次适应降序算法步骤，装箱结果如表8.7所示，共需要 4 个箱子。

表 8.6 待装箱货品根据体积降序排列后的编号

货品编号	货品体积	货品编号	货品体积	货品编号	货品体积
1	7	5	3	9	1
2	7	6	3	10	1
3	4	7	3	11	1
4	4	8	1		

表 8.7 用首次适应降序算法的装箱结果

箱子编号 i	所装货物编号
1	1、5
2	2、6
3	3 、4 、8、9
4	7、10 、11

对例题 8.4 的数据，根据最佳适应降序算法步骤，需要用到的箱子数量与首次适应降序算法需要用到的箱子数量相同，一共需要 4 个箱子装下这些货物，装箱方案也一样，如表8.7所示。

对于首次适应降序算法和最佳适应降序算法，其最差情形的效果相同，但比首次适应算法和最佳适应算法最差情形要好。定义如下。

Z^{FFD} 为根据首次适应降序算法得到的解（所需箱子数）。

Z^{BFD} 为根据最佳适应降序算法得到的解（所需箱子数）。

Z^* 为装箱问题的最优解所需箱子数。

对于首次适应降序算法和最佳适应降序算法的最差情形，有如下定理。

定理 8.2　对任一装箱问题的实例，根据首次适应降序算法得到的所需箱子数 Z^{FFD} 和根据最佳适应降序算法得到的所需箱子数 Z^{BFD}，与最优解所需箱子数 Z^* 之间，一定满足如下关系：

$$\frac{Z^{\mathrm{FFD}}}{Z^*} \leqslant \frac{3}{2} \tag{8.14}$$

$$\frac{Z^{\mathrm{BFD}}}{Z^*} \leqslant \frac{3}{2} \tag{8.15}$$

证明　见参考文献 [16]。

一维装箱问题也存在很多变形，比如，机械制造中的钢管切割问题（要把一些长钢管切割成一定数量的不同长度的短钢管，怎样切割才能用最少的长钢管达到目的?）就可以看作一个一维装箱问题。我们用例题8.5来说明。

例题 8.5　某工厂要做 100 套钢架，每套用长 2.9 米、2.1 米和 1.5 米的圆钢各一根。已知原料每根长 7.4 米，问应如何下料，可使所用原料钢管根数最少？

分析：显然，这个问题可以理解为一维装箱问题，有三种货品（钢管），各有 100 根，每根的长度分别为 2.9 米、2.1 米和 1.5 米，箱子的规格是 7.4 米。根据计算，每个箱子可以装下三种规格的货品（钢管）各一根，因此，最多需要 100 个箱子，取 $n = 100$，就可以建立模型（8.7）～模型（8.11）的数学优化模型。求解模型，可求得至少需要 90 个箱子（钢管）。

这个问题如果利用首次适应降序算法进行求解，则需要 96 个箱子（钢管），比最优解多用 6 个箱子（钢管）。

上面所介绍的启发式算法，只能得到一个较好的解（次优解），不能保证是最优解。不过，启发式算法的优势是计算速度快，可以快速得到次优解方案。这类算法特别适合在线装箱问题或规模较大的装箱问题。

8.5　背包问题

现在我们来讨论背包问题，这个问题与一维装箱问题有些相似。背包问题假设只有一个背包（箱子），给定一些货物，每种货物都有相应的体积和价值，背包的最大容量有限，问题是要决定装哪些货物，使得背包所装货物的价值最大，用模型定义如下。

v_i 为每件第 i 种货物的体积，$i = 1, 2, \cdots, m$。

w_i 为每件第 i 种货物的价值，$i = 1, 2, \cdots, m$。

d_i 为第 i 种货物的最大数量，$i=1,2,\cdots,m$。

V 为背包的最大装载体积。

x_i 为第 i 种货物装入背包的件数（决策变量），$i=1,2,\cdots,m$。

因此，背包问题的线性规划模型为

$$\max\sum_{i=1}^{m} w_i\cdot x_i \tag{8.16}$$

$$\sum_{i=1}^{m} v_i\cdot x_i \leqslant V \tag{8.17}$$

$$x_i \leqslant d_i,\ i=1,\cdots,m \tag{8.18}$$

$$x_i \in \mathbb{Z}^+,\ i=1,\cdots,m \tag{8.19}$$

模型的目标函数（8.16）是最大化所装货物的价值总和，约束条件（8.17）保证所装货物的体积不会超过背包的最大装载体积，约束条件（8.18）和约束条件（8.19）要求所装货物的件数为整数且不超过货物的最大件数。

例题 8.6 考虑一个背包问题，背包容量大小为 10，有四种货品可以装包，每种货品的体积及价值信息如表8.8所示。问：应该装哪些货品各多少件，可使背包所装货品的价值总和最大？

表 8.8 可装背包的货品数据信息

货品编号	货品数量/件	每件货品体积/m^3	每件货品价值/万元
1	4	1	2
2	3	3	8
3	2	4	11
4	2	7	20

分析：根据模型（8.16）～模型（8.19），代入表8.8的数据，利用 Excel 规划求解，可得最佳背包方案为装货品 2 和货品 4 各一件，总价值为 28。

背包问题除了可以建立线性规划模型（8.16）～模型（8.19）来求解，还可以利用动态规划模型进行求解，一般来说，利用动态规划模型进行求解，求解的时间效率更高，尤其是针对规模较大的背包问题。下面讨论背包问题的动态规划模型。

定义 m 种货物为动态规划模型的 m 个阶段，在阶段 i，只考虑装入货品 i 的件数，定义如下。

x_i 为第 i 种货品要装入箱子的件数（第 i 个阶段的决策变量）。

s_i 为第 i 阶段开始时背包的剩余容量（第 i 个阶段的状态变量）。

我们采用逆序法进行求解，状态转移方程为

$$s_{i+1}=s_i-v_i\cdot x_i,\ i=1,2,\cdots,m \tag{8.20}$$

由于任一阶段的状态变量不能为负值，且第 i 种货品可装入箱子的件数只能是不超过 d_i 的非负整数，因此，阶段 i 的可行决策集 $\mathcal{X}_i$ 为

$$\mathcal{X}_i = \left\{x_i:\ 0 \leqslant x_i \leqslant \frac{s_i}{v_i},\ x_i \leqslant d_i,\ x_i \in \mathbb{Z}^+\right\} \tag{8.21}$$

用 $f_i(s_i)$ 表示在第 i 阶段开始背包的剩余容量为 s_i 时，后部阶段（第 i 阶段至第 m 阶段）可装货品的最大价值，则背包问题的动态规划模型为

$$f_i(s_i) = \max_{x_i \in \mathcal{X}_i} \{w_i \cdot x_i + f_{i+1}(s_{i+1})\},\ i = 1, 2, \cdots, n \tag{8.22}$$

$$f_{n+1}(\cdot) = 0 \tag{8.23}$$

其中，式（8.22）为基本方程的递归函数，式（8.23）称为边界条件。

我们可以采用逆序法对动态规划模型的式（8.22）和式（8.23）进行求解，首先，根据边界条件式（8.23），利用递归函数（8.22）求出 $f_n(s_n)$，再利用递归函数依次求出 $f_{n-1}(s_{n-1})$，$f_{n-2}(s_{n-2}),\cdots,f_1(s_1)$。最后代入初始状态 s_1 的值，$f_1(s_1)$ 就是背包容量为 s_1 时，可装货品的最大价值。

我们以例题8.6为例，来讨论利用动态规划模型的求解过程。例题 8.6 中，共有四类货品，因此可以描述为一个四阶段的动态规划问题。首先，边界条件为 $f_5(\cdot) = 0$。由于背包容量是 10，因此每阶段的状态变量 $s_i \leqslant 10$。考虑第四阶段，根据递归函数（8.22），有

$$\begin{aligned} f_4(s_4) &= \max_{x_4 \in \mathcal{X}_4} \{20 \cdot x_4 + 0\} \\ &= \begin{cases} 0, & 0 \leqslant s_4 < 7 \\ 20, & 7 \leqslant s_4 \leqslant 10 \end{cases} \end{aligned} \tag{8.24}$$

第四阶段对应的最佳决策为：若 $0 \leqslant s_4 < 7$，则 $x_4^* = 0$；若 $7 \leqslant s_4 \leqslant 10$，则 $x_4^* = 1$。

接着考虑第三阶段，根据递归函数（8.22），有

$$f_3(s_3) = \max_{x_3 \in \mathcal{X}_3} \{11 \cdot x_3 + f_4(s_4)\}$$

其中，

$$s_4 = s_3 - 4 \cdot x_3$$

$$\mathcal{X}_3 = \left\{x_3 : 0 \leqslant x_3 \leqslant \frac{s_3}{4},\ x_3 \leqslant 2,\ x_3 \in \mathbb{Z}^+\right\}$$

代入 $f_4(s_4)$，有

$$f_3(s_3) = \begin{cases} 0, & 0 \leqslant s_3 < 4 \\ 11, & 4 \leqslant s_3 < 7 \\ 20, & 7 \leqslant s_3 < 8 \\ 22, & 8 \leqslant s_3 \leqslant 10 \end{cases} \tag{8.25}$$

第三阶段对应的最佳决策为

$$x_3^* = \begin{cases} 0, & 0 \leqslant s_3 < 4 \\ 1, & 4 \leqslant s_3 < 7 \\ 0, & 7 \leqslant s_3 < 8 \\ 2, & 8 \leqslant s_3 \leqslant 10 \end{cases} \tag{8.26}$$

再考虑第二阶段决策，根据递归函数（8.22），有

$$f_2(s_2) = \max_{x_2 \in \mathcal{X}_2} \{8 \cdot x_2 + f_3(s_3)\}$$

其中，

$$s_3 = s_2 - 3 \cdot x_2$$

$$\mathcal{X}_2 = \left\{x_2 : 0 \leqslant x_2 \leqslant \frac{s_2}{3}，\ x_2 \leqslant 3，\ x_2 \in \mathbb{Z}^+\right\}$$

代入 $f_3(s_3)$，有

$$f_2(s_2) = \begin{cases} 0，& 0 \leqslant s_2 < 3 \\ 8，& 3 \leqslant s_2 < 4 \\ 11，& 4 \leqslant s_2 < 6 \\ 16，& 6 \leqslant s_2 < 7 \\ 20，& 7 \leqslant s_2 < 8 \\ 22，& 8 \leqslant s_2 < 9 \\ 24，& 9 \leqslant s_2 < 10 \\ 28，& s_2 = 10 \end{cases} \tag{8.27}$$

第二阶段对应的最佳决策为

$$x_2^* = \begin{cases} 0，& 0 \leqslant s_2 < 3 \\ 1，& 3 \leqslant s_2 < 4 \\ 0，& 4 \leqslant s_2 < 6 \\ 2，& 6 \leqslant s_2 < 7 \\ 0，& 7 \leqslant s_2 < 8 \\ 0，& 8 \leqslant s_2 < 9 \\ 0，& 9 \leqslant s_2 < 10 \\ 1，& s_2 = 10 \end{cases} \tag{8.28}$$

最后考虑第一阶段决策，根据递归函数（8.22），有

$$f_1(s_1) = \max_{x_1 \in \mathcal{X}_1} \{2 \cdot x_1 + f_2(s_2)\}$$

其中，

$$s_2 = s_1 - 1 \cdot x_1$$

$$\mathcal{X}_1 = \left\{x_1 : 0 \leqslant x_1 \leqslant s_1，\ x_1 \leqslant 4，\ x_1 \in \mathbb{Z}^+\right\}$$

代入 $f_2(s_2)$，有

$$f_1(s_1)=\begin{cases}0, & 0\leqslant s_1<1\\ 2, & 1\leqslant s_1<2\\ 4, & 2\leqslant s_1<3\\ 8, & 3\leqslant s_1<4\\ 11, & 4\leqslant s_1<5\\ 13, & 5\leqslant s_1<6\\ 16, & 6\leqslant s_1<7\\ 20, & 7\leqslant s_1<8\\ 22, & 8\leqslant s_1<9\\ 24, & 9\leqslant s_1<10\\ 28, & s_1=10\end{cases} \tag{8.29}$$

第一阶段对应的最佳决策为

$$x_1^*=\begin{cases}0, & 0\leqslant s_1<1\\ 1, & 1\leqslant s_1<2\\ 2, & 2\leqslant s_1<3\\ 0, & 3\leqslant s_1<4\\ 0, & 4\leqslant s_1<5\\ 1, & 5\leqslant s_1<6\\ 0, & 6\leqslant s_1<7\\ 0, & 7\leqslant s_1<8\\ 0, & 8\leqslant s_1<9\\ 0, & 9\leqslant s_1<10\\ 0, & s_1=10\end{cases} \tag{8.30}$$

因此，当 $s_1=10$，根据式（8.29）和式（8.30）可得 $f_1(10)=28$，$x_1^*=0$，根据状态转移方程，若 $x_1^*=0$，则 $s_2=10$，再根据式（8.28）可得 $x_2^*=1$；再依次类推，得 $s_3=7$，$x_3^*=0$；$s_4=7$，$x_4^*=1$。因此，最佳装包方案是装货品 2 和货品 4 各一件，总价值为 28 万元。

由于背包的容量为整数，各种货品的体积也是整数，因此，各阶段状态变量的取值也只可能是 1～10 的整数，因此，上述的计算过程，也可用表8.9来表示，表 8.9 用逆序对方法计算，即首先计算第四阶段（即最后三列）的值，再计算第三阶段的值，再依次计算第二阶段和第一阶段的值。表 8.9 中粗体字即是初始状态 $s_1=10$ 对应的最优方案及最大价值。

下面我们分析动态规划模型求解背包问题的计算复杂度。由求解过程可以看到，每个阶段，只需计算状态变量可能取值的 V 个点的值函数，计算每个点的函数值时，最多比较 d_i+1 个可能值的大小。因此，算法的复杂度可以表示为 $O(m\cdot d\cdot V)$，其中 d 表示所有货品的最大可能件数，该复杂度是问题参数的多项式形式，因此，称为（伪）多项式时间复杂度。在所有算法的复杂度中，多项式复杂度是最有效的复杂度，算法的计算效率最高。因此，对于规模较大的背包问题，用动态规划模型求解，时间效率显著比用整数规划模型求解要高。

表 8.9　各阶段状态的可能取值及最佳函数值

s_1	x_1^*	$f_1(s_1)$	s_2	x_2^*	$f_2(s_2)$	s_3	x_3^*	$f_3(s_3)$	s_4	x_4^*	$f_4(s_4)$
1	1	2	1	0	0	1	0	0	1	0	0
2	2	4	2	0	0	2	0	0	2	0	0
3	0	8	3	1	8	3	0	0	3	0	0
4	0	11	4	0	11	4	1	11	4	0	0
5	1	13	5	0	11	5	1	11	5	0	0
6	0	16	6	2	16	6	1	11	6	0	0
7	0	20	7	0	20	**7**	**0**	**20**	**7**	**1**	**20**
8	0	22	8	0	22	8	2	22	8	1	20
9	0	24	9	0	24	9	2	22	9	1	20
10	**0**	**28**	**10**	**1**	**28**	10	2	22	10	1	20

8.6　二维装箱问题

二维装箱问题需要同时考虑箱子和货物的两个维度，我们用长和宽表示。问题描述：给定 m 种货物，每种货物的件数为 d_i，$i=1,2,\cdots,m$，每件货物 i 有固定的长度 l_i 和宽度 w_i，$i=1,2,\cdots,m$。这些货物需要装入规格相同的箱子，每个箱子的长为 L，宽为 W，假设货物装箱时不能旋转。问应该如何装箱，才能用最少数量的箱子装下这些货物？

下面我们讨论如何用线性整数规划模型来描述二维装箱问题。为简化模型，我们假定每种货物只有一件。显然，这样的简化不会限制模型的应用范围，因为若 $d_i \neq 1$，则可视为多种货物，每种规格相同，数量只有一件。用 n 表示一个足够的箱子数量（可以用后面介绍的启发式算法得到）。

考虑不同货物装在同一个箱子的情况，我们以每件货物的左下角坐标标识该货物的位置，显然，左下角的横坐标加上货物长度，与左下角纵坐标加上货物的宽度，就组成了货物右上角的坐标。在同一个箱子中的两件货物要没有重叠，则一个货物要么完全在另一个货物的右方，要么完全在另一个货物的上方，如图8.1所示。

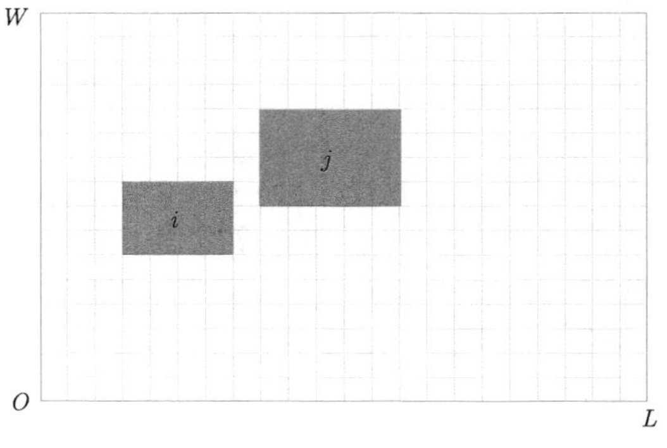

图 8.1　二维装箱问题中的同一个箱子中两件货物的位置关系

定义如下。

a_i（决策变量）为第 i 件货物在箱子中左下角的横坐标，$i=1,2,\cdots,m$。

b_i（决策变量）为第 i 件货物在箱子中左下角的纵坐标，$i=1,2,\cdots,m$。

z_{ik} 为 0-1 变量，$z_{ik}=1$ 表示货物 i 装在箱子 k 中，否则为 0，$i=1,2,\cdots,m$，$k=1,2,\cdots,n$。

σ_{ij} 为 0-1 变量，$\sigma_{ij}=1$ 表示货物 j 与货物 i 装在同一个箱子中，且货物 j 完全在货物 i 的右方；否则为 0，$i=1,2,\cdots,m$，$j=1,2,\cdots,m$。

δ_{ij} 为 0-1 变量，$\delta_{ij}=1$ 表示货物 j 与货物 i 装在同一个箱子中，且货物 j 完全在货物 i 的上方；否则为 0，$i=1,2,\cdots,m$，$j=1,2,\cdots,m$。

y_k 为 0-1 变量，$y_k=1$ 表示使用到箱子 k，否则为 0，$k=1,2,\cdots,n$。

二维装箱问题的线性整数规划模型如下：

$$\min\sum_{k=1}^{n}y_k \tag{8.31}$$

$$\sum_{k=1}^{n}z_{ik}=1,\ i=1,2,\cdots,m \tag{8.32}$$

$$\sum_{i=1}^{m}z_{ik}\leqslant m\cdot y_k,\ k=1,2,\cdots,n \tag{8.33}$$

$$a_i+l_i\leqslant a_j+(1-\sigma_{ij})\cdot L,\ i=1,2,\cdots,m,\ j=1,2,\cdots,m,\ j\neq i \tag{8.34}$$

$$b_i+w_i\leqslant b_j+(1-\delta_{ij})\cdot W,\ i=1,2,\cdots,m,\ j=1,2,\cdots,m,\ j\neq i \tag{8.35}$$

$$\sigma_{ij}+\sigma_{ji}+\delta_{ij}+\delta_{ji}\geqslant z_{ik}+z_{jk}-1,\ i=1,2,\cdots,m,\ j=1,2,\cdots,m,\ j\neq i,\ k=1,2,\cdots,n \tag{8.36}$$

$$0\leqslant a_i\leqslant L-l_i,\ i=1,2,\cdots,m \tag{8.37}$$

$$0\leqslant b_i\leqslant W-w_i,\ i=1,2,\cdots,m \tag{8.38}$$

$$y_k,z_{ik},\sigma_{ij},\delta_{ij}\in\{0,1\},\ i=1,2,\cdots,m,\ j=1,2,\cdots,m,\ j\neq i,\ k=1,2,\cdots,n \tag{8.39}$$

在模型（8.31）~模型（8.39）中，目标函数（8.31）表示最小化用到的箱子数量，约束条件（8.32）保证每件货物都必须装入某个箱子中；约束条件（8.33）保证每个箱子只有被使用到（即 $y_k=1$）时，才能装货物，且最多不会超过 m 件（货物总数为 m 件）。约束条件（8.34）表示若货物 j 与货物 i 装在同一个箱子中，且货物 j 完全在货物 i 的右方（即 $\sigma_{ij}=1$）时，货物 j 左下角的横坐标不能小于 a_i+l_i；若 $\sigma_{ij}=0$，根据约束条件（8.37），该约束条件总会成立，是个冗余约束。约束条件（8.35）表示若货物 j 与货物 i 装在同一个箱子中，且货物 j 完全在货物 i 的上方（即 $\delta_{ij}=1$）时，货物 j 左下角的纵坐标不能小于 b_i+w_i；若 $\delta_{ij}=0$，根据约束条件（8.38），该约束条件总会成立，是个冗余约束。约束条件（8.36）表示若货物 i 和货物 j 同时装在箱子 k 中（即 $z_{ik}=1$ 且 $z_{jk}=1$），此时约束条件右边值为 1，因此，约束变为 $\sigma_{ij}+\sigma_{ji}+\delta_{ij}+\delta_{ji}\geqslant 1$，表示以下这四种情形至少要有一种成立：① 货物 j 完全在货物 i 右方（即 $\sigma_{ij}=1$）；②货物 i 完全在货物 j 右方（即 $\sigma_{ji}=1$）；③货物 j 完全在货物 i 上方（即 $\delta_{ij}=1$）；④货物 i 完全在货物 j 上方（即 $\delta_{ji}=1$）。若货物 i 和货物 j 不是同时

装在箱子 k 中，即 z_{ik} 与 z_{jk} 不同时为 1，则约束条件右边为 0 或 -1，此时该约束条件总会成立，是冗余约束。约束条件（8.37）表示货物 i 在箱子中放置位置的左下角横坐标不能超过 $L-l_i$，否则货物右端会超出箱子；类似地，约束条件（8.38）表示货物 i 在箱子中放置位置的左下角纵坐标不能超过 $W-w_i$，否则货物上端会超出箱子。

例题 8.7 有 40 件货物，每件货物的长和宽如表8.10所示。现需要把这些货物装入规格为长 3000 毫米、宽 100 毫米的箱子，至少需要用到多少个箱子？试建立该问题的线性整数规划模型并求解。

表 8.10 例题8.7二维装箱问题货品长和宽数据（单位：毫米）

货品	编号 i									
大小	1	2	3	4	5	6	7	8	9	10
长 l_i	1105	1055	1046	1032	1030	995	893	882	847	845
宽 w_i	30	20	50	30	20	60	30	20	30	30
货品	编号 i									
大小	11	12	13	14	15	16	17	18	19	20
长 l_i	830	795	766	745	732	722	714	690	665	633
宽 w_i	30	20	35	30	30	45	50	30	20	30
货品	编号 i									
大小	21	22	23	24	25	26	27	28	29	30
长 l_i	630	600	590	588	582	578	540	488	455	434
宽 w_i	30	35	20	20	30	20	50	20	20	30
货品	编号 i									
大小	31	32	33	34	35	36	37	38	39	40
长 l_i	420	415	414	411	405	328	313	290	275	265
宽 w_i	20	30	20	30	20	30	50	30	20	30

分析：根据表8.10的数据，假设利用简单推导或某启发式算法，得出用五个箱子足够装下这些货物。令 $n=5$，建立混合整数规划模型（8.31）～模型（8.39），该问题模型共有 80 个连续变量和 3325 个 0-1 整数变量。利用 Excel OpenSolver 插件求解该模型，可得最少需要 4 个箱子才能装下这些货物。

二维装箱问题模型还可以应用在其他领域，如二维切割问题、泊位安排问题。下面举一个泊位安排问题的例子进行阐述。

例题 8.8 （泊位安排问题）有一个码头，码头岸线长度共 600 米，划分为 12 个泊位（每个泊位长 50 米）。船舶大小不同，停靠时占用的泊位数不同，有些小船只占用 2 个泊位，有些大船要占用 5 个泊位。该码头现有 6 艘船（用编号 $1,2,\cdots,6$ 表示）停靠泊位进行装卸作业，每艘船需要占用的泊位数和装卸作业的时间如表8.11所示。试问该如何安排每艘船停靠的时间和泊位，可使得码头完成全部 6 艘船装卸作业的时间最早？

表 8.11 例题8.8泊位安排问题船舶大小及装卸时间数据

项目	船舶编号					
	1	2	3	4	5	6
大小 (泊位数)/个	2	3	4	4	5	5
装卸时长/小时	3	3	6	5	7	9

分析：泊位安排问题可以用二维装箱问题的思路进行建模，把泊位和时间看成箱子的两个维度，可以把每艘船当作一个二维的“货物”，如图8.2所示，定义如下。

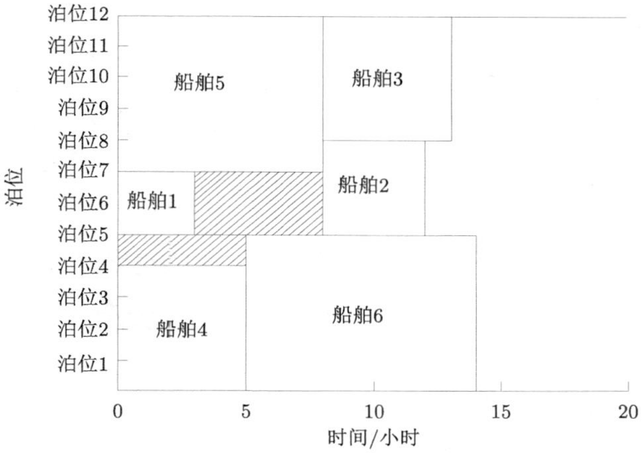

图 8.2　泊位安排问题的二维装箱形式建模

W 为码头的泊位总数。

w_i 为船舶 i 停靠时占用的泊位数，$i=1,2,\cdots,m$，m 是船舶总数。

t_i 为船舶 i 停靠时装卸作业所需要的时间，$i=1,2,\cdots,m$。

a_i（决策变量）为船舶 i 开始停靠的时间，$i=1,2,\cdots,m$。

b_i（决策变量）为船舶 i 停靠时左下角开始的泊位，$i=1,2,\cdots,m$。

σ_{ij} 为 0-1 变量，$\sigma_{ij}=1$ 表示船舶 j 完全在船舶 i 的右方；否则为 0，$i=1,2,\cdots,m$，$j=1,2,\cdots,m$。

δ_{ij} 为 0-1 变量，$\delta_{ij}=1$ 表示船舶 j 完全在船舶 i 的上方；否则为 0，$i=1,2,\cdots,m$，$j=1,2,\cdots,m$。

T 为所有船舶完成装卸的时间。

借鉴二维装箱问题的模型，泊位安排问题的线性整数规划模型如下：

$$\min T \tag{8.40}$$

$$a_i+t_i\leqslant a_j+(1-\sigma_{ij})\cdot M,\ i=1,2,\cdots,m,\ j=1,2,\cdots,m \tag{8.41}$$

$$b_i+w_i\leqslant b_j+(1-\delta_{ij})\cdot W,\ i=1,2,\cdots,m,\ j=1,2,\cdots,m \tag{8.42}$$

$$\sigma_{ij}+\sigma_{ji}+\delta_{ij}+\delta_{ji}\geqslant 1,\ i=1,2,\cdots,m,\ j=1,2,\cdots,m,\ j\neq i \tag{8.43}$$

$$0\leqslant a_i\leqslant T-t_i,\ i=1,2,\cdots,m \tag{8.44}$$

$$0\leqslant b_i\leqslant W-w_i,\ i=1,2,\cdots,m \tag{8.45}$$

$$\sigma_{ij},\delta_{ij}\in\{0,1\},\ i=1,2,\cdots,m,\ j=1,2,\cdots,m,\ j\neq i \tag{8.46}$$

其中，M 为一个足够大的数。

根据模型（8.40）～模型（8.46），代入表8.11中的相关数据，利用 Excel 规划求解工具求解，可得最快需要 14 小时完成所有船舶的装卸作业，最优泊位安排方案有多种，如图8.2所示的方案为其中一种。

上面介绍的二维装箱问题的线性整数规划模型（8.31）～模型（8.39），当问题规模较大时，模型求解非常困难，需要的求解时间很长，因此，实际应用中还经常使用启发式算法来解决该类问题。下面我们介绍二维装箱问题的一些启发式算法。

我们先来介绍一下“层”的概念，在二维装箱中，我们把货物分装在很多层，每一层的宽就是箱子的宽度，高是这一层货物中最高的货物高度，每一层的货物都放在这一层的底部。如图8.3所示。

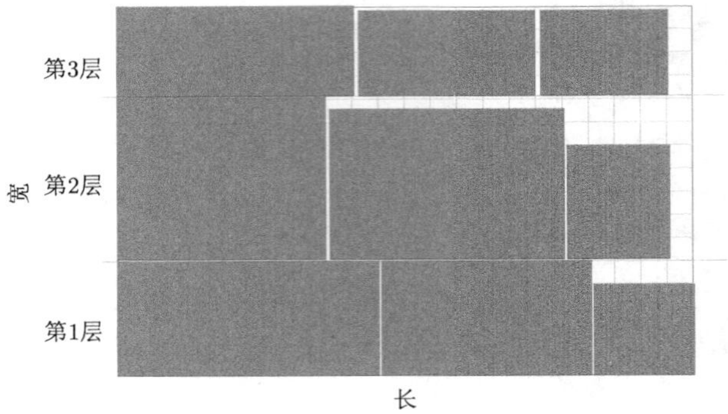

图 8.3 二维装箱问题中的“层”

二维装箱问题仍然可以沿用一维装箱问题时的启发式算法，只是因为考虑维度的增加而稍微有些改变。这里我们介绍有限首次适应算法（finite first fit）和有限最佳适应算法（finite best strip）两种启发式算法[17]。

例题 8.9 有 7 件货物需要装入箱子，箱子长和宽都是 10，高度与货物高度一致。表8.12列出了 7 件货物的长和宽。

表 8.12 例题8.9货物的长和宽

货物大小	货物编号						
	1	2	3	4	5	6	7
长	5	8	5	4	9	1	4
宽	6	5	4	3	3	2	1

假设 S 是等待装箱的货物的集合，B 是可用的箱子的集合，U 是已经被使用的箱子的集合。在最初，U 是一个空集。我们假设集合 S、B、U 中的元素是按先后顺序排列的。

有限首次适应算法的步骤如下。

步骤 1：从 S 中取出第一件货物，逐个箱子、从下往上逐层搜索，将它靠左放入集合 U 中能放得下该货物的第一个箱子的某个层。如果这个箱子中所有层都放不下这个货物，就搜索下一个箱子。

步骤 2：如果集合 U 是空集或目前集合 U 中的箱子都放不下这件货物，就从 B 中拿出第一个箱子放入集合 U 的最后并把货物靠左放入这个箱子的底部第一层。

步骤 3：如果集合 S 是空集，停止操作，否则重复上述步骤 1 和步骤 2。

利用有限首次适应算法，对例题8.9的货物进行装箱，结果如图8.4所示。

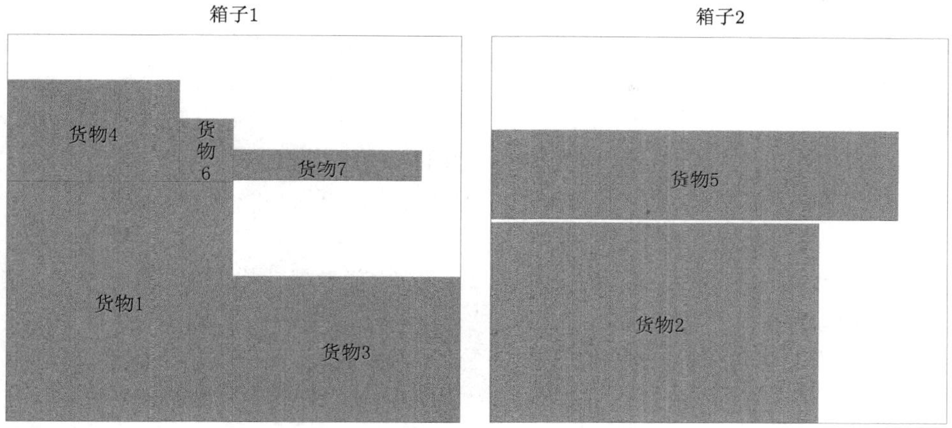

图 8.4　利用有限首次适应算法对例题8.9求解的货物的装箱结果

有限最佳适应算法的思路是首先把所有货物都按层装入长度为 L，宽度不限的箱子。在为货物装入某个层时，利用一维装箱的最佳适应算法选择合适的层。用这个方法把所有货物都按层装入后，把每一层当作一个"块"(block)，再将每一块按一维装箱的最佳适应算法装入宽度为 W 的箱子。利用有限最佳适应算法，对例题8.9的货物进行装箱，结果如图8.5所示。

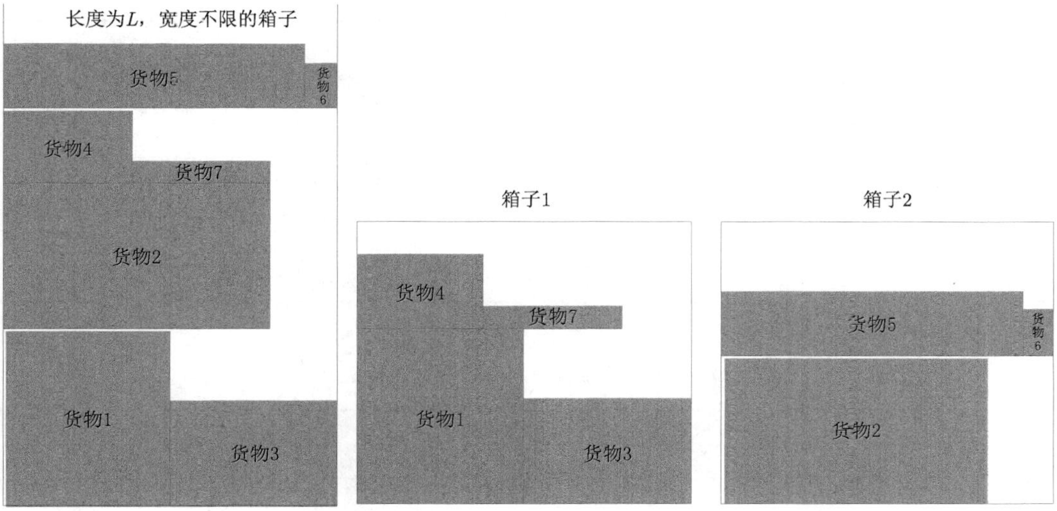

图 8.5　利用有限最佳适应算法对例题8.9求解的货物的装箱结果

对于二维装箱问题，除了有限首次适应算法和有限最佳适应算法，还可以设计一些综合的启发式算法。例如，先把货物按长度或宽度降序排序。对于这些启发式算法，优点是计算速度快，缺点是结果的最优性没有保证。有一些研究，对这些启发式算法的最差结果给出了理论证明，例如，对于有限首次适应算法，其需要的箱子数量不会超过最优解的 1.7 倍，有兴趣的读者可以参考文献 [17]。

此外，装箱问题除了一维和二维问题，还有三维装箱问题。三维装箱问题比二维装箱问题还要复杂。在三维装箱问题中我们不仅要考虑箱子的长和宽，同时还要考虑箱子的高度。也就是说，箱子中可以摆放多层货物。对于三维装箱问题的解法，我们也可以尝试利用二维装箱时的启发式算法。我们可以借鉴二维装箱问题中的“层”的概念，将这个概念引入三维装箱问题中，即假设把箱子分成多层，每层的高度是该层中高度最高的货物的高度，长宽与箱子的长宽相同，并且货物都摆放在每层的底部。

那么针对三维装箱问题中的某个箱子的某一层，这个问题就转化为一个二维装箱问题，可以利用二维装箱问题的一些方法来解决。不同在于，在二维装箱问题中，当现有正在使用的箱子不能装下货物时我们会从尚未使用的箱子集合中取一个箱子，而在三维装箱问题中，二维装箱的“箱子”的意义变成了箱子中的一个“层”。因此，当某一层装不下货物后，我们将货物装入箱子的上一层。二维装箱问题的解法在三维装箱问题中同样适用。

8.7 本章习题

1. 某仓库存储 20 种货品，每种货品占用一个货位，货品重量及搬运难度如表8.13所示。仓库共 20 个货位，每个货位距离仓库出入口距离相同，货位到出入口的距离及搬运难度如表8.14所示。问：应该如何安排货品的货位，以使出入库搬运量最小？

表 8.13 仓库货品重量及搬运难度

项目	货品代号									
	1	2	3	4	5	6	7	8	9	10
货品重量	186	127	178	137	162	118	183	111	130	193
搬运难度	1.17	1.10	1.05	1.46	1.04	1.46	1.42	1.16	1.13	1.13
项目	货品代号									
	11	12	13	14	15	16	17	18	19	20
货品重量	197	133	180	130	193	138	149	146	108	149
搬运难度	1.17	1.18	1.49	1.29	1.22	1.41	1.04	1.03	1.37	1.17

表 8.14 仓库货位到出入口的距离及搬运难度

项目	货位序号									
	1	2	3	4	5	6	7	8	9	10
出入库距离	100	110	120	130	140	150	160	170	180	190
搬运难度	1.01	1.65	1.12	1.59	1.06	1.76	1.52	1.56	1.60	1.44
项目	货位序号									
	11	12	13	14	15	16	17	18	19	20
出入库距离	200	210	220	230	240	250	260	270	280	290
搬运难度	1.14	1.00	1.76	1.30	1.62	1.58	1.06	1.46	1.64	1.45

2. 假设某物流公司有载重量 5 吨的货车若干辆，现在需要运输重 2 吨的工程设施 4 件，重 1 吨的设施 7 件以及重 3 吨的设施 5 件，应该怎样装车才能使用尽可能少的车辆？

3. 分别用首次适应算法、最佳适应算法、首次适应降序算法、最佳适应降序算法求解第 2 题。

4. 假设现有足够多的 10 米长的钢管，某个建筑工程需要 2 米长的钢管 5 根，3 米长的钢管 4 根，6 米长的钢管 7 根，试问应该怎样切割钢管才能用尽可能少的 10 米钢管得到建筑需要的钢管？分别应用线性规划模型和首次适应算法、最佳适应算法、首次适应降序算法、最佳适应降序算法进行求解，并比较最优结果。

5. 有一个背包，体积是 3000，可以选择表8.15中 13 件货品中的若干件装入背包，使背包所装货品的总价值最大。不考虑货品之间的空隙，请问应该选择哪些货品，总价值为多少？分别应用线性规划模型和动态规划模型进行建模与求解。

表 8.15　货品大小及价值信息

项目	货品编号												
	1	2	3	4	5	6	7	8	9	10	11	12	13
货品大小	355	343	320	515	414	411	405	328	313	290	275	265	255
货品价值	48	42	28	68	35	60	25	32	30	28	20	19	18

6. 假设有 5 种货品需要装箱，箱子最大装载体积为 600，每种货品的数量和体积如表8.16所示，请问至少需要多少个箱子才能装下这些货物？分别应用线性规划模型和首次适应算法、最佳适应算法、首次适应降序算法、最佳适应降序算法进行求解，并比较最优结果。

表 8.16　有关待装箱货品的数据

货品种类 i	货品数量 d_i	每件货品的体积 v_i
1	4	252
2	3	228
3	3	180
4	3	140
5	4	120

7. 有 12 件货物需要装入箱子，箱子长为 22，宽为 16，高度与货物高度一致。表8.17列出了 12 件货物的长和宽。分别应用线性规划模型和有限首次适应算法、有限最佳适应算法进行求解，并比较最优结果。

表 8.17　待装箱货物的长和宽

货物大小	货物编号											
	1	2	3	4	5	6	7	8	9	10	11	12
长	6	6	10	6	6	4	2	7	3	15	4	3
宽	6	3	5	7	8	2	2	8	5	3	3	6

第 9 章　物流与供应链综合决策问题

本章内容：

1. 报童模型的基本概念。
2. 经典报童模型最优决策。
3. 考虑库存成本的运输方式选择问题。
4. 生产与库存综合计划决策问题。
5. 供应链合约设计问题。

9.1　引例：A 公司订货决策问题

9.1.1　背景概述

A 公司是一家化妆品直销公司，拥有自己的制造工厂和零售门店。公司的产品主要包括美妆、香波、润肤、美甲等女性化妆品，这些产品既销往国内各地，也销往世界各大洲的各个市场。在公司的自有门店，为了丰富其销售的产品类型，公司的产品供应部会向供应商采购一些小饰品，如钱包、雨伞、吊坠等，并配合自有的化妆品进行销售。这部分小饰品属于销售周期比较短的产品，一般是提前三个月进行一次性采购，接下来在半年的销售期进行销售，并在销售期过后对剩余库存进行打折清货，如图9.1所示。对于这一类的外购产品，如果采购量过大，就容易导致库存过剩，公司就要对其进行打折处理或者直接销毁，从而给公司带来损失；反之，假如采购量太少，则可能导致缺货，影响对顾客的服务水平，也造成了应有利润的流失。公司的产品供应部门必须根据需求计划部门的预测信息和价格、折扣等数据来做决策，决定一个最优的采购量，从而使公司能够在一定的顾客服务水平下获得最大利润。传统上，公司采用的方法是根据需求计划部门的预测，即采购量等于预测值，但一直没有达到一个比较理想的效果。公司管理层希望利用相关优化理论，建立最优采购的数学模型，并利用历史数据对该模型进行检验，从而为 A 公司供应部门的采购决策提供参考。

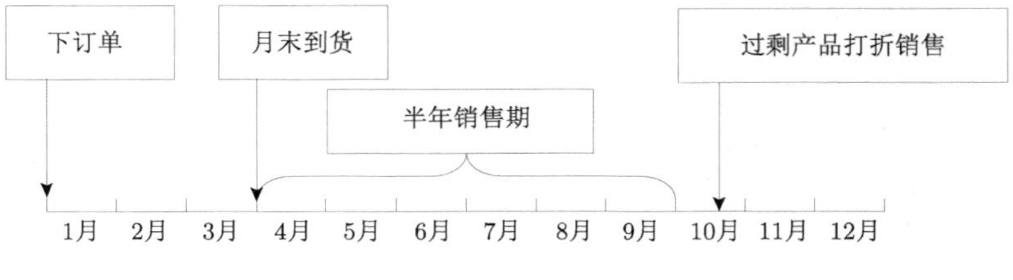

图 9.1　A 公司短周期产品的订货与销售流程图

9.1.2　数据收集

由于产品的销售周期很短，并没有相同产品的历史数据，因此只能选取类似产品的历史数据来对其需求情况进行预测。公司希望以产品 S100 为例，利用优化模型确定该产品的最优采购数量，并将模型的决策与传统决策进行对比。产品 S100 属于珠宝类饰品产品，由于没有该产品的历史销售数据，我们只能月相关产品的历史销售数据进行参考。在公司的历史数据中，我们选取前一年所有珠宝类产品的 67 组销售数据（表9.1），其中包括需求计划部门给出的以往产品在各个时期的需求预测和实际销量，这部分主要是作为产品 S100 需求预测的依据。

表 9.1　A 公司珠宝饰品类产品需求预测与实际销量

产品	实际销售	预测值	产品	实际销售	预测值	产品	实际销售	预测值
S001	980	1245	S024	778	1317	S047	533	1249
S002	788	848	S025	985	1696	S048	340	804
S003	646	685	S026	1026	1783	S049	604	1429
S004	3256	3380	S027	412	733	S050	595	1445
S005	2789	2911	S028	1030	1837	S051	939	2286
S006	870	959	S029	328	596	S052	1117	2758
S007	3410	3836	S030	1234	2251	S053	625	1556
S008	440	510	S031	437	804	S054	825	2091
S009	1152	1374	S032	918	1720	S055	315	804
S010	2038	2476	S033	1021	1923	S056	971	2503
S011	971	1200	S034	771	1500	S057	802	2099
S012	314	398	S035	608	1186	S058	461	1235
S013	683	882	S036	3251	6438	S059	1077	2888
S014	404	543	S037	2084	4222	S060	413	1142
S015	1139	1644	S038	2021	4141	S061	1340	3743
S016	1543	2268	S039	702	1460	S062	193	557
S017	1094	1638	S040	1750	3733	S063	766	2256
S018	554	837	S041	1486	3185	S064	336	1036
S019	1094	1672	S042	1654	3614	S065	1559	4807
S020	605	946	S043	795	1781	S066	461	1534
S021	1095	1721	S044	467	1053	S067	851	3080
S022	1122	1810	S045	437	1005			
S023	2194	3603	S046	309	712			

9.1.3　传统采购决策

对于公司内部，产品供应部门希望减少订购量以降低滞销库存的处置成本，而销售部门则希望增加订购量（库存）以提高产品的可得性和顾客的满意度。因此，部门之间是有利益冲突的。为了满足双方的利益，产品供应部门一方面不能直接舍弃销售部门的预测数据而自行预测，另一方面又要尽可能地使采购量接近实际需求。因此，供应部门会以需求部门的预测数据为基础进行采购决策。

供应部门的传统采购决策是完全不挑战需求计划部门的预测数据，其采购量等于销售部门预测的需求量。而从以往的数据来看，该预测数据与实际需求的偏差非常大（图9.2），平均偏差达到 44.6%，最大偏差达到 72%。显然，由于销售部门预测的需求量不确定性非常大，不能直接将预测数据等同于实际需求。

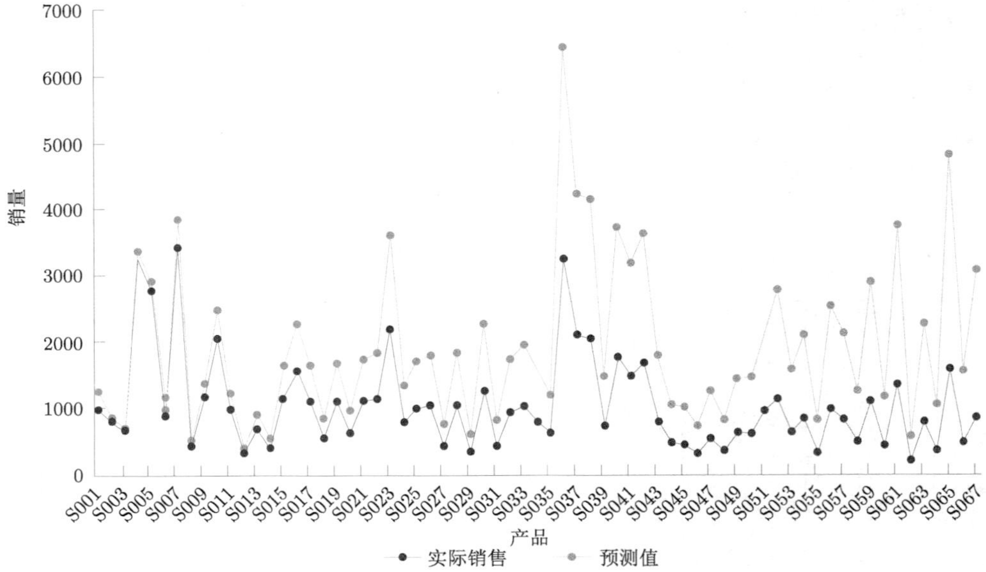

图 9.2 A 公司珠宝饰品类产品需求预测与实际销量对比图

9.1.4 管理决策

公司希望以产品 S100 为例进行试验。产品 S100 的采购成本为每单位 300 元，若正常销售，每单位的纯利润为 200 元。若产品滞销，每单位的处理价为 60 元，也就是说，若产品滞销，每单位产品会损失 240 元。现在，A 公司销售部门对产品 S100 的需求量预测值为 3000 单位，作为产品供应部门，以公司期望利润最大为目标，应该采购多少单位的产品 S100 呢？

9.2 经典报童模型

9.1 节案例描述的 A 公司的订购量决策问题，是一个报童模型（newsvendor model）问题。报童模型是一个经典的不确定型库存决策模型，其本质是必须在随机事件（需求量）实现之前，做出决策（订购量），然后在随机事件实现（销售完成）之后，才能了解订购量是否适当，以及实际利润是多少。基本的报童模型适用于短销售周期的产品，针对一次性采购问题（只有一次决策机会），其原理是通过平衡产品的滞销成本和缺货损失，来对产品的最优采购量做出决策，目标是实现产品的期望利润最大化。在模型中，需求是不确定的，决策者只有一次采购机会，若订购量不足，由于不能补货，缺货的需求将会损失；若订购量过多，则滞销的产品将以清算价格，即残值进行处理。

报童模型来源于对报摊贩卖报纸的决策问题。由于报纸（尤其是日报）具有很强的时效性（短周期），报摊主需要（在需求未知的情况下）决定每天早上订购多少份报纸进行售卖，订购量少了就会有（潜在的）缺货损失（每张报纸的利润），订购量过多会有滞销成本（当天未卖出的报纸只能以旧报纸或废纸清理）。企业管理中有许多单次订购决策问题，其情境与报摊主的报纸订购决策问题相似，对于这一类问题，我们都可以用报童模型对其决策进行建模。

我们以报摊主订购决策问题为例来描述报童模型。定义报童模型中的需求不确定但是需求的规律是可以从历史数据中找到的。我们假设需求服从某个已知的概率分布。报童模型中报童的收益与报纸的订购成本、报纸的价格以及卖不出去的报纸回收的残值有关。库存决策（报童应该订购的报纸数量）也由这些因素综合决定。

定义如下。

X 为某报纸一天的需求量（随机变量）。

$F(Q)$ 为需求量 X 的累积分布函数。

c 为每份报纸的订购价格。

p 为每份报纸的零售价格。

s 为每份滞销报纸的残值。

Q 为订购报纸的数量（决策变量）。

为简化起见，假设没有其他费用，若销售一份报纸，报摊主获得的利润为 $p-c$；若滞销一份报纸，报摊主的损失为 $c-s$。不失一般性地，我们假设 $p>c>s$。显然，若不满足该假设，报摊主的订购量决策将变得很简单：要么为 0（若 $p\leqslant c$），要么为 $+\infty$（若 $c\leqslant s$）。用 $R(Q)$ 表示订购量为 Q 时报摊主的期望利润，则有

$$
\begin{aligned}
R(Q) &= p\cdot\int_0^{\infty}\min(Q,X)\mathrm{d}F(X)+s\cdot\int_0^{\infty}\max(0,Q-X)\mathrm{d}F(X)-c\cdot Q\\
&= p\cdot(\int_0^{Q}X\cdot\mathrm{d}F(X)+Q\int_Q^{\infty}\mathrm{d}F(X))+s\int_0^{Q}(Q-X)\mathrm{d}F(X)-c\cdot Q\\
&= p\cdot\bar{D}+p\int_Q^{\infty}(Q-X)\cdot\mathrm{d}F(X)+s\int_0^{Q}(Q-X)\mathrm{d}F(X)-c\cdot Q
\end{aligned}
$$

其中，$\bar{D}$ 为需求量 X 的均值。

容易证明，当 $Q\geqslant 0$ 时，期望利润 $R(Q)$ 是一个凹函数，我们可以通过对 Q 求一阶导数并令其为零，得到期望利润最大时对应的 Q 的值，记为 Q^*，令

$$R'(Q)=p\cdot(1-F(Q))+s\cdot F(Q)-c=0 \tag{9.1}$$

解得

$$F(Q^*)=\frac{p-c}{p-s} \tag{9.2}$$

$$Q^*=F^{-1}\left(\frac{p-c}{p-s}\right) \tag{9.3}$$

由式（9.2）和式（9.3）可以看出，需求量不超过最佳订购量的概率 $F(Q^*)$ 为 $\dfrac{p-c}{p-s}$。根据假设 $p>c>s$，$\dfrac{p-c}{p-s}$ 是一个 0 到 1 之间的值，也称为关键比例。

上述推导过程，是针对需求量 X 是连续概率分布的情形的，若 X 是离散概率分布，则不一定存在一个 Q 的值，使得式（9.1）成立。因此，对于 X 是离散概率分布的情形，最佳

订货量 Q^* 为 $R(Q)$ 的一阶导数由正值开始变为 0 或负值时的值，即

$$Q^* = \min\{Q : p\cdot(1-F(Q)) + s\cdot F(Q) - c \leqslant 0\} \tag{9.4}$$

$$= \min\left\{Q : F(Q) \geqslant \frac{p-c}{p-s}\right\} \tag{9.5}$$

例题 9.1　某 T 恤衫零售商预计今年夏天 T 恤衫的需求量服从 200 到 350 的均匀分布，每件 T 恤衫的进货价是 30 元，零售价是 90 元，卖不出去的 T 恤衫的处理价是 15 元，那么该零售商应该订购多少件 T 恤衫使得自己的期望利润最大呢？

分析：根据报童模型，该决策问题的 $p=90$元，$c=30$元，$s=15$ 元，需求量 X 服从 200 到 350 的均匀分布，因此，零售商的最佳订购量为

$$Q^* = F^{-1}\left(\frac{p-c}{p-s}\right) = F^{-1}(0.8)$$

$$= 320\,(件)$$

因此，零售商的最佳订购量为 320 件。

例题 9.2　某报摊主销售广州日报，每份报纸的购买价为 0.4 元，零售价为 1.0 元，每份过期报纸的处理价为 0.2 元。根据历史数据分析，假定每天对广州日报的需求量服从均值为 500、标准差为 100 的正态分布。试问报摊主每天应采购多少份广州日报？

分析：根据报童模型，该决策问题的 $p=1.0$元，$c=0.4$元，$s=0.2$ 元，需求量 X 服从均值为 500、标准差为 100 的正态分布，因此，报摊主的最佳订购量为

$$Q^* = F^{-1}\left(\frac{p-c}{p-s}\right) = F^{-1}(0.75)$$

$$= 567\,(份)$$

因此，报摊主每天订购 567 份广州日报，期望收益最大。

例题 9.3　新年将至，某小卖部准备购买（批发）一批新年挂历进行销售。每份新年挂历的批发价为 8 元，零售价为 20 元，新年过后未能卖出的挂历只能以每份 1 元的价格进行处理。根据往年的经验，小卖部预测今年对挂历的需求分布如表9.2所示。试问该小卖部应该购买多少份挂历进行销售？

表 9.2　某小卖部对新年挂历需求分布表

需求量/份	2000	2500	3000	3500	4000	4500
可能性	15%	20%	30%	20%	10%	5%

分析：根据报童模型，该决策问题的 $p=20$元，$c=8$元，$s=1$ 元，需求量 X 服从表9.2的离散概率分布。根据式（9.5），新年挂历的最佳订购量为

$$Q^* = \min\left\{Q : F(Q) \geqslant \frac{p-c}{p-s}\right\}$$

$$= \min\{Q : F(Q) \geqslant 0.63\}$$

$$= 3000\,(份)$$

因此，该小卖部应该购买 3000 份挂历进行销售。

9.3 考虑库存成本的运输方式选择问题

在物流管理的实践中，很多企业在选择运输方式时，通常只是从运输成本的角度考虑。实际上，不同运输方式的运输批量是不同的，而不同的运输批量也会影响到库存成本。因此，运输方式的选择决策不仅要考虑运输成本的高低，还要考虑相应的运输方案对库存成本的影响。价格较低的运输方式往往意味着较长的运输时间和较大的最小运输批量，这两个因素将导致企业库存水平的提高，因此，运输价格最低的运输方式并不一定能够使物流总成本最小。一个经典的例子是，戴尔公司从亚洲空运部分零部件材料。这种做法从运输成本方面考虑是不合理的，但考虑到公司需要更快速的运输方式运送价值较高的零部件，以保持较低的库存水平时，我们就能理解这种做法的合理性。对运输方式的选择，不仅要考虑运输成本，还要考虑周转库存、安全库存和在途库存成本。在进行运输决策时忽略库存成本将使所作决策对供应链绩效造成损害。

下面，我们以一个例子来说明库存成本在运输方式选择时的重要影响。

例题 9.4 四一重工是一家大型机械生产商，公司在湖南长沙地区有一家工厂。公司设备发动机的采购都来自位于潍坊的柴油动力公司。四一重工目前以 1200 元每台的价格每年从潍坊发动机公司购进 15 000 台发动机，每年以 300 个工作日计算，每天的需求量为 50 台。每台发动机的年库存持有成本约为其采购成本的 25%。四一重工在年度采购框架合约下，根据生产需要分批次从潍坊发动机公司购进发动机，通常的订货批量是 3000 台。潍坊发动机公司收到订单后，能在一天内进行发货。在四一重工公司装配厂，送货提前期内持有的安全库存为平均需求的 50%。四一重工公司的物流管理者现在收到几条有关运输策略的建议（表9.3），并需要决定采取哪条建议。

表 9.3 四一重工公司发动机产品的可选运输方案

承运商	运输批量范围/台	运输成本/（元/台）	在途时长/个工作日
铁路公司	⩾ 2000	65	5
德邦卡车公司	⩾ 1000	75	3
鸿志卡车公司	500～1500	85	3
鸿志卡车公司	⩾ 1500	60	3

另外，鸿志卡车公司建议将运输批量增加到 4000 台，运输费用降到 50 元/台，请问四一重工公司是否应该接受？

分析：如果工厂管理者决定发动机的订货批量是 4000 台，鸿志卡车公司的新建议将使四一重工公司的运输成本大大降低。然而，物流管理者在考虑运输成本的同时，必须考虑由此带来的库存成本变化。四一重工公司的年库存持有成本比率为 25%，这意味着每台发动机的年库存持有成本为 300 元。铁路运输需要五天时间，而卡车运输需要三天时间，运输决策将影响四一重工公司的周转库存、安全库存和在途库存。因此，工厂的物流管理者必须对运输成本和库存成本进行综合评估。

铁路公司的建议要求最小运输批量为 2000 台，采用铁路运输的补货提前期是六天，那么：

$$周转库存 = \frac{运输批量}{2} = \frac{2000}{2} = 1000（台）$$

$$安全库存 = 0.5 \times 提前期平均需求 = 0.5 \times 6 \times \frac{15\,000}{300} = 150（台）$$

$$在途库存 = \frac{在途天数 \times 年需求量}{年天数} = \frac{5 \times 15\,000}{300} = 250（台）$$

$$\begin{aligned} 库存总量 &= 周转库存 + 安全库存 + 在途库存 \\ &= 1000 + 150 + 250 = 1400（台） \end{aligned}$$

$$\begin{aligned} 年库存持有成本 &= 库存总量 \times 年单位库存持有成本 \\ &= 1400 \times 300 = 420\,000（元） \end{aligned}$$

$$\begin{aligned} 年运输成本 &= 年需求量 \times 单位运输成本 \\ &= 15\,000 \times 65 = 975\,000（元） \end{aligned}$$

$$\begin{aligned} 年总费用 &= 年库存持有成本 + 年运输成本 \\ &= 420\,000 + 975\,000 = 1\,395\,000（元） \end{aligned}$$

因此，若采用铁路运输公司的建议，每次运输 2000 台发动机，其库存与运输成本总和为 1 395 000 元/年。

类似地，我们也可以计算采用其他运输方案时库存与运输成本的总和，如表9.4所示。

表 9.4 四一重工公司各种运输方案的总费用对比表

承运商	运输批量/台	单位运输成本/元	年运输成本/元	周转库存/台	安全库存/台	在途库存/台	年库存持有成本/元	年总费用/元
铁路公司	2 000	65	975 000	1 000	150	250	420 000	1 395 000
德邦卡车	1 000	75	1 125 000	500	150	150	240 000	1 365 000
鸿志卡车	500	85	1 275 000	250	150	150	165 000	1 440 000
鸿志卡车	1 500	60	900 000	750	150	150	315 000	1 215 000
鸿志卡车	4 000	50	750 000	2 000	150	150	690 000	1 440 000

从表9.4的结果中可以看到，四一重工公司采用鸿志卡车公司运输批量为 1500 台的运输方案时，总费用是最小。可以看到，尽管这一方案的运输单价不是最低的，但综合考虑库存费用，在所有方案中，这个运输方案的总费用是最小的。

9.4 生产与库存综合计划决策问题

企业的综合计划决策就是关于全局综合性的计划，而不是关于库存、运输等某一方面的具体决策。公司通过综合计划决定在一定时期内理想的产能、生产、转包、库存水平甚至定价等问题。综合计划的目标就是满足需求并使利润最大化。我们举一个例子来说明生产与库存综合计划的制订过程和效果。

例题 9.5 某公司生产园艺工具，产能主要由员工的数量决定（生产线需要的设备和空间很少），公司当前有 80 名员工。市场对园艺工具的需求量呈现出很强的季节性波动特点，需求旺季是在春天人们种植自家花园时。为了克服需求波动的影响，公司可以在旺季增加员工数量，或者将部分产品转包给别的公司，或者在淡季建立库存。公司希望通过综合计划制定出最佳的决策，使公司利润最大化。假设未来六个月，公司的市场需求如表9.5所示。

表 9.5　公司的需求预测

月份	1	2	3	4	5	6
需求量/件	1600	3200	3200	3800	2200	2200

为满足需求，公司可以在旺季增加员工数量，或者将部分产品转包给别的公司，或者在淡季建立库存，各个成本项目的成本如表9.6所示。试问公司该制订怎样的生产与库存综合计划，使满足需求的情况下公司利润最大化？

表 9.6　公司的各项成本

成本项目	成本/元
原材料成本	100/单位
持有库存成本	20/（单位/月）
缺货或延期交货成本	200/（单位/月）
雇员和培训新员工成本	3000/人
解雇成本	5000/人
单位产品需要的工时	4 小时/单位
正常工作时间的劳动力成本	6400 元/（人・月）
加班时间的劳动力成本	60 元/小时
外包成本	300/单位

分析：公司的综合计划决策的实质是在计划期每个时期的给定需求预测下，决定每期的生产水平、库存水平和产能（内部的和外包的）水平，以使企业利润最大化，定义如下。

W_t 为第 t 个月的员工数量，$t=1,2,3,4,5,6$。

H_t 为第 t 个月初雇用的员工数量，$t=1,2,3,4,5,6$。

L_t 为第 t 个月初解雇的员工数量，$t=1,2,3,4,5,6$。

P_t 为第 t 个月生产的产品数量，$t=1,2,3,4,5,6$。

I_t 为第 t 个月结束时的库存数量，$t=1,2,3,4,5,6$。

S_t 为第 t 个月结束时的缺货或延期交货量，$t=1,2,3,4,5,6$。

C_t 为第 t 个月外包生产的产品数量，$t=1,2,3,4,5,6$。

O_t 为第 t 个月加班工时，$t=1,2,3,4,5,6$。

D_t 为第 t 个月产品需求数量，$t=1,2,3,4,5,6$。

线性规划的目标函数是总成本最小，这些成本包括正常工作时间的劳动力成本、加班时间的劳动力成本、雇用和解雇的成本、持有库存成本、缺货或延期交货成本、外包成本、原材料成本。

员工正常工作每月的工资是 6400 元，正常工作时间的劳动力成本可以表示为

$$\sum_{t=1}^{6} 6400 \cdot W_t$$

加班时间的劳动力成本可以表示为

$$\sum_{t=1}^{6} 60 \cdot O_t$$

雇用和解雇的成本可以表示为

$$\sum_{t=1}^{6} 3000 \cdot H_t + \sum_{t=1}^{6} 5000 \cdot L_t$$

持有库存成本和缺货或延期交货成本可以表示为

$$\sum_{t=1}^{6} 20 \cdot I_t + \sum_{t=1}^{6} 200 \cdot S_t$$

原材料成本和外包成本为

$$\sum_{t=1}^{6} 100 \cdot P_t + \sum_{t=1}^{6} 300 \cdot C_t$$

综合计划决策考虑的是上述各项成本的总和，即

$$\begin{aligned}&\sum_{t=1}^{6} 6400 \cdot W_t + \sum_{t=1}^{6} 60 \cdot O_t + \sum_{t=1}^{6} 3000 \cdot H_t + \sum_{t=1}^{6} 5000 \cdot L_t \\ &\quad + \sum_{t=1}^{6} 20 \cdot I_t + \sum_{t=1}^{6} 200 \cdot S_t + \sum_{t=1}^{6} 100 \cdot P_t + \sum_{t=1}^{6} 300 \cdot C_t\end{aligned}$$

综合计划决策受到的约束条件有员工数量约束、产能约束、库存约束、加班约束。下面我们一一写出这些约束。

员工数量约束要求前一个月的员工数量加后一个月初雇用员工数量减去解雇员工数量等于后一个月的员工数量，可以表示为

$$W_t = W_{t-1} + H_t - L_t，t = 1, 2, 3, 4, 5, 6$$

$$W_0 = 80$$

产能约束要求每个月的产量不能超过最大产能，最大产能由员工的数量和加班时间决定。根据数据，每个员工一个月正常工作 160 小时，可生产 40 单位的产品。产能约束可以表示为

$$P_t \leqslant 40 \cdot W_t + O_t/4，t = 1, 2, 3, 4, 5, 6$$

库存约束要求上期库存量加上本期生产量和缺货或延期交货量等于本期满足需求量加上本期库存量，可以表示为

$$I_{t-1} + P_t + C_t + S_t = D_t + I_t + S_{t-1}，t = 1, 2, 3, 4, 5, 6$$

$$I_0 = 1000，S_0 = 0$$

加班约束要求每个员工每月加班不能超过 10 小时。可以表示为

$$O_t \leqslant 10 \cdot W_t，t = 1, 2, 3, 4, 5, 6$$

综上，该问题的决策模型可以表述为

$$\min \sum_{t=1}^{6} 6400 \cdot W_t + \sum_{t=1}^{6} 60 \cdot O_t + \sum_{t=1}^{6} 3000 \cdot H_t + \sum_{t=1}^{6} 5000 \cdot L_t + \sum_{t=1}^{6} 20 \cdot I_t + \sum_{t=1}^{6} 200 \cdot S_t + \sum_{t=1}^{6} 100 \cdot P_t + \sum_{t=1}^{6} 300 \cdot C_t$$

$$W_{t-1} + H_t - L_t = W_t，\ t = 1, 2, 3, 4, 5, 6$$

$$W_0 = 80$$

$$40 \cdot W_t + O_t/4 \geqslant P_t，\ t = 1, 2, 3, 4, 5, 6$$

$$I_{t-1} + P_t + C_t + S_t = D_t + I_t + S_{t-1}，\ t = 1, 2, 3, 4, 5, 6$$

$$I_0 = 1000, S_0 = 0$$

$$O_t \leqslant 10 \cdot W_t，\ t = 1, 2, 3, 4, 5, 6$$

$$W_t, H_t, L_t, P_t, I_t, S_t, C_t, O_t \geqslant 0，\ t = 1, 2, 3, 4, 5, 6$$

将各项参数数据代入上述模型，利用 Excel 规划求解工具，求解该模型，可得满足需求的最小费用为 4 404 200 元，具体决策如表9.7所示。

表 9.7　公司的需求预测

参数	月份 t					
	1	2	3	4	5	6
员工数量 W_t	74	74	74	73	55	55
新雇员工数量 H_t	0	0	0	0	0	0
解雇员工数量 L_t	6	0	0	1	18	0
生产数量 P_t	2960	2960	2960	2920	2200	2200
月末库存量 I_t	1360	1120	880	0	0	0
月末缺货或延期交货量 S_t	0	0	0	0	0	0
外包生产量 C_t	0	0	0	0	0	0
加班工时 O_t	0	0	0	0	0	0

9.5　供应链合约设计问题

本节我们讨论供应链合约设计问题。供应链是一个复杂的组织体系，在这个体系中有一级甚至多级供应商、分销商、零售商和消费者等组织个体，每个个体都会独立地做出关于库存量、订购量、批发价格等决策，每个个体追求的也是通过经营使自身利益最大化。供应链合约就是要通过在供应链中各个组织个体间建立一些合约，追求供应链整体利益的最大化，再通过利润分配手段增加供应链中各个组织个体的利益。因此，供应链合约的结果必须使参与合约的个体都要增加利益，或者至少保持现在的利益，而不能损失利益，否则这个个体就没有动力遵守供应链合约了。

正如前面所说，供应链合约必须使所有参与者的利益都不能变差。那么，要制定供应链合约，就必须有一个前提，那就是指定供应链合约的决策结果比组织中个体单独决策所实现的供应链的总体利益要大。事实上，只要总体利益大了，我们总能找到合适的利益分配方法使各个个体都实现利益增加。那么，供应链合约是否真的比个体单独决策所实现的总利益更大呢？我们用一个例子来说明。

例题 9.6 有一个生产和销售泳衣的两级供应链系统，生产商生产泳衣，然后批发给零售商，零售商将泳衣销售给最终客户。现在已知对于零售商来说，泳衣的批发价为每件 80 元，在当季（夏季）每件泳衣零售价为 125 元，如果当季没有销售出去，过季后每件以 20 元的处理价销售。对于生产商来说，生产固定成本为 100 000 元，生产可变成本为每件 35 元。这个供应链如图9.3所示。

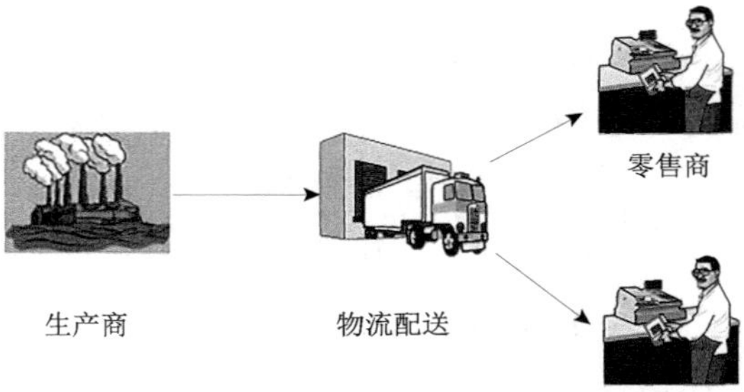

图 9.3 泳衣生产和销售的供应链图

在这个供应链系统中，零售商会基于自身利润最大的原则来确定泳衣的采购量。我们假定零售商只有一次订货机会（报童模型场景）。首先，零售商对夏季泳衣的需求进行了预测，结果如表9.8所示。

表 9.8 零售商的夏季泳衣需求预测表

可能的需求量/件	8 000	10 000	12 000	14 000	16 000	18 000
概率	11%	11%	28%	22%	18%	10%

根据表9.8的预测结果，零售商为了最大化自己的利润，应该订购多少件泳衣？零售商的利润是多大？生产商的利润是多大？

分析：先来看零售商的问题，零售商只有一次订购的机会，我们可以用9.2节的报童模型来推导零售商的最佳订购量。根据报童模型，零售商的零售价为 $p = 125$ 元，订购价（批发价）为 $c = 80$ 元，滞销产品的处理价为 $s = 20$ 元，因此，根据式（9.5），零售商的最佳订购量 Q^* 为

$$
\begin{aligned}
Q^* &= \min\left\{Q : F(Q) \geqslant \frac{p-c}{p-s}\right\} \\
&= \min\left\{Q : F(Q) \geqslant 0.43\right\} \\
&= 12\,000\,(\text{件})
\end{aligned}
$$

所以，零售商的最佳订购量应该是 12 000 件，相应地，零售商的期望利润是

零售商的期望利润 =期望销售收入 + 期望残值收入 − 订购成本

$$
\begin{aligned}
&=(11\% \times 8000 + 11\% \times 10\,000 + 78\% \times 12\,000) \times 125 \\
&\quad + (11\% \times 4000 + 11\% \times 2000) \times 20 - 12\,000 \times 80 \\
&=470\,700\,(\text{元})
\end{aligned}
$$

相应地，生产商的利润是

$$
\begin{aligned}
\text{生产商的利润} &= \text{销售收入} - \text{生产可变成本} - \text{生产固定成本} \\
&= 12\,000 \times 80 - 12\,000 \times 35 - 100\,000 \\
&= 440\,000\,(\text{元})
\end{aligned}
$$

因此，按此合约，零售商的最佳订购量应该是 12000 件，零售商的期望利润是 470700 元，生产商的利润是 440000 元，整个供应链系统的利润之和为 910700 元。

现在我们思考这样一个问题：假设将这个两级供应链糅合成一个企业，这个企业既生产又销售泳衣，那么应该生产多少泳衣呢？利润是多大？

分析：当两个企业合并成一个企业，就没有中间批发价的存在，企业的决策是生产多少件泳衣来满足市场需求。我们的分析思路与前面基本相同，还是假定由于特殊原因（如原材料需要提前购买），生产商只有一次机会确定生产数量。根据报童模型，此时 $p = 125$元，$c = 35$元，$s = 20$ 元，最佳生产量为

$$
\begin{aligned}
Q^* &= \min\left\{Q : F(Q) \geqslant \frac{p-c}{p-s}\right\} \\
&= \min\{Q : F(Q) \geqslant 0.86\} \\
&= 16\,000\,(\text{件})
\end{aligned}
$$

所以，把供应链看成一个系统时，最佳生产量应该是 16000 件，相应地，供应链系统的期望利润总和是

$$
\begin{aligned}
\text{供应链系统的期望利润总和} &= \text{期望销售收入} + \text{期望残值收入} - \text{生产可变成本} - \text{生产固定成本} \\
&=(11\% \times 8000 + 11\% \times 10\,000 + 28\% \times 12\,000 + 22\% \times 14\,000 \\
&\quad + 28\% \times 16\,000) \times 125 + (11\% \times 8000 + 11\% \times 6000 \\
&\quad + 28\% \times 4000 + 22\% \times 2000) \times 20 - 16\,000 \times 35 - 100\,000 \\
&=1\,014\,500\,(\text{元})
\end{aligned}
$$

因此，把生产商和零售商看成一个系统整体决策时，最佳生产量应该是 16000 件，相应地，供应链系统的期望利润总和是 1014500 元。

由上面分析可以发现，当把供应链系统中两个上下游的企业糅合成一个企业，制定统一决策的时候，供应链的总利润变大了。事实上，供应链个体单独决策时，供应链中存在“多重边界”的问题，这就使得供应链总利润变小。有什么办法使得生产商和零售商同时获得更多的利润呢？这就是供应链合约要解决的问题。在接下来的内容中我们将会介绍各种供应链合约，这些合约以不同形式促进了供应链利益的更大化。

9.5.1 回购合约

回购合约是指生产商对零售商承诺，对卖不出去的库存，以高于产品残值的某个回收价格进行回收。回购合约能够激励零售商订购更多的产品，增加生产商和零售商的利益。但并不是随意设定的回购合约都能够增加生产商和零售商的利益，回购合约也有不利之处。比如，回购合约要求生产商承担库存成本，另外，回购合约还可能导致生产商根据零售商的需求反映生产，而不是市场的真实需求。一个好的回购合约要做出的决策就是这个回购价格应该是多大，才能使供应链的利益最大化。

我们仍然以例题9.6中一个生产商和零售商组成的两级供应链系统为例，来说明这个问题。

例题 9.7 考虑例题9.6描述的供应链系统，假设生产商将生产的泳衣以 80 元/件的价格批发给零售商，同时承诺，以 50 元/件的价格收回零售商滞销的泳衣。生产商回购的泳衣，仍然是以 20 元/件的处理价进行处理，假定回购的物流成本可以忽略。在这样的回购合约下，零售商为了最大化自己的利润，应该订购多少件泳衣？零售商的利润是多大？生产商的利润是多大？

分析：先来看零售商的问题，根据报童模型，零售商的零售价为 $p = 125$ 元，订购价（批发价）为 $c = 80$ 元，由于生产商的回购，滞销产品的处理价变为 $s = 50$ 元，因此，根据式(9.5)，零售商的最佳订购量 Q^* 为

$$
\begin{aligned}
Q^* &= \min\left\{Q : F(Q) \geqslant \frac{p-c}{p-s}\right\} \\
&= \min\{Q : F(Q) \geqslant 0.6\} \\
&= 14\,000\text{（件）}
\end{aligned}
$$

所以，零售商的最佳订购量应该是 14 000 件，相应地，零售商的期望利润是

$$
\begin{aligned}
\text{零售商的期望利润} =& \text{期望销售收入} + \text{期望残值收入} - \text{订购成本} \\
=&(11\% \times 8000 + 11\% \times 10\,000 + 28\% \times 12\,000 + 50\% \times 14\,000) \times 125 \\
&+ (11\% \times 6000 + 11\% \times 4000 + 28\% \times 2000) \times 50 - 14\,000 \times 80 \\
=&505\,500\text{（元）}
\end{aligned}
$$

相应地，生产商的利润是

$$
\begin{aligned}
\text{生产商的利润} =& \text{销售收入} - \text{生产可变成本} - \text{生产固定成本} - \text{回收损失} \\
=&14\,000 \times 80 - 14\,000 \times 35 - 100\,000 - (11\% \times 6000 + 11\% \times 4000 \\
&+ 28\% \times 2000) \times 30 \\
=&480\,200\text{（元）}
\end{aligned}
$$

因此，按此回购合约，零售商的最佳订购量应该是 14 000 件，零售商的期望利润是 505 500 元，增加了 7.39%；生产商的利润是 480 200 元，增加了 9.14%；整个供应链系统的利润之和为 985 700 元，增加了 8.24%。

通过上面的例子，我们可以看到，通过这个回购合约，可以使得生产商、零售商以及整个

供应链系统的利润都增加，达到供应链双赢。

实际上，除了回购合约外，如果设计得当，销售分成合约、数量折扣合约等也可以增加整个供应链系统的利润，达到供应链双赢。

9.5.2　销售分成合约

销售分成合约是指零售商将自己的销售额或利润的一部分分给生产商，作为交换，生产商降低批发价格。我们仍然以例题9.6中一个生产商和零售商组成的两级供应链系统为例，来说明这个问题。

例题 9.8　考虑例题9.6描述的供应链系统，假设生产商将生产的泳衣以 65 元/件的价格批发给零售商，同时要求零售商将正常销售额的 10%返回给生产商。在这样的销售分成合约下，零售商为了最大化自己的利润，应该订购多少件泳衣？零售商的利润是多大？生产商的利润是多大？

分析：先来看零售商的问题，由于零售商需要将正常销售额的 10%返回给生产商，因此，零售商的零售价可视为 $p = 125 \times 90\% = 112.5$ 元，订购价（批发价）为 $c = 65$ 元，滞销产品的处理价为 $s = 20$ 元，因此，根据式（9.5），零售商的最佳订购量 Q^* 为

$$\begin{aligned} Q^* &= \min\left\{Q : F(Q) \geqslant \frac{p-c}{p-s}\right\} \\ &= \min\{Q : F(Q) \geqslant 0.52\} \\ &= 14\,000（件） \end{aligned}$$

所以，零售商的最佳订购量应该是 14000 件，相应地，零售商的期望利润是

$$\begin{aligned} \text{零售商的期望利润} =& \text{期望销售收入} + \text{期望残值收入} - \text{订购成本} \\ =&(11\% \times 8000 + 11\% \times 10\,000 + 28\% \times 12\,000 + 50\% \times 14\,000) \times 125 \\ & \times 90\% + (11\% \times 6000 + 11\% \times 4000 + 28\% \times 2000) \times 20 \\ & - 14\,000 \times 65 \\ =&511\,450（元） \end{aligned}$$

相应地，生产商的利润是

$$\begin{aligned} \text{生产商的利润} =& \text{销售收入} - \text{生产可变成本} - \text{生产固定成本} + \text{销售分成} \\ =&14\,000 \times 65 - 14\,000 \times 35 - 100\,000 \\ & + (11\% \times 8000 + 11\% \times 10\,000 + 28\% \times 12\,000 + 50\% \times 14\,000) \\ & \times 125 \times 10\% \\ =&474\,250（元） \end{aligned}$$

因此，按此销售分成合约，零售商的最佳订购量应该是 14000 件，零售商的期望利润是 511450 元，增加了 8.66%；生产商的利润是 474250 元，增加了 7.78%；整个供应链系统的利润之和为 985700 元，增加了 8.24%。

销售分成合约其实就是通过将供应链中原本分离的利益互不相关的个体捆绑在一起，使他们的利益相关，从而促使他们能够为实现共同利益的最大化而努力。因为只要调节好分成的比例，共同利益最大就能够保证每个个体的利益都最大，反之，如果没有达到共同利益的最大，就总能通过调整合约，在保证一方不受损甚至更好的情况下提高另一方的利益。

9.5.3 数量折扣合约

数量折扣合约是指生产商与零售商之间供给和需求的数量是灵活的，零售商订购的数量越多，批发价格越便宜。数量折扣合约通过避免零售商的供给短缺和生产商的需求短缺，能够提高供应链的整体利益。我们仍然以例题9.6中一个生产商和零售商组成的两级供应链系统为例，来说明这个问题。

例题 9.9 考虑例题9.6描述的供应链系统，假设生产商给零售商的批发价格与零售商的订购数量相关，若订购量不超过 12 000 件，则每件泳衣的批发单价为 80 元；若订购量超过 12 000 件，则超出的部分每件泳衣批发单价为 60 元。在这样的数量折扣合约下，零售商为了最大化自己的利润，应该订购多少件泳衣？零售商的利润是多大？生产商的利润是多大？

分析：先来看零售商的问题，根据报童模型，当订购量超过 12 000 件时，订购价（批发价）为 $c=60$ 元时，根据式（9.5），零售商的最佳订购量 Q^* 为

$$\begin{aligned}Q^* &= \min\left\{Q : F(Q) \geqslant \frac{p-c}{p-s}\right\}\\ &= \min\{Q : F(Q) \geqslant 0.62\}\\ &= 14\,000\text{(件)}\end{aligned}$$

所以，零售商的最佳订购量应该是 14 000 件，相应地，零售商的期望利润是

$$\begin{aligned}\text{零售商的期望利润} &= \text{期望销售收入} + \text{期望残值收入} - \text{订购成本}\\ &= (11\% \times 8000 + 11\% \times 10\,000 + 28\% \times 12\,000 + 50\% \times 14\,000) \times 125\\ &\quad + (11\% \times 6000 + 11\% \times 4000 + 28\% \times 2000) \times 20 - 12\,000 \times 80\\ &\quad - 2000 \times 60\\ &= 495\,700\text{(元)}\end{aligned}$$

相应地，生产商的利润是

$$\begin{aligned}\text{生产商的利润} &= \text{销售收入} - \text{生产可变成本} - \text{生产固定成本}\\ &= 12\,000 \times 80 + 2000 \times 60 - 14\,000 \times 35 - 100\,000\\ &= 490\,000\text{(元)}\end{aligned}$$

因此，按此销售分成合约，零售商的最佳订购量应该是 14 000 件，零售商的期望利润是 495 700 元，增加了 5.31%；生产商的利润是 490 000 元，增加了 11.36%；整个供应链系统的利润之和为 985 700 元，增加了 8.24%。

上面我们以一个泳衣生产销售的两级供应链系统为例，分析了三种类型的供应链合约下，

生产商、零售商以及整个供应链系统的利润变化情况，可以看到，通过适当的合约设计，可以增加整个供应链系统的利润总和，同时，通过调整合适的参数（如回购价格、分成比例等），可以达到供应链上下游共赢的目标。最优参数的设定与目标相关，实际上，使得供应链系统利润总和最大化时的参数，与使得生产商利润最大化的参数，以及与使得零售商利润最大化的参数，都可能是不一致的。这里我们不进一步讨论，有兴趣的读者可根据上面的例子自行分析。

9.6 本章习题

1. 某零售商销售月饼，根据历史数据，零售商预计今年中秋的月饼需求量服从 3000 盒到 5000 盒的均匀分布，每盒月饼的进货价是 50 元，零售价是 120 元，卖不出去的月饼的处理价是 20 元，那么该零售商应该订购多少盒月饼使得自己的期望利润最大呢？

2. 某滑雪场服装店专营滑雪衫销售，每套滑雪衫的进货价为 200 元，零售价为 400 元，若滑雪衫无法卖出，过季后每套滑雪衫的处理价为 80 元。根据历史数据分析，假定今年冬季雪场游客对滑雪衫的需求量服从均值为 8000、标准差为 1000 的正态分布。假设只有一次订货机会，试问该服装店应采购多少套滑雪衫进行销售？

3. 春节将至，某小卖部准备购买（批发）一批烟花进行销售。每箱烟花的批发价为 80 元，零售价为 200 元，春节过后未能卖出的烟花只能以每箱 30 元的价格进行处理。根据往年的经验，小卖部预测今年对烟花的需求分布如表9.9所示。由于烟花厂春节期间放假，小卖部只有一次进货机会，试问该小卖部应该购买多少箱烟花进行销售，以使期望利润最大？

表 9.9　某小卖部对烟花需求分布表

可能的需求量/箱	2000	2500	3000	3500	4000	4500	5000
概率	10%	15%	15%	20%	15%	15%	10%

4. 珠江电厂是一家火力发电厂，每天用煤（炼焦煤）10 吨。炼焦煤每吨的平均价格为 1800 元。电厂的库存持有成本比率为 25%。电厂可选的运输方案包括铁路运输或水路运输，其中铁路运输又可以采用零担或整车两种运输方式。具体方案如下：若采用零担运输方式，每次运输不少于 5 个车皮，每车皮的运输成本为 5000 元，每车皮可装 40 吨煤，运输时间（提前期）为 15 天；若采用专列整车方式，每趟列车运输成本为 120 000 元，最多可挂 30 个车皮，共可装煤 1200 吨，运输时间（提前期）为 10 天。若采用海运方式，每船满载可装煤 2000 吨，每次运输成本为 150 000 元，运输时间（提前期）为 12 天。提前期期间，电厂要求煤的安全库存都为提前期用煤量的 2 倍。请问珠江电厂的煤炭应该采用怎样的运输方案？为什么？

5. 有一个生产和销售亚运会吉祥物的两级供应链系统，生产商生产吉祥物，然后批发给零售商，零售商将吉祥物销售给最终客户。现在已知对于零售商来说，吉祥物的批发价为每件 30 元，在亚运会期间每件吉祥物零售价为 50 元，如果亚运会期间没有销售出去，过季后每件以 10 元的处理价销售。对于生产商来说，生产的固定成本为 100 000 元，可变生产成本为每件 15 元。预计亚运会期间市场对吉祥物的需求分布如表9.10所示。

表 9.10 亚运会期间市场对吉祥物的需求预测表

可能的需求量/件	80 000	90 000	100 000	110 000	120 000	130 000	140 000
概率	10%	15%	20%	20%	15%	10%	10%

（a）根据上述信息，零售商为使自身的期望利润最大，应该订购多少件吉祥物？期望利润是多少？此时生产商的利润是多少？供应链系统利润总和是多少？

（b）若生产商与零售商签订回购合约，以每件 20 元的价格回购零售商未能销售的吉祥物，这种情况下，零售商为使自身的期望利润最大，应该订购多少件吉祥物？期望利润是多少？此时生产商的利润是多少？供应链系统利润总和是多少？

（c）若生产商与零售商签订数量折扣合约，若零售商订购量超过 110 000 件，超过的部分每件吉祥物价格为 20 元，这种情况下，零售商为使自身的期望利润最大，应该订购多少件吉祥物？期望利润是多少？此时生产商的利润是多少？供应链系统利润总和是多少？

（d）若采用回购合约，为使供应链系统利润总和最大，回购价格应该为多少？这种情况下，零售商为使自身的期望利润最大，应该订购多少件吉祥物？期望利润是多少？此时生产商的利润是多少？

（e）若采用数量折扣合约，为使供应链系统利润总和最大，超过 110 000 件的部分每件吉祥物价格应为多少？这种情况下，零售商为使自身的期望利润最大，应该订购多少件吉祥物？期望利润是多少？此时生产商的利润是多少？

（f）你若是生产商，你倾向与零售商签订怎样的合约？为什么？

参 考 文 献

[1] Dantzig G B, Ramser J H. The truck dispatching problem. Management Science, 1959, 6(1): 80-91.

[2] 希利尔 F S, 利伯曼 G J. 运筹学导论. 9 版. 胡运权, 等译. 北京：清华大学出版社, 2010.

[3] OpenSolver 规划求解工具下载及安装说明. https://opensolver.org/[2020-03-01].

[4] 韦伯 A. 工业区位论. 李刚剑, 陈志人, 张英保, 译. 北京: 商务印书馆, 1997.

[5] Roth R. Computer solutions to minimum-cover problems. Operations Research, 1969, 17(3): 373-556.

[6] Toregas C. A Covering Formulation for the Location of Public Service Facilities. Ithaca: Cornell University, 1970.

[7] Kuhn H W. A note on fermat's problem. Mathematical Programming, 1973, 4: 98-107.

[8] 小白逆袭. 一文搞定经纬度与高斯坐标相互转换, 经纬度转 ECEF 坐标, ECEF 转东北高, 经纬高与东北高相互转换 c++算法. https://blog.csdn.net/l741299292/article/details/95172523[2019-07-09].

[9] Feillet D, Dejax P, Gendreau M, et al. An exact algorithm for the elementary shortest path problem with resource constraints: application to some vehicle routing problems. Networks, 2004, 44(3): 216-229.

[10] Lozano L, Duque D, Medaglia A L. An exact algorithm for the elementary shortest path problem with resource constraints. Transportation Science, 2016, 50(1): 348-357.

[11] Gillett B E, Miller L R. A heuristic algorithm for the vehicle-dispatch problem. Operations Research, 1974, 22(2): 205-451.

[12] Clarke G, Wright J V. Scheduling of vehicles from a central depot to a number of delivery points. Operations Research, 1964, 12(4): 519-643.

[13] Altinkemer K, Gavish B. Parallel savings based heuristics for the delivery problem. Operations Research, 1991, 39(3): 352-525.

[14] Mole R H, Jameson S R. A sequential route-building algorithm employing a generalized savings criterion. Operations Research Quarterly, 1976, 27(2): 503-511.

[15] Lin S. Computer solutions of the travelling salesman problem. Bell Systems Technical Journal, 1965, 44(10): 2245-2269.

[16] Simchi-Levi D. New worst-case results for the bin-packing problem. Naval Research Logistics, 1994, 41: 579-585.

[17] Berkey J O, Wang P Y. Two-dimensional finite bin-packing algorithms. The Journal of the Operational Research Society, 1987, 38(5): 423-429.